孙中山研究系列之三

马庆忠◎著

RENSHENG ZUIZHONG SHI JINGSHEN
SUNZHONGSHAN
YU LIAOZHONGKAI FUFU

人生最重是精神

孙中山与廖仲恺夫妇

广东高等教育出版社
Guangdong Higher Education Press
·广州·

图书在版编目（CIP）数据

人生最重是精神：孙中山与廖仲恺夫妇/马庆忠著．—广州：广东高等教育出版社，2017.7

（孙中山研究系列）

ISBN 978－7－5361－5940－2

Ⅰ．①人…　Ⅱ．①马…　Ⅲ．①孙中山（1866－1925）－人物研究②廖仲恺（1877－1925）－人物研究③何香凝（1876－1972）－人物研究　Ⅳ．①K827＝6

中国版本图书馆 CIP 数据核字（2017）第 146877 号

出版发行	广东高等教育出版社 地址：广州市天河区林和西横路 邮编：510500　　营销电话：（020）87553335 网址：www.gdgjs.com.cn
印　　刷	佛山市浩文彩色印刷有限公司
开　　本	787 毫米×1 092 毫米　1/16
印　　张	18
字　　数	264 千
版　　次	2017 年 7 月第 1 版
印　　次	2017 年 7 月第 1 次印刷
定　　价	48.00 元

1924 年初的廖仲恺

何香凝 20 世纪 20 年代摄于上海

1908 年廖仲恺、何香凝和子女在日本留影

1924 年 6 月 16 日廖仲恺同孙中山、宋庆龄、

蒋介石在黄埔军校的开学典礼上

1924 年 11 月 7 日，孙中山、廖仲恺出席广州各界庆祝俄国十月社会主义革命胜利七周年大会并在会上发表了演说

廖仲恺、何香凝在南京中山陵园合葬墓

前　言

孙中山是伟大的爱国主义者、资产阶级民主革命先行者，为了中国的独立、民主和富强而奋斗终生。1894 年 11 月，孙中山在美国檀香山创立以“驱除鞑虏、恢复中华、创立合众政府”为宗旨的兴中会，着手准备在国内发动武装起义。1905 年 8 月，孙中山在日本东京建立以“驱除鞑虏，恢复中华，创立民国，平均地权”为宗旨的中国同盟会。10 月，孙中山在《民报》发刊词中提出三民主义：民族主义、民权主义、民生主义。廖仲恺、何香凝追随孙中山，加入同盟会，投身辛亥革命，成为孙中山可靠的战友和助手。1924 年 1 月，孙中山在共产国际和中国共产党的帮助下，在广州主持召开中国国民党第一次全国代表大会，确定了“联俄、联共、扶助农工”三大政策。在这个伟大的历史性事件中，廖仲恺起了核心的作用，做出了卓越的贡献。国民党“一大”以后，廖仲恺为贯彻执行“三大政策”、筹建黄埔军校而奋斗。

1925 年 3 月 12 日，孙中山在北京病逝。临终前立下国事遗嘱、家事遗嘱、致苏俄遗书。何香凝是孙中山遗嘱忠实的见证人。8 月 20 日，廖仲恺为国民革命而死。何香凝继承孙中山和廖仲恺的遗志，贯彻执行“三大政策”，号召妇女参加国民革命运动。中华人民共和国成立后，何香凝为建设新中国而奋斗，创造了光辉的业绩。本书叙述孙中山和廖仲恺夫妇的关系及其历史作用，并给予评价。

著　者

2015 年 11 月 12 日于广州

目　录

第一章 巧结姻缘

天造地设

1877 年 4 月 23 日（光绪三年三月初十），[1] 在美国加利福尼亚州旧金山一个华侨家庭里，诞生了一个男孩子。

这男孩，就是后来中外闻名的廖仲恺。

廖仲恺的祖父廖景昌，客家人，道光年间从福建省迁居广东省归善县[2]鸭仔埗乡，以耕田为业，后来改往香港经商。他的妻子杨氏生下两个儿子：长子名竹宾，次子名志岗。廖志岗曾任香港招商局总办、电报局总办等职，有一妻六妾、九个儿子和十八个女儿。廖竹宾早年在香港圣保罗书院读书，颇通英语，毕业后在香港汇丰银行工作。1865 年香港汇丰银行在美国发展商务后不久，廖竹宾被调到旧金山代理商务。1875 年汇丰银行旧金山分行正式开设，廖竹宾任该分行副经理。[3]

廖竹宾是一位爱护华侨、热爱祖国的海外赤子。他多次捐款并协助筹款兴建华人医院，治疗旧金山华侨的疾病；他对于美国排华的行径，深恶痛绝；他爱国爱乡，常常对人说："祖国是每个人的灵魂和生命所寄托的，灵魂没有寄托的人，生命没有寄托的人，就像树叶离开树枝一样，失去了营养的供给，便会焦枯而死的。所以，我们要爱护自己的祖国，就像爱护我们自己的灵魂、自己的生命一样。能够不忘记祖国，不忘记祖国的文字，这就是爱护祖国的第一个条件。”[4]

廖竹宾殷切期望自己的儿子清高廉洁，给人以德惠，帮助中国达到富强的地步。所以，他为次子取名恩煦，又名夷白，字仲恺。

“我们虽然是住在美国，应该学习美国的文字，但我们不能忘记我们是中国人，对于祖国的文字更应该学习和精通。任何人都得懂自己祖国的文字。”[5]廖竹宾教育子女，“以国学为先”[6]。1879 年，他把长子恩焘[7]送回中国，在举人陈伯陶的书馆里研读国学。后来，廖恩焘通过叔父廖志岗的关系，参加清朝政府的外交工作。1885 年，廖仲恺进入旧金山的美国学校读书，同时在私塾学习中文。

家庭的爱国教育，使廖仲恺的头脑里萌发了爱国思想。促使廖仲恺爱国思想滋长的另一个因素，是美国排华风潮。

随着美国国内的经济发展，尤其是 1848 年加利福尼亚州金矿的发现以及中西部的开发，美国需要大量劳工。为了吸引中国人去金山开矿，美国资本家大力宣传金矿开挖的消息，甚至耸人听闻地鼓吹加利福尼亚州“随地可以采金”。美国资本家还派员到中国招募华工。某轮船公司的一张海报这样宣扬：“美国人民为天下最富者，他们欢迎中国人，一旦到达美国，有大屋居住，大工钱收入，好衣好食……请勿疑惧，应即走向发财之路。”[8]由于美国资本家的拐骗、掳掠，华工入美数目激增。从 1848 年加利福尼亚州发现金矿到 1882 年美国禁止华工入境，其间入美华人约 28 万人。[9]华工在美国从事淘金、筑铁路、采矿、平整洼地等苦力，对美国中西部的开发做出了难以估量的贡献。[10]1877 年 2 月 27 日美国国会参、众两院调查中国人入境问题联合特别委员会报告书也承认：“加利福尼亚和太平洋岸的资源，曾经由于得到中国人的廉价劳动力，而获致比没有这一因素更为迅速的发展。就物质繁荣而论，太平洋岸毫无疑问是最大的受惠者，因为有了中国劳工而大获其利。无论如何，这对于资本家阶级是确确实实的。”“中国人入境的后果是大大地增进了太平洋岸的物质繁荣。”[11]

可是，美国政府却实行歧视、迫害华人的政策。特别是横贯美国大陆的铁路竣工后，美国各地掀起了排华浪潮，加利福尼亚州则是“反华偏见与歧视……的活动中心”。1878 年，清驻美公使陈兰彬奏称：“华人侨寓美国各邦，共十四万余。在金山一带，已有六万之多。近年土人及外来洋人积不相能，现未结之案，计有二百余起，监禁者三百余人，交涉事几于无日无之。”[12]1880 年，清驻美副公使容闳在给美外务大臣的照会中指出：“十年来华民被侮之案，殴击凌辱，甚至焚毁残害，层见迭出，沉冤获雪者能有几何？方患御侮之无方，乃嘉省地方官复属立苛例，如‘立方空气例’与‘剪辫例’之类，无非苛待华人，必欲尽驱逐华人而后快。吾民何辜，罹此残酷。”[13]

廖仲恺耳闻目睹美国警察辱骂华人为“黄狗”，白人种族主义者屠杀、焚掠、殴辱、驱逐华工的惨剧。为了发泄愤恨，他多次利用美国独立节允许放鞭炮的机会，把点燃的鞭炮甩到美国警察身上。从这时起，廖仲恺反复思索着一个问题：为什么中国人被外国人看不起，受白人欺侮？他从亲友的启发中得到了答案：祖国孱弱，清廷腐败，不能保护异国的侨胞。

“怎样使中国富强起来？”[14]少年廖仲恺不断地思索着，努力寻找正确的答案。

1893 年，廖竹宾病故。16 岁的廖仲恺，陪同有孕的后母和亲妹静仪，护送父亲的灵柩，返回祖国，依赖叔父生活。不久，异母弟恩勋诞生。随后，后母也离开了人间。

廖志岗恪守客家人“恃以为生者读书一事耳”的信条，要求侄儿走读书应试的“正路”。廖仲恺遵命进入家乡“大馆”，跟随梁缉嘏研究经史策论之学，准备科举考试。

1894 年，日本发动甲午中日战争，腐败无能的清朝政府遭到惨重失败。翌年，李鸿章代表清朝政府与日本签订了丧权辱国的《马关条约》。消息一传出，举国震惊。全国人民立即掀起了要求废约、反对割让台湾的斗争。在北京参加会试的各省举人，在康有为等人的组织下举行了国人称颂的“公车上书”，请求光绪皇帝拒和、迁都、练兵、变法。接着，康有为组织强学会，发行报刊，提出“令天下之士皆通西学”的主张，鼓吹维新变法。

由于甲午中日战争的刺激和维新运动的影响，原来打算“在科场中占一席”的廖仲恺“渐觉其途径之非”[15]。1896 年，他放弃旧学，到香港皇仁书院读书。

皇仁书院原名中央书院，是香港第一所官立中学，也是香港政府所办的最高学府。皇仁书院人才辈出，清末推行洋务、维新的一些重要人物，如何启、胡礼垣、梁敦彦等，都出身该校。资产阶级民主革命先行者孙中山，也曾于 1884 年至 1886 年间在该校就读。[16]廖仲恺在皇仁书院学到了新鲜的自然科学和资产阶级的社会政治学说，熟练地掌握了英语。后来，他自己说过：“英文之进步，得之于侨美者少，得之于香港者多。”[17]

20 岁那年，廖仲恺开始选择配偶。廖竹宾在旧金山留下临终遗嘱：小脚女人在外国被人看不起；按客家人的规矩，儿子必须讨个大脚的姑娘做媳妇。[18]维新志士提倡改革封建陋习，成立“戒缠足会”，规定“凡入会人所生女子不得缠足”，“所生男子不得娶缠足之女”。[19]父亲的遗嘱，廖仲恺“必须照办”[20]。维新志士的宣传，给廖仲恺增添了娶不缠足的女子为妻的勇气。于是，廖仲恺到处公开宣扬要讨一个没有裹过脚的姑娘做媳妇。

那时候，中国“上流社会没有不缠足的女儿，也绝对不讨不缠足的媳妇。简直以其足之大小，来定其人之贵贱。流风所至，稍可以过得去的人家，也无不求其媳妇和姑娘之小足。只有不劳动便不能养活自己的妇女，才无可奈何地任其足之自然长大”。在香港，小姐而不小足是几乎没有的。这样，廖家的“少奶奶”，也就无人能够和“大脚小姐”何香凝竞争了。[21]

何香凝，原名谏，又名瑞谏，原籍广东省南海县棉村乡（现广州市鹤洞一带），1878 年 6 月 27 日（光绪四年五月二十七）生于香港。祖父在佛山镇经营生意，父亲何炳桓青少年时就立志向外发展，到香港开小杂货店，积累资本，又开设茶行，由“小商”变为“富商”。他看准“炒地皮”是一宗一本万利的买卖，便不断地卖出小房子，买进大房子，日积月累，竟然成了

"相当大的资本家、地产家"。

何炳桓有几个姨太太、一群丫头。他抽鸦片，每天晚上还要儿女媳妇陪他打牌或"消夜"，玩到深夜两三点钟才睡觉，白天总要午后才起床。所以，何公馆里无日不是几桌"天九"或"十五和"（纸牌）。

对于这种骄奢逸乐的生活，何香凝不感兴趣。每逢姐姐或哥嫂邀她打牌，她总是借故推辞，实在推辞不了，她宁肯订立"赢了算是你的，输了算是我的"这样不平等的条约，找女仆代她陪热闹。父亲给她使用的钱，大都原封不动地搁着。何炳桓感到奇怪，多次问她："为什么不用钱？"[22]

何香凝也有自己的爱好，那就是听故事、读书。在何香凝的祖辈中，有参加过太平天国运动的人[23]；何家的一些亲戚，曾同太平天国的人做过买卖[24]。因此，何香凝从小就听到了不少关于太平天国反清的故事。不缠足的太平天国的女战士成了她的榜样。她立定决心，无论如何不裹脚。何炳桓勃然大怒，令妻子用热水浸泡何香凝的双脚，再用长布条紧紧裹上，用针线密密地缝着。待到晚上，何香凝用剪刀把缠足布剪成了"飞花蝴蝶"。剪刀被没收了，她就托人再买，偷偷藏在祖先祭坛的香炉下面，夜阑更深时分，再将缠足布剪开。经过了好多回合的较量，父母只得认输，叹了口气，由她去了。被免除了"苛刻严管"的何香凝，就凭着一双大脚上树爬山，到处飞奔，好不快活。[25]

何炳桓有三个男孩、九个女孩（何香凝排行第九），还有一些亲戚的孩子寄住在他家。为了让男孩子受到良好的教育，何炳桓请了私塾先生，在家设馆教学。何香凝七岁的时候，便要求读书。何炳桓认为把女孩子送进私塾就会夺走男孩子的聪明，而且"女子无才便是德"，所以不许她上私塾读书。何香凝坚决要求上学，父亲没有办法，才送她进邻近的"女书馆"。"女书馆"的师生都是女性，教学内容也不过是"之乎者也"那一套。即便是这样的"女书馆"，她也不过享受了几个月。因为母亲对她施行小足手术的时候，热水把她的脚浸伤了，导致她行动不便。

听到兄弟们的读书声，何香凝非常羡慕。她买了他们诵读的书本，在自己的房间里偷偷自学。遇到不懂的字，就叫女仆拿到先生处去问，或者请教哥哥。何香凝的学问就是这样从自学得来的。

何家的子女，只有何香凝超凡，其他的都是平庸之辈。她聪明、勇敢、朴实，得到父亲的疼爱和信赖，充当协助父亲管理金钱的出纳。[26]何炳桓夫妇正暗地里愁着何香凝嫁不到好人家时，恰好碰上专挑没有缠足的女子做妻子的廖仲恺。

廖仲恺是廖家的“二少爷”，何香凝是百万富翁的小姐，可谓门当户对。廖志岗、何炳桓都同意这门亲事。

1897 年 10 月，廖仲恺、何香凝在广州结婚。从订婚至结婚，一切都依照古色古香的传统做法，他俩是等到行礼的时候才初次见面的。[27]渐渐地，他俩发现彼此志趣相同，情投意合，竟是天造地设的一对。

比翼奋飞

廖仲恺结婚时，仍寄住在叔父家中。婚后不久，他们就搬到广州河南（现广州市海珠区）廖恩焘寓所居住。这是一座砖木结构的两层小楼房。起初，他俩住在楼下一个房间，后来，在楼顶晒台上搭了一间小屋居住。他俩乐得其所，每逢皓月当空，清光射向斗室，便不由产生一种“人月双清”的甜蜜感觉。夫妇干脆为这间小屋命名为“双清楼”。后来，居处屡迁，华陋不一，这个室名却始终未易。廖仲恺还把自己的诗词集题为《双清词草》，何香凝作画也自署“双清楼主”。可见他俩对这个室名是多么珍视！

廖仲恺、何香凝是一对嗜好读书、追求新生活的夫妻。廖仲恺除了读书外，还常常到画家伍乙庄处学习。回到家里，又转授给妻子。何香凝学习绘画，就是从这时开始的。[28]廖仲恺常常谈及时事，使何香凝逐渐加深了对“国家兴亡，匹夫有责”的认识。[29]夫妻常常讨论国事，商议“匡时”的对策。[30]

1898 年 6 月 11 日，光绪皇帝颁布《定国是诏》，宣布变法。第三天，下诏康有为 6 月 16 日入紫禁城朝见。但是，好景不长。9 月 21 日，慈禧太后发动政变，一切新政法令被废除，光绪皇帝被囚禁于瀛台，“六君子”谭嗣同、杨锐、林旭、刘光第、康广仁、杨深秀被杀，“百日维新”失败。1900年，八国联军攻陷天津、北京。慈禧太后挟着光绪皇帝仓皇出逃西安，授权全权大臣李鸿章“便宜行事”，会同庆亲王奕劻迅速与帝国主义商谈投降，签订了《辛丑条约》。这个条约的签订，标志着中国完全沦为半殖民半封建社会，清朝政府成了“洋人的朝廷”、帝国主义的忠实走狗。中华民族的灾难更加深重了。但是，慈禧太后却感激涕零地说：“今兹议约，不侵我主权，不割我土地。念列邦之见谅，疾愚暴之无知，事后追思，惭愤交集。”她表示，今后要“量中华之物力，结与国之欢心”，死心塌地地充当帝国主义的走狗。[31]真是不知人间羞耻事！

要救国，只有学外国。日本人向西方学习有成效，中国人也想向日本人学。所以，“庚子战后……各省学生或派遣或自费留学东西洋，一时风起云涌，不可遏抑，而以留日学生为最多。”[32]据统计，1900 年留日学生不过 134 人，1901 年增加到 274 人，1902 年达到 608 人，1903 年不少于 1 450 人。

不仅留学生人数增多了，而且他们的思想较之以前也发生了很大变化，趋向革命的人日渐增多。孙中山后来回忆说：“时适各省派留学生至日本之初，而赴东求学之士，类多头脑新洁，志气不凡，对于革命理想感受极速，转瞬成为风气。故其时东京留学界之思想言论，皆集中于革命问题。”[33]

和有志的青年一样，廖仲恺也很想到日本去，但经费缺乏。他对着何香凝叹息：“中国政治必须改变，使之改变的必然是那批有新的知识的人物。应该赴外国求学，只恨没有这笔款罢了。”[34]

何香凝安慰他：“你尽管放心，我可把我的奁饰变卖，助你成行。”[35]

敢想敢为的何香凝果然不顾娘家和廖仲恺嫂嫂的反对，毅然把陪嫁的珠玉首饰卖掉，作为廖仲恺留学的费用。[36]

1902 年秋，廖仲恺到达日本东京，进入日语学校，为投考专门学校做准备。过了两个多月，一向过惯了优裕悠闲生活的何香凝，也到了日本留学。

翌年初，何香凝进入女子师范学校预科，后转入目白女子大学。9月，廖仲恺进入早稻田大学政治预科。

他俩在早稻田大学附近租了一间名曰“觉庐”的房子，同寓的还有广东人关乾甫、萧友梅等人。他俩东渡，给东京留学界增加了欢乐的气氛。有些人见“仲公体小而何高壮”，以为他俩是姐弟；有些人见何那双天足，大为惊奇，给她取了个“何大脚”的绰号。[37]

廖仲恺夫妇在东京过着一种新生活。他们除了加紧学习日文之外，常赴会馆、跑书店、往集会、听讲演，参加中国留学生的各项活动。1903年6月25日，何香凝在《江苏》第四期发表《敬告我同胞姊妹》一文，揭露帝国主义列强在华的暴行和清朝的反动统治，号召妇女们要“发奋为雄”，“急宜破女子数千年之黑暗地狱，共谋社会之幸福，以光复我古国声名”。[38]

注释：

[1] 廖仲恺在日本早稻田大学注册表出生年月日一栏里填写光绪五年三月十日，即1879年4月1日。汪精卫1925年撰写的《廖仲恺先生传略》谓“先生以中华民国纪元前三十四年三月十日生”（《廖仲恺先生哀思录》，三民出版部1926年版，第1页）。中华民国纪元前三十四年，即光绪四年，1878年。廖梦醒在《我的母亲何香凝》一书中说“我的父亲……于1877年出生于美国的旧金山”（人民出版社1984年版，第3页）。因此，关于廖仲恺的生辰，学者们有不同的说法。1982年，筹建廖仲恺、何香凝纪念馆的编辑人员刘绍邦向廖仲恺、何香凝亲属调查，大多数人清楚地记得何香凝是在虎年出生的。据此，确定何香凝是在1878年出生的。廖仲恺的年龄比何香凝大，故笔者采取廖梦醒的说法。

[2] 归善县，今属惠阳区。

[3]（美）陈福霖：《廖仲恺的家世及早期事迹》，《廖仲恺研究》，广东人民出版社1989年版，第155~156页；陈此生：《革命母亲何香凝先生》，《回忆与怀念》，北京出版社1982年版，第140页。

[4][5] 程途：《廖仲恺》，正中书局1936年版，第3页。

[6] 汪精卫：《廖仲恺先生传略》，《廖仲恺先生哀思录》，三民出版部1926年版，第1页。

［7］廖恩焘，字凤舒，1864 年在归善县出生。

［8］陈翰笙：《华工出国史料汇编》第 7 辑，中华书局 1984 年版，第 15 页。

［9］沈已尧：《海外排华百年史》，中国社会科学出版社 1985 年版，第 35 ~ 36 页。

［10］1849 年至 1856 年，美国加利福尼亚州 11 个矿区所产黄金共值 322 000 000 美元。当时华工占加州矿工总数一半以上。华工的工资仅是白人矿工的一半。加州的其他矿产资源也是依靠华工开发的。19 世纪 50 年代初，旧金山附近 500 万英亩低洼地常年浸涝，荒废无用。经过华工平整（包括排涝、筑堤、修坝、建闸、防洪等工程），使低洼地变为良田。平整前地价每英亩半美元到两三美元，平整后每英亩售价 20 ~ 100 美元，提高了四五十倍。据加州土地测量局局长估计，华工在修铁路、治洼地方面为加州所创财富近 3 亿美元。加州一位大农场主认为，华工每年为加州生产的财物总值达 6 000 万至 9 000 万美元。1863 年开始兴建的中太平洋铁路，90% 的工程是华工承担的。华工在崇山峻岭开凿路基、铺轨架桥、打通隧道。大雪崩和大塌方使上万名筑路华工惨遭牺牲。另一条南太平洋铁路，仅从洛杉矶到天马一段，华工牺牲者也不下万人。这两条铁路的建成，使美国大陆东西、南北连成一片，对美国经济发展起了极大的促进作用。（陈翰笙：《华工出国史料汇编》第 1 辑第 1 册，中华书局 1985 年版，第 16 ~ 17 页）

［11］陈翰笙：《华工出国史料汇编》第 3 辑，中华书局 1981 年版，第 239 ~ 240 页。

［12］陈翰笙：《华工出国史料汇编》第 1 辑第 4 册，中华书局 1985 年版，第1 330页。

［13］陈翰笙：《华工出国史料汇编》第 1 辑第 4 册，中华书局 1985 年版，第 1 330 ~ 1 331页。

［14］廖梦醒：《我的母亲何香凝》，人民出版社 1984 年版，第 3 页。

［15］［17］梁绍文：《廖仲恺同志传略》，《廖仲恺陈秋霖同志殉难周月纪念册》，第 1 页。

［16］吴相湘：《孙逸仙先生传》上册，远东图书公司 1982 年版，第 34 ~ 35 页；吴伦霓霞：《孙中山早期革命运动与香港》，《孙中山研究论丛》第 3 集，中山大学学报编辑部 1985 年版。

［18］［20］廖承志：《我的母亲和她的画》，《回忆与怀念》，北京出版社 1982 年版，第 126 页。

［19］中国史学会：《戊戌变法》（四），上海人民出版社 1957 年版，第 431 ~ 436 页。

［21］陈此生：《革命母亲何香凝先生》，《回忆与怀念》，北京出版社 1982 年版，第 137 ~ 138、140 页。

[22]《我的奋斗》(1934 年 7 月 16 日)、《我的回忆》(1961 年 10 月),《双清文集》下卷,人民出版社 1985 年版,第 146、906 页;陈此生:《革命母亲何香凝先生》,《回忆与怀念》,北京出版社 1982 年版,第 136 ~ 137、139 页。

[23][29]《我的回忆》(1961 年 10 月),《双清文集》下卷,人民出版社 1985 年版,第 906 页。

[24] 廖梦醒:《我的母亲何香凝》,人民出版社 1984 年版,第 1 页。

[25] 廖梦醒:《我的母亲何香凝》,人民出版社 1984 年版,第 1 页;廖承志:《我的母亲和她的画》,陈此生:《革命母亲何香凝先生》,《回忆与怀念》,北京出版社 1982 年版,第 126 ~ 127、138 页。

[26] 廖梦醒:《我的母亲何香凝》,人民出版社 1984 年版,第 2 页;陈此生:《革命母亲何香凝先生》,《回忆与怀念》,北京出版社 1982 年版,第 139 ~ 140 页。

[27] 廖承志:《我的母亲和她的画》,陈此生:《革命母亲何香凝先生》,《回忆与怀念》,北京出版社 1982 年版,第 127、140 页。

[28] 陈此生:《革命母亲何香凝先生》,《回忆与怀念》,北京出版社 1982 年版,第 140 ~ 141 页。

[30]《幽禁中感赋》(1922 年 6 月),《双清文集》上卷,人民出版社 1985 年版,第 395 页。

[31]《义和团档案史料》下册,中华书局 1959 年版,第 945 ~ 946 页。

[32] 章裕昆:《文学社武昌首义纪实》,生活·读书·新知三联书店 1952 年版。

[33]《孙文学说》(1919 年),《孙中山全集》第 6 卷,中华书局 1985 年版,第 235 ~ 236 页。

[34] 陈此生:《革命母亲何香凝先生》,《回忆与怀念》,北京出版社 1982 年版,第 141 页。

[35] 邹鲁:《中国国民党史稿》,中华书局 1960 年版,第 1 587 页。

[36]《我的回忆》(1961 年 10 月),《双清文集》下卷,人民出版社 1985 年版,第 906 页;廖梦醒:《我的母亲何香凝》,人民出版社 1984 年版,第 4 页。

[37] 乾甫:《廖仲恺事迹一斑》,《廖先生殉难周年纪念特刊》,第 9 页;《我学会烧饭的时候》,《双清文集》下卷,人民出版社 1985 年版,第 217 页;陈此生:《革命母亲何香凝先生》,《回忆与怀念》,北京出版社 1982 年版,第 138 ~ 139 页。

[38]《双清文集》下卷,人民出版社 1984 年版,第 1 ~ 2 页。

第二章 投身辛亥革命

追随孙中山

20世纪初年，以工农为主体的反帝反封建斗争迅速发展，中国小资产阶级知识分子群的出现，极大地鼓舞和促进了资产阶级革命派的发展，使他们看到中国革命的光明前景。

在新的形势下，革命派积极宣传革命。1902年春节前，孙中山对刘成禺、马君武说："吾朋侪中有勇气毅力，莫如二子，余非依违两可，即临阵脱逃者。民族革命，要在排满，舍排满而言民族，其能唤起国内人民之清醒乎？今有一机会，元旦留学生团拜，欢迎振贝子，公使蔡钧、监督汪大燮，皆在开演说会。禺生与君武，能提出排满二字，以救中国，大放其辞，自能震动清廷，风靡全国。"[1]

根据孙中山的指示，在1903年1月29日于横滨举行的留学生新年团拜会上，马君武、刘成禺先后登台演说革命"排满"，"一时掌声似雷响，听者无不动容"。自此以后，革命"排满"的口号到处流传，"而思潮之所鼓荡，风声之所趋驰，遂如急湍迅流，浸人脑际"[2]，像一座即将倒塌的房屋一样的清王朝被冲击得摇摇欲坠。

在革命"排满"宣传中，"革命军中马前卒"——邹容的《革命军》起了很大的鼓动作用。邹容用诗一般的语言讴歌革命："革命者，天演之公例也。革命者，世界之公理也。革命者，争存争亡过渡时代之要义也。革命者，顺乎天，而应乎人者也。革命者，去腐败而存良善者也。革命者，由野蛮而进文明者也。革命者，除奴隶而为主人者也。"基于这种思想，他认为资产阶级民主革命是拯救中国的唯一途径："我中国今日不可不革命；我中国今日欲脱满洲人之羁缚，不可不革命；我中国欲独立，不可不革命；我中国欲与世界列强并雄，不可不革命；我中国欲长存于二十世纪新世界上，不可不革命；我中国欲为地球上名国、地球上主人翁，不可不革命。"他提出在中国建立"中华共和国"的二十五条纲领，号召人们"掷尔头颅，暴尔肝脑"，相驰骋于枪林弹雨中，去夺取革命的胜利。[3]

《革命军》的问世，宛如霹雳春雷，响彻封建古国的上空，举国上下无不震动，"对人们从资产阶级改良主义思想跃进到资产阶级革命思想，却起了很大的推动作用"[4]。

革命先行者孙中山是众望所归的革命领袖。孙中山是广东省香山县[5]翠亨村人，1866 年 11 月 12 日出生于一个贫苦的农民家庭。1883 年至 1893 年间在香港、广州读书、行医。1894 年上书李鸿章失败，"知和平之法无可复施"，决定用"强迫"的手段即革命暴力的手段"倾覆"清朝的封建统治。[6]1894 年 11 月在檀香山创立了中国第一个资产阶级革命小团体——兴中会，提出了中国第一个资产阶级民主革命纲领——"驱除鞑虏，恢复中华，创立合众政府"[7]。就是要推翻"满人统治者"的统治，恢复汉族自主的中国，建立以美利坚合众国为标本的民主共和政府，次年 2 月成立香港兴中会，准备在 10 月发动广州起义。

广州起义流产后，在一般人的心目中，孙中山"不过广州湾之一海贼也"。但他毫不气馁，坚持走武装斗争这条革命道路。1896 年 10 月伦敦蒙难，孙中山因祸得福，名声大振，一跃而成了世界名人。1897 年 8 月至 1898 年 8 月间，孙中山在日本横滨、东京等地来往活动，一方面结识日本朝野各界人士，争取他们的援助，在华侨中宣传革命，吸收华侨参加兴中会；

另一方面同中、日志士商议举事的计划。1900 年 1 月，孙中山的战友陈少白在香港创办《中国日报》，鼓吹革命，10 月 6 日，孙中山又发动惠州起义，义军发展到两万多人，“声威大振”。起义失败后，“则鲜闻一般人之恶声相加，而有识之士且多为吾人扼腕叹惜，恨其事之不成矣”[8]。从 1902 年 1 月 30 日到 6 月 14 日，日本志士宫崎滔天在《二六新报》上连续发表了《三十三年之梦》。8 月，《三十三年之梦》单行本发行。此书问世，让人们大开眼界，才知道清朝政府笔下的“流寇”，原来竟是为解除四万万同胞痛苦而奋斗不息的革命英雄。

翌年，章士钊以《孙逸仙》为书名，节译了《三十三年之梦》。他在序言中指出：“孙逸仙者，近今谈革命者之初祖，实行革命者之北辰，此有耳目者所同认。”“孙逸仙者，非一氏之私号，乃新中国新发现之名词也。”“有孙逸仙，而中国始可为”，“谈兴中国者，不可脱离孙逸仙三字”。此书一出版，“一时风行天下，人人争看，竟成鼓吹革命之有力著述”[9]。1903 年以后，孙中山已逐渐成为公认的革命领袖。

以身许国的廖仲恺、何香凝十分仰慕孙中山，只是还没有会面的机会。1903 年 9 月的一天晚上，他俩到神田神保町中国留学生会馆参加集会，在会上终于见到了孙中山，听到了他的演讲，内心有说不出的愉快。

不过，这仅仅是一次公开的集会，出席会议的既有革命青年，也有保皇党，更有清朝政府的暗探和走狗，果真是鱼龙混杂，好歹难分。孙中山不可能深谈，只是泛泛论述中国积弱太甚，应该发奋图强，彻底革命。即使是这样，孙中山那宏伟的气魄、坚定的信念、流畅的演说，还是吸引了廖仲恺夫妇。

他俩立即打听孙中山的住所，预备以后去拜访。

过了几天，廖仲恺夫妇和好友黎仲实到小石川的一间“下宿屋”拜访孙中山。孙中山亲切地接待了他们，同他们进行了长时间交谈，给他们留下了难忘的印象。过了五十八年，何香凝回忆起当时的情景，还是历历在目：“在一间面积不大、陈设简朴的小房间里，孙先生亲切地接见了我们。正像一般青年人之间的会面一样，我们没有客套，话题马上从中国政治问题上开始了。这一次孙先生谈得很多，从鸦片战争谈到太平天国，谈到戊戌政变，谈到义和团，谈到清政府腐败无能，所以一定要进行反清革命。我们听他说到推翻清廷，建立民国的道理，很是佩服，十分同情。”

像铁块总是朝着磁场贴近似的，不久，廖仲恺夫妇又到孙中山寓所拜访了两次，并且直截了当地向孙中山表示：“我们也想参加革命工作，愿效微力。”孙中山自然高兴，当即嘱咐他们：“先在日本留学生中物色有志之士，广为结交。”[10]

从此，这对年轻夫妇紧紧追随着孙中山，“把身家性命都交给革命了”[11]。

加入同盟会

随着革命风潮的兴起，国内革命团体如雨后春笋般涌现。其中最有名的、影响较大的是黄兴、宋教仁等在长沙建立的华兴会，刘静庵、吕大森等在武昌成立的科学补习所，蔡元培、陶成章等在上海组织的光复会，等等。

分散各地的革命小团体，“都缺乏明确而完备的纲领，更没有严密的组织，而且都受地方性的局限，不足以领导全国日益高涨的革命运动”[12]。把这些小团体联合起来，建立一个全国性统一的资产阶级革命党，是时代的要求、斗争的需要。孙中山最早认识到革命大联合的必然性和必要性，并为建立一个统一的、全国性的资产阶级革命党而努力。

1905 年 7 月 19 日，孙中山从欧洲回到日本，“召集同志，合成大团”[13]。30 日，受孙中山、黄兴邀约，各省有志于革命的留学生和旅日华侨七十多人，在东京赤坂区桧町三番黑龙会会所集会，决定创建以“驱除鞑虏，恢复中华，创立民国，平均地权”为宗旨的中国同盟会，推举黄兴、陈天华、马君武等八人起草中国同盟会章程。8 月 20 日，中国同盟会在东京赤坂区灵南坂本珍弥邸召开成立大会，孙中山当选为总理。根据章程规定，孙中山当场指定黄兴为执行部庶务。“庶务实居协理职。总理缺席时，有全权主持会务。”从此，人们把孙中山、黄兴两人并称为“孙黄”。

孙中山到日本后，发现他的旅邸的周围，有日本警察在盯梢。为了以后能够顺利地多做些革命工作，孙中山想找一个可靠的人，借他的寓所作为开会及收信地点。因为廖仲恺夫妇热心革命事业，又租了“贷家”（日本人出租的房子），他便委派黎仲实找廖仲恺夫妇商量。

当时正值暑假，廖仲恺为了筹措留学费用和把一岁多的女儿梦醒[14]接来日本同住，回香港去了。黎仲实来到小石川何香凝的“贷家”，向她说明来意，希望她另外在交通方便的地方找一所“贷家”，并且不要雇用日本女工。

何香凝原来是位千金小姐，有丫头侍候，和廖仲恺结婚，还有两个丫头陪嫁。她不会烧饭做菜，平常是“饭来张口”，从来不过问家务事，现在突然过着学生兼女工的生活，总是不那么习惯。继而又想：“不会烧饭，就马上跟工人学，为了革命，夫人学婢子，也算不了什么。”于是，她坦率地对黎仲实说：“另找‘贷家’搬开是可以的。但是仲恺一时不能回来，每天的吃水，倘然不用工人，我自己实在没有办法。”

黎仲实满口答应：“请你快找好房子搬吧，吃水的事，我来替你弄就是了。”

实际问题解决了，何香凝就请黎仲实回报孙先生：“找好了‘贷家’便搬。”

听了黎仲实的汇报，孙中山十分高兴。第二天晚上，孙中山和黎仲实来到何香凝家，介绍她加入中国同盟会。她成了中国同盟会最早加盟的女会员。

这是一个极有意义的日子。何香凝当晚兴奋激动得彻夜难眠。[15]

何香凝说：“从加入同盟会以来，我可以说我对于中国革命就没有一日不为之努力或奔走。这样的生活虽然很苦，但是很乐意的。”[16]

事实确是这样。

何香凝一边找“贷家”，一边细心看女工淘米、下锅、添水、烧火、做菜。她觉得烧饭做菜有把握后，便辞退了女工，搬到新的“贷家”，并将此事写信告诉在香港的廖仲恺。

新的“贷家”在留学生多、交通方便的神田区。这是一座两层楼共有七个房间的屋子，每月租金二十五元，比原来的“贷家”贵一倍多。每天，她一边要上学，一边要自己料理日常生活，觉得很忙碌劳苦。可是，有一个信念激励着她：“我吃苦，是为中国革命!”一想到这里，即使是怎样的艰苦，她也甘心忍受，而且孜孜不倦。何香凝精明能干、热情洋溢，深得孙中山信赖，他亲切地称呼她为“御婆样”。有时候，孙中山要用钱，却又身无分文，便走来向何香凝伸手：“御婆样！给我几十块钱!”那时候，何香凝手头也很紧，顶多给孙中山五十元，有时只能给一二十元。[17]

新的“贷家”，成了孙中山和革命党人经常集会和通信联络的场所。何香凝则亲自担任联络和勤务工作。关于这件事，何香凝曾有过叙述：

> 我搬到神田居住以后，孙先生每星期召集同志在我家里开会两三次，经常在我家计议和筹划各种革命工作。按照日本规矩进门就要脱鞋，人如果来得多了，都脱下鞋子，很多鞋子就会堆在门口，是会引起日本警察和清政府的走狗侦探怀疑的。因此，当孙先生每次开会的时候，我除了做好看门开门、照料茶水的工作之外，还专门做收藏鞋子的工作。孙先生收发信件也很多，有时还用假名。寄来邮件中有写“中山”、“高野”、“逸仙”、“孙宅”收的书信，我都收妥，交给孙先生。[18]

9月29日，廖仲恺和胡汉民听到中国同盟会成立的消息，马上返回日本。

刚刚到了东京住处，当天晚上，孙中山和黎仲实恰巧也来到廖家。胡汉民初次见到孙中山，很是高兴。

孙中山向他们介绍同盟会章程，讲述中国革命和三民主义学说。

廖仲恺对孙中山的见解心悦诚服；胡汉民有时点头赞同，有时只是默默地听着。

讲述完毕，孙中山问：“皆已决心无疑义耶?”

廖仲恺表示加入同盟会，毫无疑义。由黎仲实、何香凝做介绍人，宣誓入会。

胡汉民说：“革命本素志，民族主义、民权主义俱丝毫无疑义矣；惟平均地权、民生主义，犹有未达之点。”

接着，便是何香凝回忆中所出现的情节：“胡汉民为了‘平均地权’四个字与孙中山先生辩驳了差不多一个通宵。胡汉民认为不宜于在那个时候提出‘平均地权’的口号，孙先生向他解释说：‘你参加反清朝帝制，这很好，但是解决民生问题，也是我们革命目的之一，而要解决民生问题，首先就要平均地权，节制资本。’我记得那天夜里我在床上醒了又睡，睡了又醒，还听见他们在隔壁房间争论不休，一直辩论到深夜三时以后，胡汉民方才勉强加盟。”[19]

因为廖仲恺忠贞、勤奋、廉洁、沉毅、果敢，又精通英文，受到孙中山的信任，被同盟会执行部任命为下属外务干事。孙中山“看过的新书，都给他看。他看了有甚么心得，就去和孙先生研究讨论。互相印证发明，也就格外来得契合”[20]。所以，廖仲恺全面理解和接受同盟会的盟约。后来，他在解释同盟会盟约时指出：“同盟会的盟约，有四项大事要大家信守的。这四项就是：驱除鞑虏，恢复中华，创立民国，平均地权。头两项是同盟会的宗旨，后两项是同盟会的目的。由这四个宗旨和目的，概括了三个大主义，就是民族主义、民权主义、民生主义。”“由这盟约看来，革命就不是同盟会究极的宗旨和目的，不过是个手段。辛亥武昌革命，是同盟会来做手段实行上头三个主义的，并不是专为着闹个大乱子，就算完事。所以单是革命并不算可贵，可贵的就是革命内容的主义。要知道这革命手段见效没有？须看做这革命主脑的主义行了没有？若是主义还没有实行，或是行了一点还漏了许多，那革命的工夫还是没有做够。”[21]

同盟会一成立，孙中山和他的战友们就立即着手准备在国内发动武装起义。发展同盟会组织，壮大革命力量；鼓吹三民主义，抵制“君主立宪论”

“开明专制论”，使革命主义深入人心；制定革命方略，供各地革命党人发动武装起义时应用；筹款购械，建立武装队伍。这是同盟会在大举前所做的准备工作。作为同盟会会员，廖仲恺夫妇也为准备大举而付出努力。

同盟会成立前，廖仲恺夫妇根据孙中山的指示，“在留日同学中展开广泛接触，进行联络宣传工作”[22]。孙中山在《孙文学说》中充分肯定他们的工作成绩：“廖仲恺夫妇……等多人来会，表示赞成革命。予乃托以在东物识有志学生，结为团体，以任国事，后同盟会之成立多有力焉。”[23]同盟会成立后，“清朝政府发觉中国留日学生在日本活跃非常，便加紧勾结日本当局，设法制止日本留学生中革命思想的蔓延”。1905 年 11 月，日本当局发布《取缔清国留日学生规则》，激起了中国留日学生反对“取缔规则”的斗争。廖仲恺夫妇和大部分同盟会会员都坚决主张同盟罢课，以示抵抗。他们“在斗争中团结了广大青年学生，激发他们的爱国热情。很多青年学生就在这次斗争中受到启发和教育”，从靠拢廖仲恺他们“进而直接参加到同盟会的组织中来”[24]。龙裔禧回忆说：“我不久亦由区金钧及廖仲恺二人介绍加入同盟会。在何晓柳保存的同盟会会员名单中，除在日人金弥氏家里及横滨山下町所设的秘密通讯联络机关加盟者外，不少会员是由廖仲恺物色介绍的。”[25]

孙中山约请廖仲恺翻译亨利·乔治所著《进步与贫困》一书，刊载在《民报》上，以广宣传。[26]廖仲恺翻译了该书中的“序言”和“问题”两节，以“屠富”为笔名，发表在 1905 年 11 月 26 日出版的《民报》创刊号上。当时，朱执信在译作中把资产阶级译作“豪富”，把无产阶级译作“细民”，宣传“细民”与“豪富”的斗争。所谓“屠富”，就是打倒大资本家之意。这反映了廖仲恺对贫富不均的社会现实不满。他曾风趣地问何香凝：“你的爸爸是个大资本家，也是将来要在打倒之列的，你不怕么？”[27]

19 世纪末 20 世纪初，世界资本主义时代进入帝国主义和无产阶级革命的时代。资产阶级的学者和政论家为了挽救资本主义制度，贩卖各种“灵丹妙药”。有些人甚至装扮成“社会主义者”，贩卖社会改良主义。他们的说教都有一个共同点："他们丝毫不触动雇佣劳动，也就是丝毫不触动资本主义生产，想以此哄骗自己或世人，说什么把地租变成交给国家的赋税，资本主义生产的一切弊端就一定会自行消灭。可见，所有这一切无非是在社会主义的伪装下，企图挽救资本家的统治，实际上是要在比现在更广泛的基础上来重新巩固资本家的统治。"[28]美国资产阶级经济学家亨利·乔治就是这样的人。他在1879年出版的《进步与贫困》一书中，提出了"单税社会主义"。由于它描绘了一幅既能发展生产又能消除贫困的美好蓝图，曾经在欧美一些国家盛行一时，欺骗了部分工人群众。孙中山天真地以为采取亨利·乔治的"单税论"就可以解决土地问题，使中国避免走资本主义道路，防止经济革命。其实，采取亨利·乔治的"单税论"，解决不了中国农民的土地问题。廖仲恺并没有轻易附和亨利·乔治的一切主张，所以只译了《进步与贫困》中的两节便搁笔。

为了进一步弄清楚政治经济变革问题，廖仲恺于1906年9月考入东京中央大学政治经济科，1909年夏毕业。在此期间，他研究和介绍了社会主义、无政府主义和虚无主义"三大主义"。

廖仲恺"接受了当时已经在日本青年学生中开始流行的早期社会主义思想，并试着把那种尽管还是处于萌芽状态的早期社会主义思想传播到中国来"[29]。他以"渊实"为笔名，在《民报》第七、第九号上发表《社会主义史大纲》《无政府主义与社会主义》两篇译作。他在前者"译者按"中说："柏律氏（今译布利斯）为基督教社会主义者，故与麦喀氏（马克思）、英盖尔（恩格斯）等其观察之点，不无少为异同。然吾人为初学之研究，则正乐得有所比较，而提揭短长也。爰介绍之于我国学界读者，幸与《万国社会党大会小史》对照之可也。"[30]在后者"译者按"中说："现世界之革命者，有三大主义：一、社会主义；一、无政府主义；一、虚无主义。其学说、其历史、其派别、其运动，各有不同。译者深喜研究其真相，并拟一一绍介之于学界，但恨学识浅陋，言不成章，故立志专译泰东西各国名著，以导我先路，其外不著一字。其所译者，意旨字句，译者自当负其责任。惟个人自有主观，著者观察议论，难免出入主奴之处。（苟著者为译者所已知，自当注明其属于何主义何派别，以醒眉目），译者惟依原文口吻，适可则止，固无所容心于其间也。译者深恨近人专尚獭祭工夫，每活剥他人所有，以为己说，译者固不悉也。惟译者今日尚在研究时代，自不欲发表意见，姑俟他日。”[31]

廖仲恺研究世界革命思潮的态度严肃认真，反对将理论研究变成出风头、赶时髦，更反对“活剥他人所有，以为己说”。他的译作译得忠实，保持着“原文口吻”。他介绍“三大主义”，目的是让人们去比较、鉴别、取舍，从中找出适合中国革命的理论武器。应该肯定，廖仲恺是最早参与了从理论上介绍和探索社会主义问题的中国人之一。当然，他对科学社会主义有不少误解或歪曲的地方，没有分清科学社会主义与无政府主义的界限。

汪东在《同盟会和〈民报〉片断回忆》一文中写道：“廖氏在当时是激烈派，有些倾向于无政府主义，其所撰文与署名，都表达了他的这种思想。”[32]这是事实。由于受到无政府主义的影响，廖仲恺当时确有无政府主义的思想倾向。他还在《民报》上发表《无政府主义之二派》《虚无党小史》《苏菲亚传》《巴枯宁传》《帝国暗杀之时代》五篇译作。前两篇署名“渊实”，意思是渊源求实；后三篇署名“无首”，意思是无政府。在当时的历史条件下，无政府主义是对清朝专制统治的一种惩罚。但是，无政府主义思想的传播，使一些革命党人热衷于暗杀活动，给革命带来消极的影响。

廖仲恺夫妇遵照孙中山的指示，“宣传反对保皇党，并与当时的改良主义者及君主立宪派展开激烈的斗争”。他俩和朱执信联名写信给美洲等地的华侨，“向他们宣传推翻清朝帝制的必要，深得海外华侨同情。不久也有华侨加入同盟会，并寄了款来，赞助革命”[33]。廖仲恺在《民报》第十七号发表论文《辟非民族者》，驳斥保皇党“反满必导致内乱、招来外侮”的谬论，指出“排满革命”是御外侮和自保的根本途径。

孙中山高度评价《民报》的历史功绩：“同盟会成立未久，发刊《民报》鼓吹三民主义，遂使革命思潮弥漫全国，自有杂志以来可谓成功最著者。”[34]廖仲恺是《民报》撰稿人之一，在《民报》上发表译著九篇，对当时思想界产生了深远的影响。

同盟会成立后，廖仲恺“召集多数青年同志，为军事上之训练”[35]，为发动武装起义准备军事人才。

因为廖仲恺在美国旧金山的亲戚朋友颇多，何香凝在香港的亲戚朋友亦多，所以孙中山“当时对革命活动的筹款事宜，多交由廖仲恺夫妇担任通讯和联系”[36]。何香凝还把娘家给她的钱捐献出来。她在《我的回忆》一文中写道：

> 我在留学日本而又进行革命工作的整个期间，生活都比较俭朴清苦，娘家给我的钱统统都给我花用在这上面了。为了准备起义，孙先生要派同志回香港购运军火，我们大家都帮忙筹措旅费。我这样做，还完全不敢告诉我的父母兄弟姐妹及亲戚，因为当时革命叫做“造反”，被清政府知道，是会株连九族的。[37]

准备武装起义的很多工作，都是在廖家部署的。起义部队所用的旗帜等，有一些是何香凝在孙中山指导下描绘和刺绣缝制的。廖承志说：“孙中山要在国内组织武装起义，需要起义的军旗和安民布告、告示的花样、军用票的图案等等，因而需要人搞图案，把它画出来。我母亲为此，进入了日本东京上野的美术学校。同时，我父亲也怂恿她好好去学画画，她就真正地学起来了。同时，她也参加过几种武装起义军旗的设计，还自己把它绣出来。从此，她出乎自己的意料，画起画来了。”[38]

为了革命工作的需要，何香凝于1907年9月进入本乡女子美术学校高等科，1910年秋毕业。同时，随日本名画家田中赖章学习动物画。

1906年，孙中山指派廖仲恺潜回天津，设立机关，联络法国武官，调查各省军队，“并图发展北方革命势力”[39]，廖仲恺欣然受命，中断学业，立即启程。这件事，孙中山是这样叙述的：

> 一日予从南洋往日本，船泊吴淞，有法国武官布加卑者，奉其陆军大臣之命来见，传达彼政府有赞助中国革命事业之好意，叩予

革命之势力如何。予略告以实情。又叩以："各省军队之联络如何？若已成熟，则吾国政府立可相助。"予答以未有把握。遂请彼派员相助，以办调查联络之事。彼乃于驻扎天津之参谋部派定武官七人，归予调遣。予命廖仲恺往天津设立机关。[40]

布加卑是"专心致志于法国权益在华南无限扩张的顽固的殖民主义者"[41]。法国政府对中国革命党人和中国革命运动采取敌视态度："与中国革命运动的任何接触，都将与法国在亚洲的根本利益相冲突。因此，法国政府的方针是死硬地反对给孙中山及其同党所追求的目标以任何的同情或支持。"[42]布加卑所谓法国政府"赞助中国革命事业"不过是骗人的鬼话。孙中山相信布加卑，与法国殖民主义者"合作"无异于为虎作伥。廖仲恺天津之行不可能达到目的。数月后，廖仲恺返回南京。

当时，深入"清廷握其政权以成革命之工作"[43]，是同盟会的一种斗争策略，办法之一是取得"功名"。廖仲恺决定深入敌穴，从事革命联络工作和策反活动。临行前，何香凝赠诗勉励丈夫尽忠报国：

国仇未复心难死，
忍作寻常泣别声。
劝君莫惜头颅贵，
留取中华史上名。[44]

1909年秋，廖仲恺偕同友人赴京参加留学生考试，考中法政科举人。不久，他被清朝政府派往吉林省巡抚兼边务督办陈昭常幕下当译员。廖仲恺和陈昭常有同乡之谊，因此取得陈昭常的信任。

廖仲恺利用公开职业做掩护，在营口、吉林秘密做策反的地下工作。他在吉林遇上了以提学司科长、劝学总所所长职业做掩护，暗中从事联络知识界和绿林豪杰反清的林伯渠。他们时常过从，成为挚友。[45]

在开展秘密革命工作的过程中，廖仲恺尽力掩护革命党人。1910年1月30日，熊成基因叛徒告密在哈尔滨被捕，次日，解赴长春。向来主张对革命党人"格杀勿论"的陈昭常，必欲置他于死地。廖仲恺与其他革命党人设法营救，都没有成功。2 月 27 日，熊成基慷慨就义。陈昭常“发觉吴禄贞是个有野心的人，准备将吴调走，经廖仲恺从中周旋，才相安无事”[46]。

廖仲恺、何香凝是一对患难与共的革命夫妻。面对黑风恶浪，他俩横眉冷对，无所畏惧，相信“驱除鞑虏贼，还我好边疆”[47]的目的一定能够达到；每逢佳节对皓月，他俩倍思云山万里的亲人，将思想感情流露于笔端。

1910 年，何香凝写下《征妇怨》《谒金门》两首诗词：

悄向阶前立，愁看皓月圆。
空垂千点泪，流不到郎边。
一别妆台久，思君懒画眉。
颜随秋月减，空自卜归期。

风已起，帘外柳花飞絮。
月照危栏人独倚，忽闻双燕语。
添我闲愁几许，回首故人何处？
更那堪云山万里，谙天涯情味。[48]

1910 年、1911 年初，廖仲恺写下《吉林岁暮杂感》《菩萨蛮》两首诗词：

卅载蹉跎误，天涯惜此时。
气寒冰上鬓，腊尽鼓催诗。
历历过来事，悠悠乡国思。
穷边春不到，慢说物华移。
兀坐了无趣，萧齐守岁阑。
枕孤鸳梦冷，云远雁行单。
松柏励初志，风霜改素颜。
遥知南岭表，先见早春还。

春归腊照惊孤凤，年来年去愁迎送。

边冷雪如尘，随风狂扑人。

拥衾寻梦睡，梦也无寻处。

便许到家乡，楼头少靓妆。[49]

理财能手

“画角吹残珠海月，战云荡漾汉江潮，人尽识天骄！”[50]

1911年10月10日，武昌革命党人的枪声一响，全国响应，形成了史无前例的辛亥革命。

同盟会南方支部在香港召开会议，决定由朱执信、胡汉民负责策划广州起义；陈炯明、徐维扬、姚雨平等负责计划东、北、西三江和韩江的起义；邹鲁在香港负责接济各地起义。[51]会后，革命党人一方面争取“和平光复”；一方面“分头组织民军，准备武装夺取广东”[52]，造成十八路民军“威迫省垣”之势。两广总督张鸣岐见水师提督李准反正、清乡督办江孔殷输诚，知大势已去，星夜潜逃。11月9日，广州“和平光复”，推举胡汉民为广东军政府都督。广州人民“无论男女老幼，无不眉飞色舞，鼓掌欢呼，踊跃庆祝”。“是日自十一时后至深夜，炮竹之声仍未断绝，堤岸一带尤为热闹”。乐善戏院前某店，悬出一联：“铁血铸成新世界，黄魂恢复旧山河。”[53]

应胡汉民的要求，廖仲恺只身南下，担任广东军政府参议、财政部（后改为财政司）副部长。他“常入都督府计事，至深夜而出”[54]。何香凝充当贤内助，让丈夫全心全意为新生的革命政权服务。[55]

摆在廖仲恺面前的任务是十分紧急而艰巨的。张鸣岐遁去时，故意发给龙济光军双饷；大小官吏逃走时，又都大捞一把。张鸣岐扬言：“革命党即得广东，不能守三日也。”[56]广东独立后，军政府无分文关税，又废除数十种苛捐杂税，收入锐减；军政府草创，百废待举，支出浩大；军饷逼迫，仅反正的“新军及旗营等部，立需饷二十余万”[57]。财政司司长李煜堂在《广东财政司收支报告册序》中概述了当时的困难：“反正之初，吏役逃亡，席卷饱矣；管钥虚设，库空洗矣。殷商流离，商务凋敝；农工失业，盗贼繁滋；杼柚已空，税厘无着。加以民军抵省，累万盈千，饷需逼迫，急于星火。”因此，财政问题乃是最棘手的问题。它关系到军政府能否存在和巩固的大问题。这一点，廖仲恺看得很清楚：“民国成立后，最要紧最危险者，为财政问题，广东尤甚。”[58]

如何解决这个“第一要政”呢？李煜堂是香港巨商，“不谙财政学”，“只知持筹握算，绝不明了国家之财政大计”[59]。因此，财政司的重担，落在了副司长廖仲恺肩上。廖仲恺“凭着高深的经济学识和敏捷的手腕，从容整理，有条有绪，不到几个月功夫，已使收支相抵”[60]。

财政司采取三项主要措施来解决财政困难：

一是向各阶层人民和华侨募捐。

广大民众“为大局计，咸踊跃捐输”，支持广东军政府。胡汉民就任都督后即出告示：“照得军政府成立以来，海内外商民，踊跃报效。九善堂、七十二行总商会各团体，均能协力办理，具见热诚，本军政府实深欣许。嗣后官绅商民，有愿助军用者或输诚报效或暂时息借，均经知照总商会代收，掣回凭证，以昭大信。应行通告官绅商民人等，一体知照。”[61]1911 年 11 月底，粤商维持公安会成立，宣布“新政府成立，军饷急需，凡我行商，务当亟力从速捐助，随时送交政府募捐部收，以助军需而尽义务”。该会章程明文规定：“民国新立，百废待举，需财孔殷，欲为完全国民，当负完全责任。凡我会员，对于民捐内债种种义务，须踊跃输将，以尽天职，以济饷需而维大局。”商民踊跃捐款。土丝行认军饷十万金，花生芝麻行宏远堂一次捐款五千元，参桂行宝寿堂捐港币一万一千五百一十元，另借款二万一千五百五十元。海外各地华侨也踊跃捐款，或数万或数千元不等。李煜堂感慨地说：“天意亡清，人心兴汉，热诚奋发，磅礴云霄。愚妇匹夫，皆具誓除专制之志；华侨义士，咸怀振兴祖国之思；竭汗血，倾脂膏，捐钗环，短衣食，燃眉济急，断指盟心，奠民国于苞桑，出同胞于水火。”

据统计，自 1911 年 11 月 9 日至 1912 年 5 月 31 日，广东军政府共收得捐款一百四十二万七千六百九十八元二毫一分，其中外埠捐款三十二万七千五百八十三元一毫一分、内地筹饷局捐款五十五万九千二百六十一元七毫四分、财政司门收捐款五十四万零八百五十三元三毫六分。[62]

二是设立筹饷局，发行公债。

广东军政府成立后，在广州、香港设立筹饷局，发行公债五百万元。1912年八九月间广东把光复后发行公债的情况咨北京政府财政部："粤省自去年光复，财政竭蹶，军需浩繁，不得不藉募债一途，以资挹注。除第一次募债约七十余万元，原议按照美洲华侨军债票办法，每借一元还银二元，以一年为限。嗣李前司长以利率过高，决议改定六个月偿还，每借一元给还本息一元五毫，计共还过一百一十余万元外，其第二次募债计至本年八月止，共约四百零三万余元。又协助京饷借款约一百四十万元。共计五百四十三万余元，俱系以两年为限，每借一元还银一元五毫。"[63]

据统计，自1911年11月9日至1912年5月31日，广东军政府共筹得公债款三百八十一万三千四百九十六元四毫，其中外埠三百万一千零九十元九毫五分、内地筹饷局五十九万八千九百七十八元七毫三分、财政司门收二十一万三千四百二十六元七毫二分。[64]

三是发行纸币。

广东军政府成立后，从前清藩库、银行、府、县、局、处提取纸币，加盖军政府财政部印发行。1912年四五月，又发行新纸币六百二十万元。胡汉民就任都督后即出告示："广东军政府业已成立，广东官银钱局，仍隶本军政府之下，所有从前发出银票，以后仍由本军政府担任兑换，各商民等自可照常行使，不必疑虑。广东独立为始，从前居民迁徙过半，市面萧条，元气未复。银票为金融所关，凡属国民皆有维持之责；倘有捏造谣言及妄自扣折者，是为社会公敌。本军政府为民请命，凡属有害社会公安者，理宜剪除，以保人民幸福。"[65]军政府发行纸币，是得到各界支持的。广州银业认为："目下军饷紧急，市面银根又短绌，我行为金融机关，不得不要遵军政府命令倡行流通纸币，以为七十二行倡，以维持大局。"决定"凡付揭、汇单、买卖、交收等项，均以纸币与现银一律通用”。并发布传单：“目下省垣银根奇绌，现银转输甚难，况值军务旁午，饷胥尤为重要，万一不继，大局何堪设想……今集合行公议表决，现在所有我行一收一还新旧付揭等项及买卖、汇单一概以纸币与现毫子通用，不得藉口要取现银不取纸币。”[66]据统计，自1911年11月9日至1912年5月31日，广东军政府发行新旧纸币共二千零三万二千一百七十五元一毫一分。大量发行纸币是军政府维持财政的主要措施。

以上的应急措施，使广东军政府渡过了财政难关，站稳了脚跟。据统计，1911年11月9日至1912年5月31日，财政司收入三千八百四十六万五千六百一十五元六毫，支出三千七百一十七万九千四百三十三元零三分。收支相抵，剩余一百二十八万六千一百八十二元五毫七分。在支出中，广东北伐军军费二百八十七万二千六百零一元二毫一分，支援其他独立省份三十九万一千三百四十八元五毫四分。[67]

1912年5月，财政司司长李煜堂辞职，由廖仲恺继任。廖仲恺“精神奕奕，奋斗不绝，对于政治深感兴味”[68]，对于争取广东财政经济状况的进一步稳定和好转很有信心。

李煜堂任职半年，在财政司安置了“亲子及侄孙二十余人”，世人视财政司为“李家祠新宁会馆”。财政司一些工作人员舞弊徇私，“外间均啧啧有烦言”[69]。廖仲恺就任财政司司长后，决心整顿财政司。他坚持任人唯贤、量才录用的原则。在任期间，“署中无一私人”。他建立上班制度，并以身作则，“每日九时到署亲自签名于簿上，于是合署人员以司长已签名，则后至者自觉惭愧”。这样，“到署不依时的常例，为之一扫”。他时常深入各科，听取意见，不仅使“下情均能上达”，而且密切了上下级关系，提高了工作效率。他克己奉公，廉洁自守，“收受无一私财”。有些职员后来称赞说：“供职财政司十余年，所见长官不少，然无一能及廖之精勤廉洁者。”[70]胡汉民也称赞说：“廖先生曾任财政厅长，广东全省的财赋由他一人主持，而他事后竟没有一点私产，依然过学生的生活，实在是一件难能可贵的事！”[71]

廖仲恺尽力整顿财政金融。广东军政府在发行纸币的同时，用八百四十九万多元购生银、响锡，铸造价值九百一十四万多元的新银币。但因纸币发行过多，“贸易逆势，流于外国者三之一，致存于外国银行者三之一，自然而流于省外各县者又三之一，省垣虽大，几无现银矣”[72]。市面流通的现洋日少，“一唯纸币是资”，于是发生挤兑风潮。纸币跌价日甚，“使用价值只票面五成，而官银钱局无法开门”[73]。“纸币实成为一种不兑换债票”[74]。

纸币不断低折，金融危机，物价腾贵，引起了商民的不满。维持纸币信用和流通，稳定金融市场，争取全省财政经济状况的好转，成了广东军政府当务之急。廖仲恺当即采取行政、经济等手段来维持纸币的信用和流通。

廖仲恺呈请都督胡汉民重申广东纸币“准交纳钱粮、厘税”，饬各属“一切出纳，均须行用纸币，于征收之款，并遵加水核收”[75]。

廖仲恺向临时广东省议会提出两项建议：一是从外埠借款，“首设银行，以为兑换机关”。“广东有新增之款，则纸币之信用自坚”。二是发行有奖公债，以吸收纸币。公债款用于开辟大沙头为商埠码头、整顿士敏土厂、开发英德县森林资源、改造旧堤和蕃官衙为市街房屋等“生利之途”，“三年必得收入之巨款”，“从前纸币可一律回收”。[76]

廖仲恺与官银钱局总办邹鲁商定解决纸币挤兑风潮的办法：一是由广东军政府“严令各县征收机关，一律只收纸币，不准索取现洋”，使各县纸币不会集中广州，并使以前集中到广州的纸币倒流回去；二是“由造币厂加工铸造现洋，同时，秘密在城内外各处设立兑现钱庄，暗中每日提高纸币价格若干成分，俟纸币恢复十足时，即使钱庄结束，在局兑现”；三是招待新闻记者，希望他们宣传政府稳定纸币的办法，以安定人心。[77]

他以两年为限，“每借一元还银一元五毫”的高利息，向香港等地募债五百四十三万余元，吸收一部分纸币。

通过多方努力，纸币升值。广州总商会在军政府督促下，议定各行商一律不许拒收纸币。纸币“自中秋节起担任十足流通，低则议罚”。胡汉民在广州总商会的呈文上批示：“应照所抵折之数议罚，以半数归证人，以半数归商会。”财政司将“罚则”印发数十万份，发往各地张贴，俾知警戒。至1912年9月底，纸币在“城厢内外均一律十足通用”。由于纸币升值，各属有携银来广州兑换纸币者。[78]

廖仲恺为从根本上稳定纸币和金融市场而继续努力。他与胡汉民商定，以广东地税做抵押向美商借款五百万美元，设立广东银行。为取得北京政府同意，廖仲恺离穗北上。北京“参议院不同意以地丁钱粮抵押”，“改后而借约又不成”，只好作罢。[79]他争取省议会同意，由官银钱局发行有奖公债一千万元，“以振兴实业，开辟生利之途为要旨”。这项公债很快被认购一空。他着官银钱局购大量生银铸造现洋，以吸收纸币。至1913年8月广东“二次革命失败时，省库中存现洋七百余万，另纸币数百万。此为民国以来财政当局所未见之现象也”[80]。

这位年轻的财政司司长“一露头角，便有如许成绩，同志都为之惊叹不已”[81]。

实行地税换契法

1911年12月21日，孙中山乘轮船抵达香港。胡汉民、廖仲恺乘兵舰前往迎接这位远离祖国十六年的同盟会总理。行前，胡汉民与广东副都督陈炯明、总参议朱执信、财政司司长廖仲恺商议，“决定要留先生于粤”。

正是“争辩之点甚多”，孙中山和胡汉民整整“争论”了一天。

胡汉民说：“满洲政府人心已尽去，惟尚有北洋数镇兵力未打破，故得延其残喘。袁世凯实叵测，持两端，但所持亦只此数万兵力。此种势力未扫除，即革命无一种威力以巩固政权，则破坏建设几无可言。先生一至沪、宁，众情所属，必被推戴，幕府当在南京，而兵无可用，何以直捣黄龙？且以选举克强之事观之，则命令正未易行，元首且同虚器，何如留粤，就粤中各军整理，可立得精兵数万，鼓行而前，始有胜算，尽北洋数镇之力，两三月内，未能摧破东南，而吾辈已济，以实力廓清强敌，乃真成南北统一之局。沪、宁相较，事正相反，若骛虚声，且贻后悔。最近福建、广西、贵州诸省，正以宁、鄂当冲，有暂推粤为首都之议，吾辈方谦让未遑，先生则可控转此局。”

孙中山不同意胡汉民要他留在广东的意见，坚持前往沪、宁：“以形势论，沪、宁正在前方，不以身当其冲，而退就粤中，以修战备，此为避难就易，四方同志正引领属望，至此其谓我何？我恃人心，敌恃兵力，既如所云，何故不善用所长，而用所短？鄂既稍萌歧趋，宁复有内部之纠纷，以之诿敌，所谓赵举而秦强，形势益失，我然后举兵以图恢复，岂云得计？朱明末局，正坐东南不守，而粤桂遂不能支，何能蹈此覆辙？革命军起，有不可响尔之势，列强仓猝无以为计，故只得守其向来局外中立之惯例，不事干涉。然若我方形势顿挫，则此事正未可深恃；戈登、白齐文之于太平天国，此等手段正多，胡可不虑？谓袁世凯不可信，诚然；但我因而利用之，使推翻二百六十余年贵族专制之满洲，则贤于用兵十万。纵其欲继满洲以为恶，而其基础已远不如，覆之自易，故今日可先成一圆满之段落。我若不至沪、宁，则此一切对内对外大计主持，决非他人所能任，子宜从我即行。”

孙中山还是坚持自己的主张，说服了胡汉民。胡汉民表示“服从先生”，并写信给陈炯明、朱执信、胡毅生诸人，嘱陈炯明接任都督，饬各军服从陈炯明。

廖仲恺返回广州，向陈炯明、朱执信、胡毅生传达孙中山的决定和转交胡汉民的书信。胡毅生质问廖仲恺：“何忽翻前议？”廖仲恺做了解释：“当争辩时，不能赞一词；及既决定如此，惟有奉命而返。”[82]接着，廖仲恺向省议会报告胡汉民偕孙中山北上的原因。他强调说：“此次所以遽然而去者，实两者相较，赴沪为重。”[83]省议会推举陈炯明代理都督。

12 月 25 日，孙中山到达上海，受到各界热烈欢迎。29 日，南京十七省代表会议选举孙中山为中华民国临时大总统。

1912 年元旦，孙中山在南京宣誓就职。2 月 12 日，清帝溥仪宣告退位。

翌日，孙中山向临时参议院提出辞职，推荐袁世凯继任中华民国临时大总统。3 月 10 日，袁世凯在北京宣誓就职。4 月 1 日，孙中山正式解临时大总统职。

鉴于“粤乱新定，诸事待理”，陈炯明于 3 月下旬派遣廖仲恺赴南京，坚邀孙中山回粤一行。[84]4 月 3 日，孙中山偕胡汉民、汪精卫、廖仲恺诸人离宁抵沪，经武汉、福州，回到了广州。孙中山让位和南京临时政府结束，意味着辛亥革命流产和北洋军阀统治的开始。这一点，孙中山没有认识到。在孙中山看来，清帝退位，民国成立，“民族、民权两主义俱达到，唯有民生主义尚未着手，今后吾人所当致力的即在此事”[85]。解职以后，孙中山决定“舍政事”而专心致志于“提倡实业，实行民生主义，而以社会主义为归宿，俾全国之人，无一贫者，同享安乐之幸福”[86]。他对广东寄予无穷的希望，认为以广东的地位、财力与商情洽固、民智开通，广东可以成为全国实行民生主义的“模范省”[87]。

孙中山于 4 月 25 日到达广州，27 日即向省议会推荐胡汉民为正任都督，以安大局。接着，他便大力提倡实行民生主义。5 月 4 日，他在广州报界欢迎会上说：平均地权是今日实行民生主义的第一级。“实行税契及平均地权之法，两方并举，事简而易行”。“望诸君今日认定宗旨，造成健全一致之言论，使全国人均晓然按价纳税及平均地权之大利，则百废无不举矣。”[88]

次日，他又对报界记者发表谈话：“民生问题，须从税契入手。实行税契，似乎多取于民，其实不然。税契实行，各税可免，外债不举，息款不需。故表面虽屡增税，而内容实是减税。”[89]

在制造实行民生主义的舆论的同时，孙中山与胡汉民、廖仲恺诸人制定地税换契法案，由胡汉民提交省议会审议。

在省议会审议这个法案前，6 月 9 日，孙中山在广州行辕召集军政府各司长、省议会议员、报界代表，研究地税问题。他说：“今日请诸君到来，研究地价抽税问题。”“闻都督有换旧契议案交省会议决，深望议会与报界诸君能通过而鼓吹之，于国利民福有绝大关系，比诸破坏之功，不更大且伟哉！如此财政问题可以解决矣。”“现时中央税法未定，吾粤首先行此地价抽税良法，收入必丰于前，可为各省模范。”

廖仲恺也在会上发言，表明自己的态度：“此案为政府交议，若省会通过，无不举办。”[90]

从6月中旬到7月中旬，省议会几次开会审议都督胡汉民提交的地税换契法案，廖仲恺到会说明案由，解释法案条文，回答议员的质疑和反对意见。他在6月12日的会议上说：“目前孙先生发起土地国有问题，亦宜先从租税着手。而欲整顿租税，又必以换契为前提。现拟凡于前清政府税有三联印契者，将旧契呈验换发新照。卖契定为值百抽二，典契收百分之一五。”“其价值准由民间自由呈报，惟声明如将来政府或收用此土地时，即照所报数目给价，可以不虞有少报之弊。”[91]

7月28日，经过修订的地税换契法案通过了，并由都督公布施行。实施后，“广州市内之换契，颇见踊跃，惟各乡间之业户，于换契一事尚属观望迟疑”。廖仲恺认为，乡村业户对换契采取这种态度，“或因距城较远，携带银契往来不便；或因换契条件尚未周知，以致缴纳不前，征收短绌”。于是，他拟定乡村换契简便办法十六条，“呈请都督察核批示，俾得通饬各县一体遵行”[92]。结果，换契没有能够完全实现。

地税换契法丝毫没有触及和改变土地所有权，未解决农民土地问题，不可能消除社会贫富不均的弊病，只是向土地所有者征收税款，以解决财政困难。不过，廖仲恺极力试行“单税社会主义”的地税换契法，表达了他对劳动群众生活状况的真挚同情和对压迫者以及剥削者的憎恨，表达了他对社会主义的同情和向往。

应该肯定，廖仲恺是中国资产阶级革命派中积极实行“平均地权”纲领之第一人。

注释：

[1] 刘成禺：《先总理旧德录》，《孙中山生平事业追忆录》，人民出版社1986年版，第674页。

[2]《黄帝魂》，《辛亥革命前十年间时论选集》第 1 卷下册，生活·读书·新知三联书店 1960 年版，第 775 页。

[3]《邹容文集》，重庆出版社 1983 年版，第 41、71～74 页。

[4] 吴玉章：《辛亥革命》，人民出版社 1961 年版，第 58 页。

[5] 1925 年 3 月 12 日孙中山逝世后香山县改名中山县。1983 年 12 月 22 日撤销中山县，设立中山市（县级），原中山县的行政区域为中山市的行政区域，属佛山市。1988 年 1 月 7 日中山升为地级市，属广东省。

[6]《伦敦被难记》（1897 年初），《孙中山全集》第 1 卷，中华书局 1981 年版，第 52 页。

[7]《孙中山全集》第 1 卷，中华书局 1981 年版，第 20 页。

[8]《孙文学说》（1919 年），《孙中山全集》第 6 卷，中华书局 1985 年版，第 235 页。

[9] 章士钊：《疏〈黄帝魂〉》，《辛亥革命回忆录》（一），中华书局 1961 年版，第 243 页。

[10]《我的回忆》（1961 年 10 月），《双清文集》下卷，人民出版社 1985 年版，第 907～908 页。

[11][20]《八月二十日廖仲恺身殉革命记》（1937 年 8 月 16 日），《双清文集》下卷，人民出版社 1985 年版，第 238 页。

[12] 吴玉章：《辛亥革命》，人民出版社 1961 年版，第 73 页。

[13]《致陈楚楠函》（1905 年 7 月 7 日），《孙中山全集》第 1 卷，中华书局 1981 年版，第 275 页。

[14] 1904 年 2 月 4 日，廖梦醒在香港出生。何香凝“恐怕在日本一面读书、一面做些革命宣传工作，生活流动无定而又紧张，照顾小孩很不方便，于是独自返回日本”。廖梦醒留在娘家托人抚养。（《双清文集》下卷，人民出版社 1985 年版，第 909 页）

[15]《我学会烧饭的时候》（1937 年 7 月 1 日）、《我的回忆》（1961 年 10 月），《双清文集》下卷，人民出版社 1985 年版，第 212～213、909～910 页。

[16]《我的奋斗》（1934 年 7 月 16 日），《双清文集》下卷，人民出版社 1985 年版，第 146 页。

[17]《我学会烧饭的时候》（1937 年 7 月 1 日），《双清文集》下卷，人民出版社 1985 年版，第 213～216 页。“御婆样”，又称为“奥巴桑”，意思是阿姨或管家。

［18］《我的回忆》(1961 年 10 月)，《双清文集》下卷，人民出版社 1985 年版，第 911 页。

［19］《胡汉民自传》，《辛亥革命史料选辑》上册，湖南人民出版社 1981 年版，第 170～171 页；《我的回忆》(1961 年 10 月)，《双清文集》下卷，人民出版社 1985 年版，第 911～912 页。据记载，廖仲恺、胡汉民加盟年月日是“乙巳九月一日”，即 1905 年 9 月 29 日。

［21］《革命继续的工夫》(1919 年 10 月 10 日)，《双清文集》上卷，人民出版社 1985 年版，第 321 页。

［22］《我的回忆》(1961 年 10 月)，《双清文集》下卷，人民出版社 1985 年版，第 908 页。

［23］《孙中山全集》第 6 卷，中华书局 1985 年版，第 236 页。

［24］《我的回忆》(1961 年 10 月)，《双清文集》下卷，人民出版社 1985 年版，第 912～913 页。

［25］龙裔禧等：《廖仲恺事迹记述》，《孙中山与辛亥革命史料专辑》，广东人民出版社 1981 年版，第 165 页。何天炯，字晓柳，何天炯保存的 1905、1906 年同盟会会员名单计九百多人。(《辛亥革命史料选辑》上册，湖南人民出版社 1981 年版，第 98～155 页)

［26］冯自由：《革命逸史》第 3 集，中华书局 1981 年版，第 209 页。

［27］《辛亥革命回忆录》第 1 集，文史资料出版社 1961 年版，第 19 页。

［28］《马克思致弗里德里希·阿道夫·左尔格》(1881 年 6 月 20 日)，《马克思恩格斯全集》第 35 卷，人民出版社 1971 年版，第 193 页。

［29］《我的回忆》(1961 年 10 月)，《双清文集》下卷，人民出版社 1985 年版，第 913 页。

［30］《双清文集》上卷，人民出版社 1985 年版，第 7 页。《万国社会党大会小史》即《万国社会党大会略史》，为宋教仁译作，发表于《民报》第五号。

［31］《双清文集》上卷，人民出版社 1985 年版，第 22～23 页。

［32］《辛亥革命回忆录》第 6 集，文史资料出版社 1961 年版，第 23 页。

［33］《我的回忆》(1961 年 10 月)，《双清文集》下卷，人民出版社 1985 年版，第 914～915 页。

［34］《孙文学说》(1919 年)，《孙中山全集》第 6 卷，中华书局 1985 年版，第 238 页。

［35］《在欢送留俄学生大会上的演说》（1925 年 12 月 3 日），《双清文集》下卷，人民出版社 1985 年版，第 24 页。

［36］龙裔禧等：《廖仲恺事迹记述》，《孙中山与辛亥革命史料专辑》，广东人民出版社 1981 年版，第 164 页。

［37］《双清文集》下卷，人民出版社 1985 年版，第 915 页。

［38］廖承志：《我的母亲和她的画》，《回忆与怀念》，北京出版社 1982 年版，第 128 页。

［39］《我学会烧饭的时候》（1937 年 7 月 1 日），《双清文集》下卷，人民出版社 1985 年版，第 216 页。

［40］《孙文学说》（1919 年），《孙中山全集》第 6 卷，中华书局 1985 年版，第 237 页。

［41］（美）杰弗里·巴洛：《一九〇〇至一九〇八年孙中山与法国人》，《辛亥革命史丛刊》第 6 辑，中华书局 1986 年版。

［42］（美）金姆·曼荷兰德：《一九〇〇至一九〇八年的法国与孙中山》，《辛亥革命史丛刊》第 4 辑，中华书局 1982 年版。

［43］乾甫：《廖先生事迹一斑》，《廖先生殉难周年纪念特刊》，第 11 页。

［44］《双清文集》下卷，人民出版社 1985 年版，第 3 页。

［45］《我的回忆》（1961 年 10 月），《双清文集》下卷，人民出版社 1985 年版，第 916 页。

［46］宁武：《东北辛亥革命简述》，《辛亥革命回忆录》第 5 集，文史资料出版社 1961 年版，第 544 页。

［47］《无题》（1910 年前后），《双清文集》下卷，人民出版社 1985 年版，第 6 页。

［48］《双清文集》下卷，人民出版社 1985 年版，第 4～5 页。

［49］《双清文集》上卷，人民出版社 1985 年版，第 62～63 页。

［50］《忆江南》（1922 年 10 月），《双清文集》上卷，人民出版社 1985 年版，第 416 页。

［51］邹鲁：《回顾录》，独立出版社 1944 年版，第 40～41 页。

［52］叶少林：《辛亥江门、新会光复的回忆》，《广东辛亥革命史料》，广东人民出版社 1981 年版，第 239 页。

［53］大汉热心人：《广东独立记》，《广东辛亥革命史料》，广东人民出版社 1981 年版，第 138～139 页。

［54］《胡汉民自传》，《辛亥革命史料选辑》上册，湖南人民出版社 1981 年版，第 212 页。

［55］1911 年 2 月，何香凝携子女从日本回到香港。“因胃病加重，遵照医生建议完全停止工作。”（《双清文集》下卷，人民出版社 1985 年版，第 918 页）11 月，她随廖仲恺到广州。

［56］大汉热心人：《广东独立记》，《广东辛亥革命史料》，广东人民出版社 1981 年版，第 146～147 页；《胡汉民自传》，《辛亥革命史料选辑》上册，湖南人民出版社 1981 年版，第 206 页。

［57］《胡汉民自传》，《辛亥革命史料选辑》上册，湖南人民出版社 1981 年版，第 206 页。

［58］1912 年 2 月 18 日《民立报》。

［59］冯自由：《革命逸史》初集，中华书局 1981 年版，第 199 页。

［60］［81］邹鲁：《廖仲恺传》，《中国国民党史稿》，中华书局 1960 年版。

［61］大汉热心人：《广东独立记》，《广东辛亥革命史料》，广东人民出版社 1981 年版，第 143 页。

［62］邱捷：《广东军政府初期的财政状况》，《纪念辛亥革命七十周年史料专辑》（上），广东人民出版社 1981 年版，第 197～200、212 页。

［63］1912 年 9 月 24 日《中原报》。

［64］［67］《广东财政司自旧历辛亥年九月十九日起至民国元年五月三十一号止收支报告总册》。

［65］大汉热心人：《广东独立记》，《广东辛亥革命史料》，广东人民出版社 1981 年版，第 142～143 页。

［66］1911 年 11 月 24 日、12 月 4 日《时报》。

［68］［80］乾甫：《廖先生事迹一斑》，《廖先生殉难周年纪念特刊》，第 12 页。

［69］1912 年 4 月 13 日《民立报》。

［70］乾甫：《廖先生事迹一斑》，《廖先生殉难周年纪念特刊》，第 12～13 页。

［71］胡汉民：《廖仲恺先生精神不死》（1929 年 8 月 20 日）。

［72］1912 年 7 月 18 日《国民日报》。

[73] 邹鲁：《回顾录》，独立出版社 1944 年版，第 47 页。

[74]《民谊》第 1 号。

[75] 1912 年 6 月 23 日《民立报》。

[76] 1912 年 6 月 24 日《民立报》。

[77] 邹鲁：《回顾录》，独立出版社 1944 年版，第 47～48 页。

[78] 1912 年 9 月 14 日、22 日，10 月 2 日《民立报》。

[79] 1913 年 3 月 8 日《民立报》。

[82]《胡汉民自传》，《辛亥革命史料选辑》上册，湖南人民出版社 1981 年版，第 216～217 页。

[83] 1911 年 12 月 26 日香港《华字日报》。

[84]《致武汉报界联合会函》（1912 年 4 月 12 日），《孙中山全集》第 2 卷，中华书局 1982 年版，第 336 页。

[85]《在南京同盟会会员饯别会的演说》（1912 年 4 月 1 日），《孙中山全集》第 2 卷，中华书局 1982 年版，第 319 页。

[86]《在上海中华实业联合会欢迎会的演说》（1912 年 4 月 17 日），《孙中山全集》第 2 卷，中华书局 1982 年版，第 340 页。

[87]《通告粤中父老昆弟书》（1912 年 4 月），《孙中山全集》第 2 卷，中华书局 1982 年版，第 352 页。

[88]《孙中山全集》第 2 卷，中华书局 1982 年版，第 354～356 页。

[89]《孙中山全集》第 2 卷，中华书局 1982 年版，第 357 页。

[90]《孙中山全集》第 2 卷，中华书局 1982 年版，第 371～374 页。

[91]《双清文集》上卷，人民出版社 1985 年版，第 64 页。

[92]《为拟订乡村换契简便办法呈广东省都督文》（1912 年 11 月 20、22 日），《双清文集》上卷，人民出版社 1985 年版，第 66～68 页。

第三章 捍卫共和

讨袁

袁世凯翻一个筋斗，从清朝内阁总理大臣变成了“民国之分子”[1]，坐上临时大总统的宝座。其实，他的政治立场没有改变。庆祝“民国统一”之日，正是袁世凯窃国得逞之时。

窃取临时大总统的职位以后，袁世凯便“一步一步毫不放松地削弱和解决民党的势力”[2]，实施他的专制独裁统治。

袁世凯的第一步棋，是迫走“主张西方民主政治和责任内阁制”[3]的首任国务总理唐绍仪，制造傀儡内阁。

袁世凯的第二步棋，是制造张振武血案，把杀害张振武、方维的罪责推到副总统黎元洪身上，并以此案“牵涉”革命党人、治乱安危问题来恫吓那些胆小怕事的议员、忧虑政局不稳的革命党人。

袁世凯的第三步棋，是邀请孙中山、黄兴北上面商国事，利用他们以巩固自己的统治地位。1912 年 8 月 18 日、9 月 5 日，孙中山、黄兴先后北上。他们一到北京，就受骗上当，帮了袁世凯的大忙。

孙中山向记者发表谈话：“现在时局各方面皆要应付，袁公经验甚富，足以当此困境，故吾谓第二期总统非袁公不可。且袁公以练兵著名，假以事权，军事必有可观。”“予亟欲从事社会上事业。

政治上问题，颇拟从缓。”[4]这些言论，正是袁世凯所需要的。

天真的孙中山，以为“此次北上是一次巨大胜利”[5]。他到处宣传袁世凯“没有野心”，“为同胞谋幸福”，“民国现在很难得这么一个人”。孙先生本人则把主要精力用于鼓吹民生主义，提倡实业；声明自己“脱离政界关系”，“专从事社会事业”。

为了替袁世凯游说[6]，孙中山以中华民国前总统、全国铁路督办的身份，于1913年2月11日乘“山城丸”号轮船自上海启程访问日本。

正当孙中山幻想“中日提携”，“共同防御欧西列强之侵略”，“谋东亚之幸福”[7]的时候，他接到一封电报：

“宋先生于二十二日午前四时四十七分，因伤绝命于上海铁道医院。”

残酷的事实最能教训人。它像晴天霹雳，使孙中山从和平建设的美梦中惊醒过来。他那欢愉、振奋的面容，顿时变得揪心似的悲痛，顷刻之间，悲痛又化为无比的愤怒。他立即致电国民党本部及上海交通部：“闻钝初死，极悼。望党人合力查研此事原因，以谋昭雪。”[8]

宋教仁血案发生，绝不是偶然的事。

正当孙中山宣布自己不过问政治、专心致志办理实业的时候，宋教仁却积极鼓吹议会政治、政党政治，从事国会竞选活动。

宋教仁是一位杰出的资产阶级革命家，十分倾慕欧美的资产阶级议会政治和国家制度。他主张通过两党在宪政范围内的和平竞争，由议会中的第一大党组织责任内阁，内阁直接向议会负责：“凡总统命令，不特须阁员副署，并须由内阁起草，使总统处于无责任之地位。”[9]

他认为袁世凯是一个“狡诈绝伦的奸雄”，驾驭他的方法就是责任内阁。“民主国家的主权是在国民，国民的代表是国会。国家的政务，完全由内阁处理；而内阁的产生不经国会通过是不行的。至于总统只是一个虚君而已，任他如何狡猾，也是作恶不起的。我党只要好好地控制国会，便能驾御（驭）袁世凯了。”[10]

在孙中山、黄兴的赞助下，宋教仁“挥手腕，敝唇舌”[11]，联合统一了共和党、国民公党、国民共进会、共和实进会，将同盟会改组成为以“巩固共和，实行平民政治”为宗旨的国民党。1912 年 8 月 25 日，国民党在北京召开成立大会，选举孙中山为理事长，黄兴、宋教仁等八人为理事。不久，孙中山委托宋教仁为代理理事长。宋教仁大刀阔斧，雷厉风行，在北京设立本部，在各省和海外各埠设立支部、分部，在国内各交通口岸设立交通部。这样，国民党很快成为机构遍布海内外，党员人数众多，在临时参议院内占有三分之二议席的“民国政党，唯我独大”的第一大党。

按照《中华民国临时约法》规定：“本约法施行后限十个月内，由临时大总统召集国会，其国会之组织及选举法由参议院定之。”[12] 国会选举自 1912 年 12 月上旬开始，次年 3 月基本结束。选举结果，国民党成了国会中的第一大党。国民党人踌躇满志，准备利用在国会的优势，组织政党内阁，而且预定由宋教仁出任内阁总理。

袁世凯是个视权力如性命的专制独裁主义者。他花了很大力气才把内阁控制起来，现在国民党居然想把它夺去，再变为束缚他的工具，这使他十分恼火。他曾经向杨度透露过自己的心事：“我现在不怕国民党以暴力夺取政权，就怕他们以合法手段取得政权，把我摆在无权无勇的位子上。”[13] 宋教仁是个有才干的政治活动家，活动能力强，要是宋教仁当上内阁总理，在袁世凯看来，自己就可能被摆在无权无勇的位子上，甚至被甩开。

大野心家袁世凯对付政敌，向来有两个“法宝”：金钱地位和白刃。他决定同样使用这两个“法宝”来对付宋教仁。宋教仁在北京期间，袁世凯对宋教仁颂扬不已，甚至放出空气，说他可能让宋教仁出任内阁总理。

宋教仁没有理睬袁世凯的拉拢，他决心为实现自己的政治理想而奋斗：“组织内阁必与各国务员负连带责任，若仅更换总理，不能与各国务员一致进行，必不能成一强固之政府，且与国民党政党内阁之党议大相刺（剌）谬。”[14]

1912 年 10 月 18 日，宋教仁离京南下。临行前，袁世凯“慷慨解囊”，送给宋教仁一套价值不下三千元的西装和五十万元交通银行支票。

宋教仁收下西装，退回支票。

袁世凯知道宋教仁决“非高官厚禄所能收买，乃暗萌杀意，密令心腹赵秉钧谋之。赵又委其走狗洪述祖、程克二人主其事”[15]。

1913 年 3 月 12 日，廖仲恺离粤赴沪，同在沪的黄兴、宋教仁、于右任等商量宋教仁上京组织责任内阁的计划。

20 日夜 10 时 45 分，宋教仁和黄兴、廖仲恺等走出上海火车站议员接待室，他们刚刚走到检票处，忽然听到低沉的手枪射击声，接着，只见宋教仁摇晃了一下，倒在旁边的一张铁椅子上，轻声而又镇静地说道：“吾中弹矣！”

送行的人急忙把宋教仁扶上汽车，送到附近的铁道医院抢救。

凶手乘机逃走。

22 日凌晨 4 时 47 分，年仅 31 岁的宋教仁与世长辞了。

24 日，凶手武士英被英捕房逮捕。25 日、26 日，法、英捕房又搜查应夔丞家，查出五响手枪一支，内有枪弹两粒、枪弹壳两个，还有密电本三本和函、电多件。[16]

证据公布，宋案真相大白。

3 月 25 日上午，孙中山乘“天津丸”轮船自日本回到上海。当晚，孙中山与黄兴、陈其美、居正、戴季陶等在黄兴寓所商讨解决宋案的办法。

黄兴主张“以其制人之道，还制其人之身”[17]，即“欲以暗杀袁世凯，省事免牺牲”[18]。孙中山“极为反对”暗杀袁世凯[19]，主张通过国会解决袁世凯辞职问题。最终，大家同意孙中山的主张。[20]

宋案证据公布和袁世凯与五国银行团签订“善后借案”合同后，南北双方矛盾激化，孙中山、黄兴才准备武力讨袁，并希望日本从经济和军事上给予支持。

4 月下旬，廖仲恺返粤，向胡汉民等人汇报在上海的国民党领导人解决宋案的方法。过了四五天，他又匆匆北上，5 月中旬到达北京，一方面与北京政府财政部商议广东财政问题，一方面奉孙中山之命“做策动议员反袁工作。可惜后来仲恺的活动都被袁世凯密探知道了，在他们预备捕人的黑名单上已经写有廖仲恺的姓名。就在袁世凯发动对革命党人大搜捕的前夜，仲恺得到友人密告消息。虽然形势已经极为危急，他幸而能够只身离开北京去天津，平安回到广州。而当时与仲恺时相过从的议员伍汉池，则在这次大搜捕中被捕，惨遭杀害”[21]。

这时，国民党人谈来议去，说不出一个所以然来。结果，只好做出十三个字的决策：“宋案诉于法律，借款案诉于国会。”

但是，时至今日的袁世凯已不是昔日的袁世凯了。他凶相毕露，杀气腾腾，把刺刀提到议事日程上来了：

5月1日，袁世凯任命段祺瑞代理国务总理，组成“战时内阁”，“总理每日在居仁堂西偏小楼上处理军事”[22]。

5月中旬，北洋军大举南下，完成了“监制南军”的军事部署。

5月21日，袁世凯令梁士诒、段芝贵、曾彝进传话国民党人：“现在看透孙、黄，除捣乱外无本领。左又是捣乱，右又是捣乱。我受四万万人民付托之重，不能以四万万人之财产生命，听人捣乱！自信政治军事经验，外交信用，不下于人。若彼等能力能伐我，我亦未尝不愿，然今日诚未敢多让。彼等若敢另行组织政府，我即敢举兵征伐之！”梁士诒嘱咐曾彝进以个人资格转告国民党人，袁世凯不允许，说：“即说是袁慰亭说的，我当负责任。”[23]

6月9日，袁世凯罢免李烈钧江西都督，任命黎元洪兼署领江西都督事。

6月14日，袁世凯免去胡汉民广东都督职，任命陈炯明为广东都督、陈昭常为广东民政长。

6月30日，袁世凯免去柏文蔚安徽都督职。

7月5日，北洋军进逼九江。

7月12日，袁世凯任命李纯署九江镇守使。

北洋军重兵压境，战火迫在眉睫。怎么办？国民党人不得不采取武力讨袁的策略。

7月10日，李烈钧在湖口誓师起义，就任江西讨袁军总司令，成立讨袁军总司令部，发布江西讨袁军总司令檄文和江西讨袁军对外通电。12日上午8时，讨袁军左翼司令林虎率军猛攻沙河镇敌军李纯部。

“二次革命”终于爆发了。

江西首倡独立，各省相继响应。

7月15日，黄兴在南京组织江苏讨袁军，就任江苏讨袁军总司令，宣告江苏独立。

7月17日，安徽宣告独立，柏文蔚为安徽讨袁军总司令。

7月18日，上海、广东同时宣告独立，陈其美为上海讨袁军总司令，陈炯明为广东讨袁军总司令。

“二次革命”爆发，孙中山积极呼吁，一时间，大江南北燃起了讨袁的火焰。可是，“二次革命”在两个月内就失败了。孙中山、黄兴等革命党人不得不相继逃亡海外。

战争的胜负，主要决定于作战双方的军事、政治、经济、自然诸条件，还决定于作战双方的领导能力。“二次革命”的失败，是由于讨袁军在政治、军事和经济诸方面的较量中输给袁军所致的。

广州革命政府瓦解之后，廖仲恺、何香凝携子女梦醒、承志仓促离开广州，分路前往香港。临走的时候，陈炯明见廖仲恺囊空如洗，赠给他一万元。[24]

廖仲恺夫妇到了香港，香港政府视他们为政治犯，勒令其48小时内离开香港。[25]香港总督“忘记”了，一年多前，当张鸣岐逃到香港时，他对众宣布：“接驻粤英领事来电，谓羊城已于礼拜三晚宣布独立，粤督张鸣岐决意离省，来港暂避。英国向例，凡有来避难者，无不接留。今粤督来港，托庇于英旗之下，定然以宾礼招接云。”[26]香港总督的两副面孔、两种态度昭然若揭。

8月3日，袁世凯任命龙济光为广东都督兼署民政长。18日，他下令免去广东国税厅筹备处处长廖仲恺职务。[27]27日，龙济光悬重赏通缉陈炯明、邓铿、朱执信、廖仲恺。

8月12日夜，廖仲恺夫妇偕胡汉民流亡到日本东京，在千驮谷安下家来。17日夜，孙中山从神户坐小汽车到东京，住在赤坂区西灵二十七号海妻猪勇彦宅。廖仲恺在东京的日常生活，胡汉民有过生动的叙述：

> 我们讨袁失败之后，兄弟与廖先生即亡命海外，同居一处有一年之久。海外人士看见我们那种亡命的生活，很以为怪。他们晓得兄弟做过广东都督，尤其廖先生曾充一年的财政厅长，料想我们一定有钱。不意我们二人同住一处，只两个简陋的房间，会客、吃饭、睡觉，都在里面，每月房租二十元，其他各项开支亦都很省，大家才明白廖先生是很廉洁的一个人。[28]

孙中山“自东渡以来，夙夜以国事为念，每睹大局之颠危，生民之涂炭，辄用怛恻，不能自已”[29]。想到“在东之亡命客中，竟有不能向火而致疾者”[30]，实是痛心。

更令孙中山焦虑不安的是，不少亡命日本的革命党人每当“谈及将来事业，意见纷歧，或缄口不谈革命，或期革命以十年，种种灰心，互相诟谇，二十年来之革命精神与革命团体，几于一蹶不振”[31]。

“乐观者，成功之源；悲观者，失败之因。”[32]“二次革命”失败后，孙中山的心情“反极为乐观”[33]。他反复思考着“去乱根”的方法，“计及袁氏倒后，如何对内、如何对外”的“方策”[34]。

孙中山认为，“二次革命”之所以失败，“非袁氏兵力之强，实同党人心之涣”，“全在不听我之号令耳”[35]。“为卷土重来之计”[36]，他决定组织“秘密团体”中华革命党。

“鉴于前辙”，孙中山主张建立一个能贯彻主义、纪律严格、有战斗力的革命党，这无疑是正确的。可惜，矫枉过正，却走向另一个极端，他此刻想要建立的是一个只服从他个人的、狭隘的秘密革命团体。他说：“再举革命，非我不行。同志要再举革命，非服从我不行。”“我敢说除我外，无革命之导师。”[37]入党各员要宣誓“附从孙先生”，要在誓约上印盖指模。

当时极力赞助孙中山组建中华革命党的，除了陈其美外，就要数廖仲恺。[38]廖仲恺认为，辛亥革命失败的原因就是“一班同志，只顾自己，不顾国家，与私人没有利益的，便不去做。所以满清推翻之后，争权的争权，夺利的夺利，一直弄到丧失革命的原意”[39]。“根性浅薄之徒，见利而忘义，寡情而弃好者，比比皆是。吾党失败后，此象更著。”[40]因此，廖仲恺夫妇没有计较中华革命党的弱点，于1914年5月加入中华革命党。廖仲恺亲笔所写的誓约书全文如下：

> 立誓约人廖仲恺，为救中国危亡，拯生民困苦，愿牺牲一己之生命、自由、权利，附从孙先生再举革命。务达民权、民生两主义，并创制五权宪法，使政治修明，民生乐利，措国基于巩固，维世界之和平。特诚谨矢誓如下：
>
> 一、实行宗旨；
>
> 二、服从命令；
>
> 三、尽忠职务；
>
> 四、严守秘密；
>
> 五、誓共生死。
>
> 从兹永守此约，至死不渝，如有贰心，甘受极刑。
>
> 中华民国广东惠阳县廖仲恺
>
> 民国三年五月二日立。[41]

1914年7月8日，中华革命党于东京筑地精养轩举行成立大会，公布《中华革命党总章》。总章规定：“本党以实行民权、民生两主义为宗旨。”“本党以扫除专制政治、建设全民国为目的。”[42]

中华革命党总理孙中山委任张静江、廖仲恺为中华革命党本部财政部正、副部长。财政部的职务是：“一、管理党中度支；二、接收支部党费义捐；三、筹集事前款项；四、规定因粮方法；五、计划事后财政。”[43]远在法国的张静江“以宿疾不克东渡供职，概由次长廖仲恺用静江印章代行职权，静江不过问也”[44]。

中华革命党成立后，发布《中华革命党成立通告》，号召本党党员“协力同心，共图三次革命”[45]。

为了发动“三次革命”，中华革命党开展反袁的宣传工作。中华革命党出版理论刊物《民国》，揭露袁世凯背叛民国、图谋复辟帝制的罪行，宣传中华革命党的宗旨目的，唤起人们的斗志。廖仲恺十分重视理论宣传和思想论战。他在致邓泽如函中写道：“《民国》杂志出版，料已得阅，尊处同志颇欢迎之否？改革人心，转移风化之力，笔舌较兵戈为巨。倘能大声疾呼者三数年，既倒狂澜，未始不可复挽。”[46]他在《民国》第一、二、四号上以“微尘”为笔名，发表译作《太私归士》，目的就是唤起人们改革“见利而忘义”的劣根性，“为救中国危亡，拯生民困苦”而奋斗；在《民国》第三号上又以同一笔名发表译作《社会威力为政治生活之本》，目的就是宣传民主政治制度，批判袁世凯之流攻击政党政治、鼓吹恢复君主专制统治的谬论，号召人们为重建民主共和制度而斗争。何香凝也积极进行联络宣传工作。[47]

为了发动“三次革命”，中华革命党于1914年9月20日至12月16日召开了十七次会议，讨论和通过《革命方略》。廖仲恺是《革命方略》制定者之一。[48]《革命方略》规定，中华革命军的宗旨是：“一、推翻专制政府。二、建设完全民国。三、扫除官僚恶习。四、确定民权宪法。五、启发人民生业。六、巩固国家主权。”[49]

为了发动“三次革命”，中华革命党极力筹集革命经费，购买军械。“二次革命”失败后，亡命东京的革命党人碰到了重重困难。在“一切困难中，财政是主要的困难”[50]。廖仲恺夫妇流亡到东京，看见孙中山的生活也很苦，就以陈炯明赠款半数转送给孙中山了。[51]廖仲恺出任中华革命党本部财政部副部长后，尽忠职务，想方设法筹集款项，购买和运送军火，援助国内各地中华革命军讨袁。

胡汉民有一段话，概述廖仲恺在中华革命党时期的表现：“中华革命党成立以后，便又是廖先生革命工作进展的时期了。”“他在海外很热心地募集革命经费，至于如何整理党务，如何在国外设立学校，如何确立军事计划，他无不以全副精神赴之。综计前后——中华革命党时代以及大元帅大总统时代的几年之中，总理所负的债，廖先生愿以个人的名义去处理。无数同志与非同志和他纠缠，他都忍受。这种牺牲自我的精神，在我们已往的同志中，可以说是没有第二个的！”[52]

袁世凯镇压了“二次革命”、登上中华民国正式大总统的宝座之后，便加紧复辟帝制的罪恶活动。1913 年 11 月 4 日，他下令解散国民党，撤销国民党议员的资格，从而使国会不足法定人数，名存实亡。翌年 1 月 10 日，他干脆下令解散国会。5 月 1 日，他公然宣布废除《中华民国临时约法》，颁布袁记的《中华民国约法》。1915 年元旦，他又公布了《总统选举法》，使自己成了终身总统，而且他的子子孙孙也可以世袭罔替。5 月 9 日，他接受丧权辱国的“二十一条”修正案，以取得日本支持他做皇帝。

日本帝国的目的已经达到，首相大畏重信对中国驻日公使陆宗舆说：“关于君主立宪事，请袁大总统放心去做，日本甚愿帮忙一切。”[53]

袁世凯接受了“二十一条”，自以为外交方面畅通无阻了，就令亲信继续进行帝制之事，“并加推进”[54]。

“二十一条”的出笼和交涉，使得革命党人和爱国志士的思想更加混乱，一些人只看到日本帝国的狼子野心，却没有看清袁世凯复辟帝制的阴谋，以致联名致电孙中山，请示“可否暂停国内革命运动，实行举国一致御侮，免为国人借口”。

孙中山立即复电，否定这种主张：“袁世凯蓄意媚日卖国，非除去之，决不能保卫国权。吾党继续实行革命，即如清季之以革命止瓜分。”[55]

追随孙中山的廖仲恺伉俪，坚决反对“完全丧失民族气节的、出卖国家权益的卖国政府与日本帝国主义当局签订二十一条丧权辱国条约”。何香凝在东京的中国留学生集会上还演讲过几次，号召大家“应该以祖国利益、民族大义为重，坚决反对日本帝国主义侵略中国”。讲到激动的时候，泪水夺眶而出。[56]

1915 年 12 月 12 日，袁世凯扯下面纱，高唱“民之所欲，天必从之”的滥调，发布接受帝位的命令，正式接受推戴。翌日，袁世凯在居仁堂接受文武百官朝贺。随即下令把民国五年改为“中华帝国洪宪元年”，又以八十万元做了两件龙袍、十二万元刻了新朝玉玺、六十万元刻了五颗金印，准备在 1916 年元旦正式“登基”。

复辟不得人心。1915 年 12 月 25 日，蔡锷等向全国发出通电，宣布云南独立，揭开了“护国”战争的序幕。接着，贵州、广西宣布独立讨袁，护国军声威大振。“无可奈何花落去”，1916 年 3 月 22 日，袁世凯下令取消帝制，仍称大总统。

4 月 9 日，廖仲恺一家四人参加在东京举行的群众大会，庆祝袁世凯帝制失败。

4 月 27 日，廖仲恺夫妇随同孙中山启程回国，5 月初抵达上海。

5 月 25 日，廖仲恺来到青岛，代表孙中山慰劳中华革命军东北军将士，对有特殊成绩的第二师和高密县民政部门，都奖授了孙中山手书的横额。

6 月 7 日，中华革命军东北军总司令居正接到特派员杨怀仁从北京拍来的电报，知道袁世凯在 6 月 6 日自毙，黎元洪继任大总统。他与参谋长许崇智、廖仲恺谈论今后的局势和对策。

廖仲恺提出自己的看法：“目下，袁世凯死了，黎元洪是位看印总统，大权都在老段的掌握之中。段是日本的忠实奴才，未来的种种变化，谁也不能逆料，我们必须时时刻刻提高警惕。”

居正觉得廖仲恺说得有道理，便表示自己的态度：“对于未来种种的变化，我和汝为都十分注意，我们希望你随时指示。”[57]

中华革命党讨袁的目的，是“扫除专制政治、建设完全民国”。但是，究竟应该怎样做才能达到这个目的？孙中山提出来的，是“规复约法，尊重国会”[58]。黎元洪在 1916 年 6 月 29 日宣布遵行《中华民国临时约法》、恢复国会的时候，中华革命党本部便发出了这样的通告：“奉总理孙先生谕：‘本党成立，实继癸丑革命而起，其重要目的在推翻专制，重造民国。迨袁贼自毙，黎大总统依法就职，因令各省党军停止进行。今约法规复，国会定期召集。破坏既终，建设方始，革命名义，已不复存，即一切党务亦应停止。将来如何改组，有何办法，应征求海内外各支、分部之意见。'"[59]

7 月 14 日，廖仲恺与许崇智、蒋介石乘“神户丸”赴山东潍县，向中华革命军东北军传达孙中山“罢兵”之命，与居正面商军队收束事宜。[60]不久，廖仲恺返沪复命。9 月 8 日，廖仲恺与胡汉民赴京，代表孙中山和黎元洪、段祺瑞共商目前国计民生的“要事”。[61]

华侨讨袁敢死先锋队奉孙中山之命，从山东潍县集中到上海徐园。9 月 30 日，孙中山到徐园慰问，发表演说，并设宴“为归国从军华侨洗尘，以表本党酬谢诸君之热心”[62]。接着，孙中山又派廖仲恺到徐园慰问，发给每人大洋三百元，作为解散旅费。这笔款，是廖仲恺向各方筹借，得到南洋烟草公司经理简照南捐助三万元，又变卖华侨赠给孙中山的一部小车，才凑成的。

廖仲恺受孙中山委托，在徐园找到华侨讨袁敢死先锋队队员马湘，并带他去见孙中山。从此，马湘就跟随着孙中山，先后担任卫士、卫士队长和副官。[63]

10 月 12 日，孙中山委托廖仲恺向北京政府要求偿还华侨债券。[64]次日，他任命廖仲恺为中华革命党本部事务所财务主任。[65]

孙中山解散了中华革命军，交出了枪支，放弃了争取政权的斗争。

“护国”战争打倒了袁世凯，结束了“洪宪”帝制，是胜利了。但是，“护国”战争后的中国政局，却出现了军阀割据和军阀混战的局面。这种军阀割据和军阀混战的现象，是由于中国地方的农业经济（不是统一的资本主义经济）和帝国主义划分势力范围的分裂剥削政策而产生的。

从本质上来说，孙中山和革命党人的讨袁斗争，仍然是一个失败的记录。

这是历史的悲剧。

护法

“护国”战争以后，中国各派系军阀的矛盾和斗争，集中地反映在“府院之争”上。“府”，是黎元洪集团的总统府；“院”，是段祺瑞集团的国务院。得到日本支持的段祺瑞，把持中央大权，排斥异己，扩张势力，俨然以袁世凯的当然继承者自居。得到美国支持的黎元洪，不甘心做傀儡总统和盖印机器。双方尔虞我诈，明争暗斗，毫不相让。1917 年 5 月 23 日，黎元洪下令免去了段祺瑞国务总理的职务。

段祺瑞自然不甘心失败，他跑到天津，唆使安徽省省长倪嗣冲、奉天督军张作霖等宣告“独立”，6 月 2 日在天津设立“独立”各省总参谋处，进行倒黎活动。

势单力薄的黎元洪立即派专车到徐州迎接张勋。得到段祺瑞和各省督军支持的张勋，打着“调解”的旗号，带了十营辫子军到达天津。6 月 8 日，张勋突然向黎元洪派到天津来欢迎他的总统府秘书长夏寿康提出调解的六项条件，其中主要条件是解散国会。黎元洪才知道上了大当。12 日，黎元洪被迫发布解散国会的命令。14 日，张勋以“战胜者”的姿态，乘专车到达北京。

6 月 27 日，大名鼎鼎的“文圣”康有为也从上海到了北京。这位“文圣”和“武圣”张勋会合，北京城就突然竖起奇形怪状、破烂不堪的龙旗。

7 月 1 日，张勋拥十二岁的溥仪复辟，改民国六年为宣统九年。黎元洪连忙逃进日本使馆，电令副总统冯国璋代行总统职务，重新任命段祺瑞为国务总理，讨伐张勋。

奸诈的段祺瑞眼见驱逐黎元洪、解散国会的目的已经达到，便由默认张勋复辟的同谋犯，摇身一变而成为“再造共和”的“讨逆军总司令”。

张勋复辟丑剧，只演了十二天。

经过这场变乱，黎元洪通电去职，冯国璋就任代理大总统，段祺瑞重任了国务总理。

段祺瑞一上台，就“一手遮天，目无余子”[66]，公开宣称“一不要约法，二不要国会，三不要旧总统”[67]，实行“欲奠定湖南以收复两广，同时奠定四川以制服滇黔”的“武力统一”政策。

“约法为民国命脉，国会为法律本源。国会存，则民国存；国会亡，则民国亡。”[68]“国会既被解散，则数十年革命事业之成绩，固全被推翻，而将来国家根本之宪法亦无从制定”[69]。在孙中山看来，这是万万不能容忍的。

唯知救国不知其他的孙中山挺身而出，开展“护法”斗争。

这时候，孙中山“深深觉得没有武装力量，不足以与北洋军阀对抗斗争，无由贯彻救国救民的宗旨”[70]。他认为：“欲争回真共和以求福利者，必须有二大伟力，其一为陆军，其二为海军。”因此，孙中山“迭次与程总长磋商，幸得海军全数将士效忠共和”[71]。

在争取海军参加“护法”斗争的过程中，廖仲恺夫妇大力协助孙中山进行工作。何香凝回忆说：“仲恺协助孙先生运动北洋海军军官彭春源等南下护法，我则被分配做北洋海军的妇女家属工作。我在哈同路的寓所里接待一些海军家属，对她们讲解护法的必要，配合做些说服动员工作。”[72]

与此同时，廖仲恺协助孙中山筹措革命经费。结果，孙中山以个人名义负担，经廖仲恺手借入现款一百三十九万二千七百元，其中四十万元用于海军方面。[73]

1917 年 7 月 6 日，孙中山偕同章太炎、朱执信、陈炯明等人，由上海乘“海琛”号军舰赴广州。廖仲恺夫妇则仍然留在上海，从事筹款、联络海军和招待国会议员南下诸工作。

廖仲恺于 7 月 11 日，致函仰光华侨饶潜川等：“中山先生于鱼日乘兵舰归粤，整军经武，以靖国难。吾党目的不仅反对复辟，且图建设真正之共和国家。想公等于创造共和之时，已竭力扶助。今共和国家已被奸人推倒，应共任维持之责。际兹吾党义军发展之秋，尤望速筹款项，以济军用，是所切祷。”[74]27 日致函霹雳华侨郑螺生：“中山先生归粤后，已电召议员到粤，照常集会，并期组织军事统一机关。现议员陆续南下赴粤，深望同志诸君，速筹巨款，接济急需，以利进行，而收一劳永逸之效，是所切祷。”[75]9 月 16 日致函菲律宾华侨叶独醒：“目前军队出发，饷糈至急，筹款为不可缓之事。

望同志诸公，鼎力劝募，至盼。”[76]

7月22日，程璧光发表“一曰拥护约法，二曰恢复国会，三曰惩办祸首”的宣言，率领海圻、飞鹰、福安、永丰、舞凤、豫章、同安七艘军舰开赴广州。这七艘军舰加上先期赴粤的海琛和原驻广州的永翔、楚豫两舰，共计十舰，吨数是一万三千三百九十吨，约占中国海军军舰总吨数的百分之三十七。[77]

8月中旬，到广州的国会议员已达一百五十多人。25日，国会非常会议在广州开幕，讨论组织政府事。30日，国会非常会议通过了《中华民国军政府组织大纲》。9月1日，国会非常会议选举孙中山为大元帅。次日，又选举唐继尧、陆荣廷为元帅。11日，孙中山建立了与北京政府相对抗的“护法”军政府。

可是，陆荣廷、唐继尧不肯屈就孙中山麾下，拒绝就任元帅职，大部分总长也不肯就职。实际上，他们就是不承认军政府。这样，既给军政府带来严重的困难，更使孙中山处在十分尴尬的境地。

孙中山忍辱负重，表现出了极大的耐心。他组建军政府直属的各个部门，使它成为西南“护法”的“最高军事统一机关”。9月18日，廖仲恺奉孙中山之命起程回粤，22日，孙中山特任廖仲恺代理中华民国军政府财政总长。[78]

西南军阀不仅不听命军政府，还对它进行了许多干扰、破坏。

桂系军阀控制着两广地盘，实行财政封锁，企图扼杀军政府。莫荣新竟然说：“孙某之政府，空头之政府也。（彼无兵无饷，吾辈但取不理之态度）彼至不能支持时，自然解散而去。”[79]

确实，由于桂系军阀拒绝担负军政府和非常国会的经费开支，军政府财政困难重重。罗翼群回忆说：“帅府成立后，经费方面异常拮据，由于粤省财政全为桂系把持，无从挹注，只能靠借债及华侨方面捐款接济度日。廖仲恺当时以财政部次长署理部长，虽鞠躬尽瘁，多方张罗，然国会经费及海军军费，仍不能依时如数发给。帅府所属职员，当时亦无薪可发，各人不分职级，每人每月只能领到广东毫洋二十元，仅足供个人食宿之用，生活十分艰苦。”[80]

为了解决“护法”军政府的经费，孙中山、廖仲恺采取了三个方法。

第一，向华侨募捐。廖仲恺多次致函南洋同志，“务望诸同志共任艰巨”，“源源接济”，“俾师行无阻”，“以竟大功”[81]。孙中山也多次致函南洋同志，“希即从速筹汇，以助进行”[82]。同时，特派孙科、大元帅府参议陈民钟、大元帅府秘书黄展云前往南洋“筹募军饷”[83]。结果，华侨捐助三十多万元[84]。

第二，发行军事内国公债。孙中山在廖仲恺请求下，于1917年9月25日咨国会非常会议文：“因整备军旅，筹划出师，需款孔殷，特拟募集内国公债五千万元，以济军用。”当日，国会非常会议通过孙中山提交的《军事内国公债条例》《承购军事内国公债奖励条例》。翌日，孙中山公布这两个条例。[85]孙中山任命“办理公债事项素著经验”的廖仲恺兼任筹饷公债局局长。然而，由于军政府“无确实地盘，承销尚不易易”[86]，只好分给各省做出师讨逆饷糈，由各省自行募集；同时向华侨发行募集。经过多方努力，军政府发出公债票券及公债收条共一千五百五十四万五千九百三十元。[87]

第三，收回两广盐税。军政府与沙面领事团交涉，“将盐税一项收归军政府，以我商民之正供，充军府开支国会、海军及其他属中央范围由军府支出之用途”[88]。当时，广东每年盐税约八百万元，平均每月约六十万元，其中“三分之一仍归稽核分所拨还借款”[89]。莫荣新见“此款可提，又欲出而攘夺”。军政府“无实力”，只得与莫荣新“调和”，指定用途。[90]1918年3月18日，孙中山命令廖仲恺等将盐税收入按预算分配提取：“据代理财政总长呈请：将盐税收入交由专司盐政机关收管，按照预算分配各项用途，提取税款，分别听候令拨及径拨，并请令知两广盐运使、中国银行遵照办理等情。自应照准。嗣后盐税收入即着该盐运使收管，此项收入三分之二据查平均每月约四十万有奇，应即指定最急用途五项，以资分配。着以十万元为国会经费，五万元为本府经费，十三万元为海军经费，九万元为广东财政厅例拨还款，其余悉数拨给前敌军饷，由该盐运使向中国银行提款。其前三项听候财政部令拨，后二项由盐运使径拨。如逢收入缺少之时，由该盐运使按照前列数额比例多寡，按成匀配，仍俟旺收时期于所赢税款内如数补支。”[91]按照这种分配比例，军政府旺月可得经费五万元，淡月则“经费依然无着”[92]。

廖仲恺于1919年4月23日给唐绍仪的信上说：“自中华民国六年六月初起，迄七年六月底止，除军政府成立以后，军政府财政部收入款项总数四拾九万四千二百余元中，属于税捐上款者计二十二万一千四百余元外，其由孙中山先生以个人名义负担，经仲恺手借入现款供护法用者，总计一百三十九万二千七百元。”[93]

从上述情况可见，由于桂系军阀的钳制，军政府存在九个月中，财政十分窘迫，只好借债度日。桂系军阀正是企图利用军政府的财政困难来扼杀它。

孙中山见“桂人意气自高，百计调和，终无觉悟”，便把希望寄托在唐继尧身上：“民国前途，希望惟在执事一人，尚冀毅力首出担当，则桂人自难立异，而他省亦可景从。苟达护法目的，文无不可退让。”[94]

给野心家谈爱国，无异于对牛弹琴。唐继尧不仅拒绝了孙中山的恳求，还加紧与桂系军阀勾结，成立“中华民国护法各省联合会议”。他们之所以这样做，“明为销融陆、孙两派之畛域，却暗以具备南方政府之雏形”[95]，直至把孙中山排挤出去。

“中华民国护法各省联合会议”遭到多方的谴责。桂、滇系军阀又改变手法，策划改组军政府。他们利用政学系议员收买拉拢动摇的中间议员。1918年5月20日，非常国会居然改组军政府，选举唐绍仪、唐继尧、伍廷芳、孙中山、林葆怿、陆荣廷、岑春煊为总裁。

孙中山虽然名列七总裁之一，但毫无实权，根本无法实施自己的主张。21日，他发表《留别粤中父老昆弟书》和发出《辞大元帅职临行通电》，愤然离开广州前往上海。“护法”运动失败了。

廖仲恺之于孙中山，始终“亦步亦趋”。孙中山离粤后，廖仲恺即向非常国会报告财政部收支情况，结束工作。不久，廖仲恺夫妇也离粤赴沪，同孙中山会合。

注释：

［1］《复五大洲华侨电》（1912 年 2 月 21 日），《孙中山全集》第 2 卷，中华书局 1982 年版，第 111 页。

［2］唐在礼：《辛亥以后的袁世凯》，《北洋军阀史料选辑》上册，中国社会科学出版社 1981 年版，第 85 页。

［3］罗翼群：《唐绍仪生平概述》，《近代广东名人录》，广东人民出版社 1986 年版，第 216 页。

［4］《与〈亚细亚日报〉记者的谈话》（1912 年 8 月 28 日），《孙中山全集》第 2 卷，中华书局 1982 年版，第 416 ~ 417 页。

［5］《复咸马里函》（1912 年 10 月 13 日），《孙中山全集》第 2 卷，中华书局 1982 年版，第 504 页。

［6］《致袁世凯电》（1913 年 1 月）、《复北京学生书》（1915 年 5 月），《孙中山全集》第 3 卷，中华书局 1984 年版，第 10、175 页。

［7］《孙中山全集》第 3 卷，中华书局 1984 年版，第 14、17、39、42 页。

［8］《致东京支部电》（1913 年 3 月 22 日），《黄兴集》，中华书局 1981 年版，第 313 页；《孙中山全集》第 3 卷，中华书局 1984 年版，第 50 页。宋先生，指宋教仁。钝初是宋教仁的字。

［9］《代草国民党之大政见》（约 1913 年 3 月），《宋教仁集》下册，中华书局 1981 年版，第 489 页。

［10］杨思义：《宋案见闻》，《辛亥革命回忆录》（八），文史资料出版社 1982 年版，第 577 ~ 578 页。

［11］《谭人凤集》，湖南人民出版社 1985 年版，第 408 页。

［12］《孙中山全集》第 2 卷，中华书局 1982 年版，第 224 页。

［13］陶菊隐：《北洋军阀统治时期史话》第 1 册，生活 · 读书 · 新知三联书店 1957 年版，第 154 页。

[14]《答〈民立报〉特派员问》(1912 年 10 月 7 日),《宋教仁集》下册，中华书局 1981 年版，第 422 页。

[15] 温楚珩:《辛亥革命实践记》,《辛亥首义回忆录》第 1 辑，湖北人民出版社 1979 年版，第 59 页。赵秉钧是国务总理兼内务总长，洪述祖是内务部秘书，程克也是任职国务院。

[16]《宋教仁血案》，岳麓书社 1986 年版，第 26~31、42~53、436~444 页。

[17] [19]《复孙中山书》(1914 年 6 月 1 日或 2 日),《黄兴集》，中华书局 1981 年版，第 357 页。

[18] 田桐:《革命闲话》,《玄玄遗著》，自印本民国二十六年 (1937)，第 190 页。

[20] 俞辛焞:《二次革命时期孙中山的反袁策略与日本的关系》,《历史研究》1988 年第 1 期;《有关孙中山、黄兴反对袁世凯斗争的日本外交文书选译》,《民国档案》1988 年第 3 期;《与日本驻沪总领事有吉明的谈话》(1913 年 4 月 9 日),《孙中山全集》第 3 卷，中华书局 1984 年版，第 54 页。

[21]《我的回忆》(1961 年 10 月),《双清文集》下卷，人民出版社 1985 年版，第 918 页。

[22] 张国淦:《中华民国内阁篇》,《北洋军阀史料选辑》上册，中国社会科学出版社 1981 年版，第 190 页。

[23] 1913 年 5 月 24 日《时报》。慰亭是袁世凯的字。

[24] 陈此生:《革命母亲何香凝先生》,《回忆与怀念》，北京出版社 1982 年版，第 144~145 页。

[25]《我的回忆》(1961 年 10 月),《双清文集》下卷，人民出版社 1985 年版，第 919 页。

[26] 大汉热心人:《广东独立记》,《广东辛亥革命史料》，广东人民出版社 1981 年版，第 135 页。

[27] 袁世凯于 1913 年 3 月 3 日任命廖仲恺为广东国税厅筹备处处长。

[28] [38] [52] 胡汉民:《廖仲恺先生精神不死》(1929 年 8 月 20 日)。

[29]《致陈新政及南洋同志书》(1914 年 6 月 15 日),《孙中山全集》第 3 卷，中华书局 1984 年版，第 91~92 页。

[30] [34]《致邓泽如及南洋国民党人函》(1913 年 12 月 25 日),《孙中山全集》第 3 卷，中华书局 1984 年版，第 75 页。

[31]《中华革命党成立通告》(1914 年 9 月 1 日),《孙中山全集》第 3 卷,中华书局 1984 年版,第 112 页。

[32]《〈国民月刊〉出世辞》(1913 年 5 月 20 日),《孙中山全集》第 3 卷,中华书局 1984 年版,第 63 页。

[33]《在广州大本营对国民党员的演说》(1923 年 11 月 25 日),《孙中山全集》第 8 卷,中华书局 1986 年版,第 434 页。

[35]《复黄兴函》(1914 年 5 月 29 日)、《致黄兴函》(1915 年 3 月),《孙中山全集》第 3 卷,中华书局 1984 年版,第 89、165 页。

[36]《致南洋革命党人函》(1914 年 4 月 18 日),《孙中山全集》第 3 卷,中华书局 1984 年版,第 81 页。

[37] 居正:《中华革命党时代的回忆》,《近代史资料》总 61 号。

[39]《革命党应有的精神》(1924 年 6 月 24 日),《双清文集》上卷,人民出版社 1985 年版,第 653 页。

[40]《致邓泽如函》(1914 年 5 月 27 日),《双清文集》上卷,人民出版社 1985 年版,第 72 页。

[41]《参加中华革命党誓约书》(1914 年 5 月 2 日),《双清文集》上卷,人民出版社 1985 年版,第 70 页。

[42]《孙中山全集》第 3 卷,中华书局 1984 年版,第 97 页。

[43]《中华革命党总章》(1914 年 7 月 8 日),《孙中山全集》第 3 卷,中华书局 1984 年版,第 99~100 页。

[44] 冯自由:《革命逸史》第 2 集,中华书局 1981 年版,第 212 页。

[45]《孙中山全集》第 3 卷,中华书局 1984 年版,第 113 页。

[46]《双清文集》上卷,人民出版社 1985 年版,第 72 页。

[47]《自传初稿》(1937 年上半年),《我的回忆》(1961 年 10 月),《双清文集》下卷,人民出版社 1985 年版,第 195、919 页。

[48]《中华革命党议事录》,《近代史资料》总 61 号。

[49]《近代史资料》总 61 号。

[50]《复咸马里夫人函》(1914 年 6 月 17 日),《孙中山全集》第 3 卷,中华书局 1984 年版,第 94 页。

[51] 陈此生:《革命母亲何香凝先生》,《回忆与怀念》,北京出版社 1982 年版,第

145 页。

［53］《袁世凯与朱尔典密谈之记录》，《护国运动资料选编》上册，中华书局 1984 年版，第 15 页。

［54］张国淦：《近代史片断的记录》，《近代史资料》1978 年第 2 期。

［55］冯自由：《革命逸史》第 3 集，中华书局 1981 年版，第 382 页。

［56］《我的回忆》（1961 年 10 月），《双清文集》下卷，人民出版社 1985 年版，第 920 页。

［57］钟冰：《中华革命军山东讨袁始末》，《文史资料选辑》第 17 卷第 48 辑，中国文史出版社 1986 年版。段，指段祺瑞。汝为是许崇智的字。

［58］《孙中山全集》第 3 卷，中华书局 1984 年版，第 304～306 页。

［59］《中华革命党本部通告》（1916 年 7 月 25 日），《孙中山全集》第 3 卷，中华书局 1984 年版，第 333 页。

［60］《致居正电》（1916 年 7 月 14 日），《孙中山全集》第 3 卷，中华书局 1984 年版，第 320 页。

［61］《孙中山全集》第 3 卷，中华书局 1984 年版，第 359～361 页。

［62］《在沪欢迎从军华侨大会上的演说》（1916 年 9 月 30 日），《孙中山全集》第 3 卷，中华书局 1984 年版，第 370～374 页。

［63］马湘：《跟随孙中山先生十余年的回忆》，《孙中山生平事业追忆录》，人民出版社 1986 年版，第 118 页。

［64］《致全国各同志函》（1916 年 10 月 13 日），《孙中山全集》第 3 卷，中华书局 1984 年版，第 377 页。1916 年 12 月 22 日，孙中山《致参众两院议员函》："二次革命失败，文睹袁氏有帝制自为之意，首组中华革命党，谋推翻专制，而葆共和。顾以前此民国告成，出资者尚无所取偿，乃与为必还之证约，从新举债。计募借华侨款一百七十万元，借入日本商人债一百万元，资以建义。""今者请求还偿债，实非关系个人。"（《孙中山全集》第 3 卷，中华书局 1984 年版，第 407～409 页）

［65］《批居正函》（1916 年 10 月 13 日），《孙中山全集》第 3 卷，中华书局 1984 年版，第 379 页。

［66］《北洋系最近分裂状况》，《戊午周报》第 18 期。

［67］觉民：《天津通讯二》，1917 年 7 月 22 日《民国大新闻报》。

［68］《通告护法各省军政首领支持军政府电》（1918 年 2 月 22 日），《孙中山全集》

第4卷，中华书局1985年版，第349页。

[69]《复头山满犬养毅函》(1918年3月28日)，《孙中山全集》第4卷，中华书局1985年版，第421页。

[70][72]《我的回忆》(1961年10月)，《双清文集》下卷，人民出版社1985年版，第921页。

[71]《在广州黄埔欢迎会上的演说》(1917年7月17日)，《孙中山全集》第4卷，中华书局1985年版，第114页。

[73][93]《致唐绍仪函》(1919年4月23日)，《双清文集》上卷，人民出版社1985年版，第121页。

[74]《双清文集》上卷，人民出版社1985年版，第82~83页。鱼日即六日。

[75]《双清文集》上卷，人民出版社1985年版，第84页。

[76]《双清文集》上卷，人民出版社1985年版，第86页。

[77] 尹寿华等:《海军南下护法始末》，《孙中山三次在广东建立政权》，中国文史出版社1986年版，第38~44页。汤锐祥:《海军南下护法若干问题的考辨》，《孙中山研究论丛》第5集，中山大学学报编辑部1987年版。

[78]《双清文集》上卷，人民出版社1985年版，第89页;《孙中山全集》第4卷，中华书局1985年版，第189页。

[79] 邵元冲:《总理护法实录》，《建国月刊》第1卷第3期。广惠镇守使莫荣新于1917年11月21日代理广东督军。

[80] 罗翼群:《记孙中山南下护法后十年间粤局之演变》，《孙中山史料专辑》，广东人民出版社1979年版，第108~109页。

[81]《复叶独醒函》(1917年10月11日)、《致徐统雄函》(1917年10月15日)、《致叶独醒函》(1917年12月7日)，《双清文集》上卷，人民出版社1985年版，第90~92页。

[82]《孙中山全集》第4卷，中华书局1985年版，第131~132、158、216~218、246、250页。

[83]《致菲律宾同志函》(1917年9月23日)，《孙中山全集》第4卷，中华书局1985年版，第191页。

[84] 黄庆云:《爱国华侨对护法运动的支持和贡献》，《孙中山研究》第1辑，广东人民出版社1986年版，第103~104页。

［85］《孙中山全集》第4卷，中华书局1985年版，第195～198、203页。

［86］《复谭人凤函》（1917年10月2日），《孙中山全集》第4卷，中华书局1985年版，第204页。

［87］《军政府发行公债数及用款——军府财长廖仲恺致非常国会公函》，《民国日报》1918年6月6日。

［88］《两广盐税收归军政府布告》（1918年3月8日），《孙中山全集》第4卷，中华书局1985年版，第383页。

［89］《致陈炯明电》（1918年3月15日），《孙中山全集》第4卷，中华书局1985年版，第397页；《致陈炯明电》（1918年7月20日），《双清文集》上卷，人民出版社1985年版，第117页。

［90］《致陈炯明电》（1918年3月15日），《孙中山全集》第4卷，中华书局1985年版，第397～398页。

［91］《孙中山全集》第4卷，中华书局1985年版，第403～404页。

［92］《致陈炯明电》（1918年3月15日），《孙中山全集》第4卷，中华书局1985年版，第397页。

［94］《复唐继尧电》（1918年4月2日），《孙中山全集》第4卷，中华书局1985年版，第428页。

［95］《马凤池密报》，《近代史资料》1978年第1期。

第四章 在探索中前进

支持五四运动

孙中山、廖仲恺夫妇、胡汉民、朱执信诸人回到上海，政治上“孑然无助”[1]，经济上也异常困难。但他们“救国之心，未尝少懈”[2]。他们回顾过去，思索现在，寻找“救亡之策”[3]。

此刻，他们看到：辛亥革命以后，只是“去一满洲之专制，转生出无数强盗之专制，其为毒之烈，较前尤甚。于是而民愈不聊生矣!”[4]

可是，如何打倒“无数强盗”？中国的出路在哪里？他们还是想不出办法[5]，没有找到真正的出路。

这是时势使然。“强人”也不能超越时代。

朱德在回忆这段沉闷的日子时，曾说道：“由于辛亥革命及其以后的讨袁战争、护国战争、护法战争的失败，孙中山先生和一切仍然忠于中国革命事业的人们，包括我自己在内，都陷入了一种怀疑和苦闷的状态，在黑暗中摸索而找不到真正的出路。”[6]

难道中国大地竟会这样长期地沉闷下去?

不！地火在地下运行，奔突；熔岩一旦喷出，将烧尽一切腐朽。

正当孙中山和他的追随者摸索救国之策的时候，突然间，中国大地爆发了波澜壮阔的五四爱国运动。

五四运动是以1915年9月创刊的《新青年》为标志而兴起的新文化运动的继续和发展，它的导火索是山东问题。

1919年5月4日下午1时许，北京三千多名学生，从四面八方涌到天安门前来，围立在金水桥前的两个华表之下。天安门在不肖子孙手里，曾经蒙受过多少耻辱呵！可今天，庄严肃穆的天安门广场，却变得热气腾腾，壮怀激烈。学生们有的穿着长衫，有的穿着黑制服，手里拿着各式各样的旗帜，最引人注目的是金水桥南竖起的一面大白旗，上面书写着一副对联：

卖国求荣，早知曹瞒[7]遗种碑无字

倾心媚外，不期章惇[8]余孽死有头

3日晚上北京大学学生血书“还我青岛”的那块衣襟，也悬挂在这里，格外掀动人心。

游行将要开始的时候，北京政府教育部次长袁希涛跑来干涉：“我承教育部命令来此，请大家从速解散，有事可推出代表办理。”

4日，正好是星期天。学生们幽默地回敬他：“我们今天的行动，教育部管不了！”

看看学生们冒火的眼睛和紧握着的拳头，这个教育部次长只好灰溜溜地走开了。

北京政府又派步军统领李长太和警察总监吴炳湘赶到现场。李长太来势汹汹，不可一世，仿佛他一声嚎嚷，学生们就会乖乖地回到学校：“我是承大总统的命令来的，学生队伍必须解散。”

学生们嗤之以鼻，高呼：“打倒卖国贼！”[9]

游行开始了，一支支的队伍，一群群的学生，有的挥舞着旗子，有的手挽着手，组成浩浩荡荡的队伍，直向东交民巷走去。大家一步步地走着，一声声地呼喊着口号，传单像雪片似的从他们的身旁撒向四周。他们文质彬彬的青年柔秀不见了，换上了壮士般的苍劲，郁怒的神情笼罩在脸上，眼睛冒着简直可以焚烧掉一切邪恶的火光。

大路两旁，站着许多交头接耳、举臂响应和拾着传单的群众，而那些军警跟踪着游行队伍，但不敢动手。

东交民巷离天安门广场不远。这是使馆区一条很宽敞的巷子，道旁矗立着各式各样的外国房屋。帝国主义者在使馆界四周筑起了高厚的围墙，墙上布满了炮位、枪眼；墙内设有美、法、德、英、意、日、俄七国的兵营；墙外是一大片作为操场的空地，却标着“保卫界内，禁止穿行”的木牌。

这个使馆区，可谓“国中之国”了。

学生队伍出中华门走到东交民巷的西口，被一道铁栅栏挡住了。解释，白费口舌；交涉，无济于事。学生们百感交集：“国犹未亡，自家土地已不许我通行，果至亡后，屈辱痛苦，又将何如?”

激愤超过了极限，总是要爆发的。忽然，有人高呼：“大家往曹汝霖家里去!”

震撼人心的呼唤，连怯懦者也变得勇气十足了。

队伍潮水似的涌到了赵家楼胡同曹宅门前。

曹宅内外，警察林立，门窗紧闭。学生们透过矮墙，把大大小小的旗帜扔进曹宅院内，齐声呼喊着：“卖国贼曹汝霖快出来见我!”

院内，死一样的沉静。院外，学生在与军警说理、争论。

忽然一声响，大门打开了。

原来，有几个学生趁着大家和军警理论的时候，猛地跳上围墙上的窗洞，把铁窗击毁，冲入曹宅，打开了大门。

曹汝霖宅内的十几个卫兵，早已被门外的呼声、掌声震慑住了。学生们正气凛然的行动，使得他们不敢贸然行凶。

像决堤的洪水，学生们一拥而入。

曹汝霖慌忙逃入一间小屋。正在曹宅的章宗祥，则钻进漆黑的锅炉房里。

学生们找不着曹汝霖，决定“烧掉这个贼窝”。他们捣毁了曹汝霖的汽车，取出了几筒汽油，泼在地毯上，用火柴点燃。霎时，曹宅大院浓烟滚滚，火光冲天。

章宗祥看见火光，生怕葬身火海，连忙跑出来，向后门奔去，但却让学生打得头破血流，倒在地上。一个日本人将他连抱带拖，出了后门，藏在对面的油盐店里。

半小时之后，大批军警赶来，逮捕了三十二个学生。[10]

这不但没有消除“乱子”，反而更激起了学生们的义愤。5 日，学生们举行了全市总罢课；6 日，成立了北京中等以上学校学生联合会。

正义的事业不会是孤立无援的。学生的爱国行动得到了各界人士的同情和声援，他们纷纷向北京政府呼吁释放被逮捕的学生。

7 日，是日本提出最后通牒，限 48 小时内承认“二十一条”的国耻纪念日。这一天，学生要闹出怎样的“乱子”，这是“不堪设想”的。外强中干的北京政府畏惧了。警察总监吴炳湘跑到大总统徐世昌那里，战战兢兢地要求：“必须将学生释放。若是总统一定不放，北京的秩序如果紊乱，我可不负责任，并且我即刻辞职，请总统再另简贤能。”[11]

徐世昌垂头丧气，无可奈何，只能同意。

外争国权、内惩国贼的目标还没有达到。

5 月 19 日，北京两万多名学生又举行总罢课。他们致书徐世昌，提出欧会不得签字、惩办国贼等六项要求。同时，决定组织讲演团、护鲁义勇队，抵制日货，提倡国货。

中外的反动势力生怕事情越闹越大，终于撕去假面具，伸出魔掌，派出大批军警镇压。6 月 3 日，逮捕一百七十多名学生，4 日，又逮捕七百多人。

“民不畏死，奈何以死惧之。”5 日上午，学生再次上街讲演。“当出去的时候，各人背着行李，连牙粉牙刷面包都带了，预备去陪伴同学坐监。”[12]

的确，在这个可诅咒的年代，必须敢想、敢说、敢干、敢当才成。否则，国家就没有什么希望了。

6 月 5 日，上海工人阶级举行大罢工，支援学生爱国运动。他们铿锵有力地宣告："我们都是穷人，但我们绝对不要我们的国家变成朝鲜第二，那里的一片景象是惨不忍睹的。我们当前所进行的运动，乃是世界史上一件最为惊人的运动。这是一个全民的运动，不是任何武力所能压制得了的。"[13]

上海市学生罢课、工人罢工、商人罢市的消息，传到北京来了。北京政府当权者意识到，"一味地捉拿，越捉越多，恐怕要惹出别省的反响"。他们又害怕了，又不得不向青年学生、工人群众做出一些让步：免去袁希涛的职务；曾经叫嚣"宁可十年不要学校，不可一日容此学风"的警备司令段芝贵，也不得不"引咎辞职"了。

北京学生点燃的火炬，很快燃遍了祖国大地。从6月3日开始，五四运动的主力由青年学生变为工人群众，运动的中心，也由北京移到了上海。

北京政府鉴于局势日益严重，不得不"舍车保帅"，于6月10日下令免除了曹汝霖、陆宗舆、章宗祥三个卖国贼的职务。

6月28日，是巴黎和约签字的日子。中国代表的住所，早被中国留法工人和学生团团围困，使得他们未能赴会签字。

五四运动是继1917年俄国十月革命之后的伟大事件。从此，中国革命进入了一个崭新的阶段。

和孙中山一样，廖仲恺、何香凝同情和支持五四运动。何香凝在上海组织旅日学生罢课声援。

五四运动的总司令陈独秀，1919年6月11日晚在北京"新世界"游艺场散发他起草的《北京市民宣言》时，被反动派的暗探逮捕，监禁了近三个月。廖仲恺对陈独秀很关心。他在致胡适函中特地请他代问候陈独秀："仲甫先生出狱后，身体可好？请替我致意。"[14]

文学革命是五四新文化运动的一个重要内容。陈独秀在《新青年》上发表《文学革命论》，提出"推倒雕琢的阿谀的贵族文学，建设平易的抒情的国民文学"；"推倒陈腐的铺张的古典文学，建设新鲜的立诚的写实文学"；"推倒迂晦的艰涩的山林文学，建设明了的通俗的社会文学"。胡适赞成文学革命，但他的所谓"文学革命"，就是提倡白话文。廖仲恺表示赞同文学革命，鼓吹白话文。他在1919年7月19日给胡适的信中说：“我辈对于先生鼓吹白话文学，于文章界兴一革命，使思想能借文字之媒介，传于各级社会，以为所造福德，较孔孟大且十倍。”[15]

新的探索

伟大的五四运动，给予中国革命者以很大的鼓舞。正如朱执信所说：“民国以来到现在，总要算这个时候最有光明，最能够鼓舞作事的人的兴会。”[16]孙中山指示廖仲恺、朱执信、胡汉民、戴季陶诸人，在上海创办理论宣传刊物《星期评论》和《建设》，以“激扬新文化之波浪，灌输新思想之萌蘖，树立新事业之基础，描绘新计划之雏形”[17]。他为《建设》撰写发刊词，明确指出创办这个刊物的目的，是“鼓吹建设之思潮，阐明建设之原理，冀广传吾党建设之主义，成为国民之常识，使人人知建设为今日之需要，使人人知建设为易行之事功。由是万众一心以赴之，而建设一世界最富强最快乐之国家为民所有、为民所治、为民所享”[18]。

廖仲恺承担了创办刊物的任务，从事理论研究和宣传。

同孙中山一样，廖仲恺认为辛亥革命失败以后，“除了民族一个主义行了之外，其余民权、民生两个主义，到今连一点影响也寻不出来”[19]。因此，他着力于民权主义、民生主义的研究和宣传。

在廖仲恺看来，“护法”运动失败后，“全国的政局，简直像个死物僵尸”。“南方有政府，北方也有政府。北方政府里有无数无形的政府，南方政府里也有无数无形的政府。南方有南方的军阀，人民无可奈何；北方有北方的军阀，人民也无可奈何。”一言以蔽之，“中国现在的情形，真是再坏没有了”[20]。

为什么会出现这种现象？廖仲恺以为：“若拿国家当作普通一个人来说，这中华民国……产生出来之后，不幸没有个好好地而且有医科本领的保姆，来看护他、提携他！那一班叫受委托抚养这孤儿的人，不是强盗就是骗子，不是要把他改名换姓，来做他一家的活财产；就是要把他卖到堂子里，拿自家的皮肉来替人家赚钱；没有一个拿出半点儿良心，来当他是人看待的。”[21]因此，“国家权力失了他原本的位置”[22]，“权力中心傍落散失而不能聚”[23]。

用什么方法来医治“久已入于挛痉麻痹之病”，使国家权力“回复他的位置”呢？

步武欧美，用代议制度政党政治是否可以根除中国政治上的毛病？廖仲恺从经济、政治、思想诸方面考察欧美各国的代议制度政党政治，认为它固然是“近世政治之趋向”，是“政治上之防腐剂”，但“非一般社会弊病之万灵药，亦不足以满人民之希望”[24]。

廖仲恺指出：西方国家“所谓实际政治，则全在政党之操纵民意”。英国自由党、保守党竞选中，“长于运动之政客，纷投两党旗鼓之下，从事选举战争”。“其演说固无不以地方选民之利益为前提，其所以谄媚愉悦之者，无微不至。及夫选举揭晓之后，除少数奔走运动之政客获利之外，则选民自选民，政客自政客。昨之所谓人民之友者，今则傲然国会议员；前之以选民之利益为词者，兹则以代表非为一部，而为全体之辩。于是国会诸法案，凡有利益于民而不利益于党，或为利公众而不利私人者，皆难通过。关于改革弊政之案，决议更不容易。盖彼辈多生活于弊窦之中，除弊即以自杀，虽利天下不为也。”[25]“一党在选举上占了优胜，自然两院多数的议员都是这一党人，立法就归一党操纵。所谓持平、慎重、牵制这几个作用，怎么能够实现呢。至于代表民意这一句话也是空的，不过是代表党意罢了。”[26]英国是这样，西方各国也不例外。“人民选举代表的时候，虽然是有选举的全权，却是在国会立法，只有代表才享这权利。代表立他自家以为很有利、很正当的法。选民的意思怎么样，于人民有利没有，正当不正当，他们是不过问的。再坏的就拿人民代表的资格，定出种种压制的政策、殃民的法律，勉强人民去服从他。”“三权分立，不过是一种形式，宪法也不会自家说话，是靠他们的嘴来解释的。这一来民权两个字的实质，就化为一个昙花水月。”[27]

“盖以我国国体则民主，政体则代议，两者之制，皆步武欧美，非所固有。则必将如何取法，而后国体、政体无所矛盾，代议制度能否跛行无弊，而与之相因而至之政党政治应否预为消毒，此之问题，关于民国建设之根本者至巨。欲图解决，不得不就此政体所由来之处，考其发生之蹊径何若，发达之程序何若，利弊之影响何若，借为后事之师。”[28]廖仲恺告诉人们，欧美的“两院制不过是在民政发达的路子上一个过渡的东西，不能一本书念到老的”。比较完满的民权制度，是“国民全体决议制”，即“国民全体投票直接参政的制度”。“这是人民在政治上自卫的武器，也是人民在政治上自动的机能。若是没有这个制度，所谓民权就很有限了。这制度虽不能说他没有多少缺点，但是他的长处比他的短处强得多。”[29]

所谓“国民全体决议制”，具体来说，就是人民“享有三个大大的民权”：“创制权”“复决权”“罢官权”[30]。

何谓“创制权”“复决权”“罢官权”？廖仲恺解释说：“创制权者，人民于一种限制之下，有提出请求书，要求公众投票，决定一种政事之兴废，或强迫国会通告法案之权也。复决权者，人民有受政府机关受访其意，而以投票决定立法机关所通过某种法案之权也。罢官权者，人民于一种限制之下，有提出请求书，要求公众投票，决定所选举官吏应否罢免之权也。综此三者言之，或亦曰直接民权。”[31]

廖仲恺认为：“国家政府能够活动，是要对人对物都有一种力量。这力量就是权……民主国家的主权总是在人民。我们中国既然叫做中华民国，权力的主体，当然就是人民。”“国民有了这三种的民权，民国的主权才算是实在回复到原来国民的身上，中国政治上的毛病，虽不敢说是完全救治好，也就差不多要好了八九分了。”[32]

为了使国人了解“直接民权”，廖仲恺翻译了美国政治学者威尔科克斯所著《创制权、复决权、罢官权于民政之作用》一书，译名为《全民政治论》，在《建设》第一卷第一号到第二卷第四号上连载。

廖仲恺在宣传“直接民权”或“全民政治”思想时，特别强调：在中国实行“直接民权”或“全民政治”是必要的，也是可能的。他说：“凡世界上的政治制度，都是跟着必要生长出来的。外国有这必要，外国就采这制度。中国有这必要，中国也应该采用这制度。”[33]“于都市及繁盛之县，与自治同时并举，必可实行，且收良效。”[34]

可能性不等于现实性。要把可能性变成现实性，要靠“国民的努力”，“不能依赖人家完全代劳的”。廖仲恺举例说，五四运动是国民能否实行“直接民权”的试金石。“这一试真厉害，北京根深蒂固的几个大官也就罢免了，政府对于欧洲和会的条约也不敢签了。”“中国到处决议反对北京政府在欧洲和约签字，也像是行他不规则的复决权。”“罢免卖国贼这种要求，就是事实上施行他的罢官权了。”[35]他号召国民继续做革命的工夫，追回“被强盗抢了去”的“主权”。他要求国民牢记约翰·穆勒的一段名言：“政治制度者，人力之产物，非夏梦初醒，瞬眼而得；亦非如树木，植后即见成长，从兹不费工夫。”[36]

戴季陶对廖仲恺宣传“全民政治”做了这样的评论：“就思想上说，仲恺是在中国鼓吹‘全民政治’的第一人。‘全民政治’这一个名词，是他的创译。”[37]

孙中山在《民权主义》讲演中称赞廖仲恺的《全民政治论》：“至于民权之实情与民权之行使，当待选举法、罢免法、创制法和复决法规定之后，乃能悉其真相与底蕴。在讲演此民权主义之中，固不能尽述也。阅者欲知此中详细情形，可参考廖仲恺君所译之《全民政治》。”[38]

廖仲恺的“全民政治论”丰富了孙中山的民权主义。他揭露了西方代议制度政党政治的弊病，阐发“全民政治”、还政于民的观点，是他的政治思想的一大进步，但在半殖民地半封建的中国，“全民政治”是不可能实现的。

在民生主义宣传中，廖仲恺除了阐述孙中山民生主义思想外，还提出了一些新的研究成果。

在土地问题方面，廖仲恺引用了马克思所说的一段话，即“阶级竞争之所由起，因为土地共产制崩坏以后，经济的组织都建在阶级对立之上”[39]，论述土地私有制是阶级对立和阶级战争的根源。他说：“能令人独占社会经济的利益坐享其成不劳而得的就是土地。”少数人“买占了可以养活几千人、几万人的地皮”，以此“收生产所得最大部分的利益，一般社会就是替他们做牛马的了”。这样，“社会就分成了几种阶级。其中一个阶级，拿他所占得的便宜，不绝的欺骗抢夺别个阶级劳动的结果。而当时之法律制度，都是由特权阶级为特权阶级定的，承认这种欺骗抢夺的行为做当然的权利。所以有整天劳动求不得一个温饱的，有独占社会经济的利益坐享其成、不劳而得的。被欺的阶级，渐渐地不服，常要奋起来抵抗。这就是阶级战争的起点，也就是社会经济问题的起点”。俄国就是因为没有解决土地问题而产生了十月革命。

廖仲恺认为，实行土地国有就可以消灭阶级对立和阶级战争。“平均地权”就是“要拿土地政策来做解决社会经济问题的手段”。采取这种手段，“土地的权利就是国民大家平均了”。但土地问题解决后，“社会总还有别种问题”，还要“慢慢的想方法解决”。只有“到这个地步，中华民国就是‘民之所有’、‘民之所治’、‘民之所享’的国家”。它就“可以光耀于天下后世了”[40]。

在经济建设方面。廖仲恺认为，要建设一个新民国，“必须先从本源着手，把政治上的障碍物扫清”。“政治上的障碍不除，经济、商业是绝对不能进步”。“要除去这政治上的障碍，就要和政治上有权力的人硬拼”[41]。其次，“国家、社会这两件物事，要他进步，总要他的分子思想进步才行”。因此，“要把新思想灌输进一般的国民脑筋里，使他们对于这建设的事业，有个领会”[42]。

廖仲恺认为，“要救中国，要建设中国，非从交通上着手不可”。“这交通机关第一要紧的就是铁路。光是靠这几匹骡马和两条粗腿，在这大陆国里是使不得的。”[43]

廖仲恺认为，要建设中国，必须破除“无数自足经济的小团体”，发展以“多用原料、多造、多卖”为宗旨的商品经济，“和外国商品竞争”；必须反对闭关自守，学习外国的先进科技和生产管理方法，“依近代生产的组织，在最有利条件之下，自家造东西，供给自家的用”。至于外国“资本的帝国主义，我们中国工商业政策，就是不学他这主义，要抵抗这主义的侵掠”。同时，要充分发挥各地的优势，开发矿产、森林、畜牧等资源。“养蚕、种桑最好的地方，不必定要兼种稻才得食。种甘蔗、橡胶最好的地方，不必定要兼养绵羊、骆驼，来造毛织的衣料穿。出铁炼钢的地方，不一定要有烟煤。产铜炼铜的地方，不必能种植。”[44]

廖仲恺认为，经济建设与“钱币革命”必须同时进行。他发挥了孙中山关于“钱币革命”的主张[45]，提出废除银本位，发行以金、银、铜、铁、煤、米、麦、豆、糖、盐、丝、棉十二种货物为本位的纸币，以统一全国货币，适应商品生产和商品经济发展的要求，解决财政困难。[46]

对于建设一个新民国，廖仲恺抱乐观的态度。他赞成“大国容易做成民国的理论”，反对“大国不能治的理论”。他批判“听天打卦”的思想，指出那些“志行薄弱的人，自己不想个正当方法奋斗去，却敛着手等候那黄金时代来碰他”。“对于国家社会悲惨的状况，不认为自家的责任，却想归咎于天然不可抗力。”他告诉人们：“我们的时代，是今世纪的新时代。”“我们的民国，是这新时代里的新国。”“现在不要说是移山塞海，就是说飞天遁地，除是不想干，要干就行。”[47]“国家建设的事业是要靠着很大群众的力量来行的。我们国民……合着力去行，自然有做世界救主那一天，世界大同的趋势，也可以促进了。”[48]

“我们国家的建设成功不成功，虽然是我们一国家一民族内部的事，但是我们国家建设不成功，就可以累到全世界纷乱；我们建设能成功，就可以增加全人类幸福；这就是我们对于自己对于世界人类的义务。”[49]廖仲恺号召人们振奋起来，“努力干去”，“除了那些建设的障碍”，把祖国“变成一个新国家”，为人类做出应有的贡献。[50]

重新革命

十月革命和五四运动的影响，辛亥革命以来的经验教训，“外患之亟不可终日”[51]，使孙中山认识到教育、兴办实业、地方自治“固是改造中国的要件，但还不能认为第一步的方法”。第一步的方法“只有革命”，搬去“旧官僚”“武人”“政客”这三种“陈土”。[52]从而提出“从头再举革命”[53]的口号。

紧跟着孙中山的廖仲恺，也提出继续革命的主张。他说：“世界上凡是有机体的东西，若是趋向进步那方面去的，总是时时刻刻在革命的状态里头，决没有停止的；停止就会生出麻木、腐败、分解、死灭种种的现状。这个革命作用，一面是除旧，一面是布新。象我们人类，也是不绝的由肺脏经气管喷出于他身体上有害的炭养气，一面吸入需要的养气；由发汗和大小两便排除那些老废料，由口胃输进滋养品；所以能够维持他的生活。一个国家也是这样的，革命就是他求活的路子。”[54]

为巩固内力，及时奋起，廖仲恺协助孙中山整理党务，于1919年10月10日将中华革命党、国民党改组为中国国民党。《中国国民党规约》规定：“本党以巩固共和、实行三民主义为宗旨。”[55]孙中山对民族主义的内容做了解释：

> 即如我们所住的租界，外国人就要把治外法权来压制中国人，这还是前清造的恶因。现在清室虽不能压制我们，但各国还是要压制的，所以我们还要积极的抵制。我看，暹罗在国际上比中国地位还高，所以我们定要积极的将我四万万民族地位抬高起来，发扬光大。现在说五族共和，实在这五族的名词很不切当。我们国内何止五族呢？我的意思，应该把我们中国所有各民族融成一个中华民族……并且要把中华民族造成很文明的民族，然后民族主义乃为完了。现在实还没有做到，所以我们还是三民主义缺一不可。[56]

重提民族主义，把三民主义作为中国国民党的宗旨，这是孙中山、廖仲恺等革命党人政治思想的一大进步。

革命的目标认定了，就要按着自己的计划去走。廖仲恺号召民众大踏步前进，自己解放自己：“无论要造那一个解放，总要靠自己自觉、自己要求、自己奋斗。”[57]

孙中山、廖仲恺把“扑灭桂贼”，重建广东革命根据地的希望寄托在“援闽”粤军身上。

孙中山在广州受桂系军阀威逼，深感必须有自己的军队，“援闽”粤军就是他为改变这种状态，于1917年12月以极大努力从桂系军阀手中争到省长亲军二十营为基础建立起来的。他任命陈炯明为总司令，并派许崇智、邓铿等主要军事干部相助。廖仲恺则想方设法解决粤军的军饷。1918年6月，粤军开始攻闽。经过十个月奋战，粤军占领了闽西南二十多个县，建立了一块以漳州为中心，称为“闽南护法区”的根据地。

在沪期间，孙中山运筹帷幄，竭力谋划南征大事。他不时委派廖仲恺、朱执信把华侨的捐款携去漳州接济粤军，还先后两次抵押自己的住宅，一次两万元，一次二万五千元，由廖仲恺带到漳州作为军费。[58]

1920年6月29日，孙中山派廖仲恺、朱执信到漳州催促陈炯明率师回粤讨伐桂系，声明军费由上海中国国民党本部承担。

经过孙中山、廖仲恺、朱执信多次与福建督军李厚基交涉，终于达成协议，以“事成后交还闽省地盘”为条件，取得了李厚基支援粤军五十万军费和六百万发子弹的成果。孙中山又派廖仲恺携带十五万大洋到漳州，作为粤军回师的出发费。

陈炯明这才下定了回师广东的决心。

8月16日，粤军分三路进攻桂军，仅花了五天时间，就占领了汕头。10月29日，粤军克复广州。次日，廖仲恺与汪精卫在石龙会晤陈炯明后，即致电孙中山，建议用总裁名义致电陈炯明，“嘉粤军战功，并委为省长兼管全省军务，凡粤所属陆海各军，均归节制调遣，以竟讨贼全功”[59]。

孙中山采纳了他们的建议，于11月1日以军政府名义电令陈炯明为广东省省长兼粤军总司令，管理广东军务，全省所属陆海军均归节制。[60]同时，他又电令廖仲恺为广东财政厅厅长，管理广东财政。

11月25日，孙中山偕同伍廷芳、唐绍仪诸人从上海乘永翔舰重返广东。

28 日，孙中山一行到了广州。

这次回粤，孙中山心情愉快，雄心勃勃。28 日晚，他在广东省署宴会上说："吾国必须统一，唯以民治为统一方法，然后可期永久……吾辈此次归来，即本斯旨，于广东实行建设，以树全国之模范，而立和平统一之基础。"[61]次日，孙中山主持召开政务会议，重组军政府。

孙中山并不满足于偏安一隅的局面。他在艰苦奋斗中又要迈进一步——主张建立正式政府。

1921 年 4 月 7 日，非常国会通过了《中华民国政府组织大纲》，选举孙中山为大总统。5 月 5 日，孙中山宣誓就职，发表就职宣言和对外宣言。接着，任命各部总长、次长。廖仲恺被任命为财政部次长。因唐绍仪不愿担任财政部总长，故廖仲恺以财政部次长代理总长职。

孙中山终于第二次在广东建立了革命政权。这是孙中山和战友们呕心沥血换来的成果，也是中华民国革命史上一个新的里程碑。

廖仲恺就任广东财政厅厅长后，决心整理广东省财政，使"各项要政"次第举行。1920 年 12 月，他提出整理广东省财政的计划。[62]次年 1 月 5 日，他发出整理财政令："现在大局敉平，政治刷新，经费报销事宜，自应严加考核，业经呈请省长、总司长核明通令全省各机关，一律恪遵定章办理，以循法轨。"[63]

理财能手廖仲恺，励精图治，注意财政干部人选，健全各种财经制度和纪律。宋庆龄回忆说："何香凝有一次告诉我，当时在某些政府部门里，贪污之风盛行，甚至在财政部门中，情况也是这样。有些人为了贪污盗窃，搞两本账，被他的丈夫发觉了。廖仲恺虽然很忙，但工作是很仔细的。"[64]

广州英文《时报》记者是这样评论廖仲恺的："广东财政厅长廖仲恺君，本精治计学，又以公正洁白之诚整理粤局，故虽在创巨痛深之后，而广东财政前途仍大可乐观。"[65]

这种评论，是中肯的。

经过多方努力，"大有破产之虞"的广东财政有了转机，广东省纸币得到维持。1920 年底，纸币之值“跌至四成以下”，到次年 4 月，纸币“十足兑换，信用甚固”[66]。这样，广州革命政府不但解决了燃眉之急的军政费用，而且资助了香港海员大罢工。

桂系军阀退出广东，贼心不死，无时不想卷土重来。1921 年 4 月 25 日，被北京政府特派为督办粤边防的陆荣廷，扬言要兵分五路攻粤，并且下了赌注：先入粤者，即任粤督。

6 月 20 日，孙中山任命陈炯明为援桂军总司令。26 日，粤军攻占了梧州。8 月 13 日，滇、黔军占领桂林。9 月 30 日，粤军攻占了龙州，陆荣廷、陈炳焜、谭浩明逃往安南（即越南），作恶多端、“煊赫一时”的桂系军阀垮台了。

为了巩固既得的胜利，准备北伐。孙中山于 10 月 15 日出巡广西，12 月 4 日抵达桂林。

在粤军讨桂和准备北伐期间，廖仲恺“筹措军饷，不遗余力”。他“暗中从省银行提取纸币二百万元作北伐军费用，才使三万北伐军得以在广西艰苦支持达半年之久”[67]。何香凝积极协助宋庆龄组织“出征军人慰劳会”，用劝捐、演剧、卖物等方法，向各方筹集了十几万元，并率领慰劳队前往梧州前线慰问。“梧州、北江、高州各地前敌军人，闻本省女界发起斯会，咸为欣悦，士气亦为之增加百倍”[68]。她还积极参加字画的义卖活动，所得款项捐助“出征军人慰劳会”。

第一次直奉战争在 1922 年 4 月 29 日爆发了。孙中山认为机不可失，立即准备北伐：用武力整顿“护法”南下驻广东的北洋舰队，使这支舰队成为支持北伐的力量；由廖仲恺筹备三百万元北伐军费。“由于陈炯明已去，不能在财政上再加制（掣）肘”，廖仲恺在“旬日之间，即筹拨北伐军费国币三百万元，使各军能及时向韶关集中候命”[69]。

5 月 4 日，孙中山以大元帅名义声讨徐世昌，下令北伐，宣布“出师宗旨，在树立真正之共和，扫除积年政治上之黑暗与罪恶，俾国家统一，民治发达”[70]。

6日，孙中山离开广州直赴韶关督师。13日，北伐军分三路向江西进发，经过将近一个月的苦战，终于攻下江西南部重镇赣州。

6月15日，北伐军前锋进入吉安，赣督陈光远逃走，大有直下省会南昌之势。平定江西，指日可待了。

可惜，祸起萧墙，孙中山、廖仲恺不但壮志未酬，而且面临的，竟是一场杀身之祸。

注释：

[1]《复陈赓如函》（1918年下半年），《孙中山全集》第4卷，中华书局1985年版，第537页。

[2]《复李襄伯董直函》（1918年8月19日），《孙中山全集》第4卷，中华书局1985年版，第498页。

[3]《通告海外革命党人书》（1918年8月30日），《孙中山全集》第4卷，中华书局1985年版，第499页。

[4]《〈孙文学说〉自序》（1918年12月30日），《孙中山全集》第6卷，中华书局1985年版，第158页。

[5]《批凌钺来函》（1918年10月25日）、《复童萱甫函》（1918年11月29日），《孙中山全集》第4卷，中华书局1985年版，第508、517页。

[6]朱德：《辛亥革命回忆》，《辛亥革命回忆录》第1集，文史资料出版社1961年版，第9页。

[7]曹瞒，即《三国演义》中的大奸臣曹操。这里用来讥讽北京政府交通总长曹汝霖。

[8]章惇，北宋王安石派，被司马光视为祸国殃民的大奸。这里用来讥讽北京政府驻日公使章宗祥。

[9]彭明：《五四运动史》，人民出版社1984年版，第272～277页。

[10]杨晦：《五四运动与北京大学》，匡互生：《五四运动纪实》，《五四运动回忆录》（上），中国社会科学出版社1979年版，第223～225、306～310页；曹汝霖：《一生之回忆》，中国大百科全书出版社2009年版；彭明：《五四运动史》，人民出版社1984年版，第277～289页。

[11]《释放学生之经过》,《民国日报》1919 年 5 月 10 日。

[12]《军警压迫中的学生运动》,《每周评论》第 25 号。

[13]《字林西报》1919 年 6 月 11 日。

[14]《双清文集》上卷,人民出版社 1985 年版,第 293 页。仲甫是陈独秀的字。

[15]《双清文集》上卷,人民出版社 1985 年版,第 131 页。

[16]《朱执信集》下集,中华书局 1979 年版,第 526 页。

[17]《致海外国民党同志函》(1920 年 1 月 29 日),《孙中山全集》第 5 卷,中华书局 1985 年版,第 210 页。

[18]《孙中山全集》第 5 卷,中华书局 1985 年版,第 89~90 页。

[19]《革命继续的工夫》(1919 年 10 月 10 日),《双清文集》上卷,人民出版社 1985 年版,第 322 页。

[20]《三大民权》(1919 年 7 月 13 日),《双清文集》上卷,人民出版社 1985 年版,第 127 页。

[21]《革命继续的工夫》(1919 年 10 月 10 日),《双清文集》上卷,人民出版社 1985 年版,第 320 页。

[22]《三大民权》(1919 年 7 月 13 日),《双清文集》上卷,人民出版社 1985 年版,第 128 页。

[23][51]《〈全民政治论〉译序》(1919 年 8 月),《双清文集》上卷,人民出版社 1985 年版,第 142 页。

[24]《〈全民政治论〉译序》(1919 年 8 月),《双清文集》上卷,人民出版社 1985 年版,第 136、141 页。

[25]《〈全民政治论〉译序》(1919 年 8 月),《双清文集》上卷,人民出版社 1985 年版,第 139~141 页。

[26]《立法部之两院制国民全体议决制及财政监督》(1919 年 10 月 30 日),《双清文集》上卷,人民出版社 1985 年版,第 334 页。

[27]《革命继续的工夫》(1919 年 10 月 10 日),《双清文集》上卷,人民出版社 1985 年版,第 324 页。

[28]《〈全民政治论〉译序》(1919 年 8 月),《双清文集》上卷,人民出版社 1985 年版,第 136 页。

[29]《立法部之两院制国民全体议决制及财政监督》(1919 年 10 月 30 日),《双清

文集》上卷，人民出版社 1985 年版，第 334 ~ 336 页。

［30］《三大民权》（1919 年 7 月 13 日），《双清文集》上卷，人民出版社 1985 年版，第 129 页。

［31］《〈全民政治论〉译序》（1919 年 8 月），《双清文集》上卷，人民出版社 1985 年版，第 135 页。

［32］《三大民权》（1919 年 7 月 13 日），《双清文集》上卷，人民出版社 1985 年版，第 128、130 页。

［33］《三大民权》（1919 年 7 月 13 日），《双清文集》上卷，人民出版社 1985 年版，第 130 页。

［34］［36］《〈全民政治论〉译序》（1919 年 8 月），《双清文集》上卷，人民出版社 1985 年版，第 143 页。

［35］《三大民权》（1919 年 7 月 13 日），《双清文集》上卷，人民出版社 1985 年版，第 129 ~ 130 页。

［37］戴季陶：《无涯的悲痛与无限的责任》，《廖仲恺先生哀思录》，三民出版部 1926 年版，第 8 页。

［38］《孙中山全集》第 9 卷，中华书局 1986 年版，第 355 页。

［39］《复胡适函》（1919 年 12 月 19 日），《双清文集》上卷，人民出版社 1985 年版，第 340 页。

［40］《革命继续的工夫》（1919 年 10 月 10 日），《双清文集》上卷，人民出版社 1985 年版，第 325 ~ 329 页。

［41］《国民的努力》（1920 年 1 月 1 日），《双清文集》上卷，人民出版社 1985 年版，第 348 ~ 349 页。

［42］《中国人民和领土在新国家建设上之关系》（1919 年 8、9 月），《双清文集》上卷，人民出版社 1985 年版，第 291 页。

［43］《中国人民和领土在新国家建设上之关系》（1919 年 8、9 月），《双清文集》上卷，人民出版社 1985 年版，第 277、292 页。

［44］《中国人民和领土在新国家建设上之关系》（1919 年 8、9 月），《双清文集》上卷，人民出版社 1985 年版，第 289 ~ 290 页。

［45］《倡议钱币革命对抗沙俄侵略通电》（1912 年 12 月 3 日），《孙中山全集》第 2 卷，中华书局 1982 年版，第 544 ~ 549 页。

[46]《钱币革命与建设》(1919 年 10、11 月)、《再论钱币革命》(1920 年 4 月),《双清文集》上卷,人民出版社 1985 年版,第 294 ~ 319、358 ~ 369 页。

[47]《中国人民和领土在新国家建设上之关系》(1919 年 8、9 月),《双清文集》上卷,人民出版社 1985 年版,第 275 ~ 281 页。

[48][49]《中国和世界》(1920 年 1 月 1 日),《双清文集》上卷,人民出版社 1985 年版,第 352 页。

[50]《中国人民和领土在新国家建设上之关系》(1919 年 8、9 月),《双清文集》上卷,人民出版社 1985 年版,第 277 页。

[52]《在上海青年会的演说》(1919 年 10 月 8 日),《孙中山全集》第 5 卷,中华书局 1985 年版,第 124 ~ 126 页。

[53]《在上海寰球中国学生会的演说》(1919 年 10 月 18 日),《孙中山全集》第 5 卷,中华书局 1985 年版,第 140 页。

[54]《革命继续的工夫》(1919 年 10 月 10 日),《双清文集》上卷,人民出版社 1985 年版,第 322 页。炭养气,即碳酸气。

[55]《孙中山全集》第 5 卷,中华书局 1985 年版,第 127 页。

[56]《在上海中国国民党本部会议的演说》(1920 年 11 月 4 日),《孙中山全集》第 5 卷,中华书局 1985 年版,第 394 页。

[57]《女子解放从那里做起》(1919 年 7 月 27 日)、《国民的努力》(1920 年 1 月 1 日),《双清文集》上卷,人民出版社 1985 年版,第 132 ~ 133、347 ~ 349 页。

[58]《我的回忆》(1961 年 10 月),《双清文集》上卷,人民出版社 1985 年版,第 923 页。

[59]《双清文集》上卷,人民出版社 1985 年版,第 376 页。

[60]《国父年谱》增订本下册,台北 1985 年版,第 897 页。

[61]《孙中山全集》第 5 卷,中华书局 1985 年版,第 429 ~ 430 页。

[62]《双清文集》上卷,人民出版社 1985 年版,第 380 ~ 381 页。

[63]《双清文集》上卷,人民出版社 1985 年版,第 383 页。

[64] 宋庆龄:《何香凝——一位坚定的革命者》,《回忆与怀念》,北京出版社 1982 年版,第 68 页。

[65] 1921 年 1 月 15 日《民国日报》。

[66]《双清文集》上卷,人民出版社 1985 年版,第 380 页;1921 年 4 月 20 日《民

国日报》。

［67］《我的回忆》（1961 年 10 月），《双清文集》下卷，人民出版社 1985 年版，第 927 页；龙裔禧等：《廖仲恺事迹记述》，《孙中山与辛亥革命史料专辑》，广东人民出版社 1981 年版，第 167 页。

［68］1921 年 7 月 13 日《民国日报》。

［69］罗翼群：《记孙中山南下护法后十年间粤局之演变》，《孙中山史料专辑》，广东人民出版社 1979 年版，第 130 页；龙裔禧等：《廖仲恺事迹记述》，《孙中山与辛亥革命史料专辑》，广东人民出版社 1981 年版，第 167 页。“陈炯明已去”，指 1922 年 4 月 21 日，孙中山令准陈炯明辞去广东省省长、粤军总司令、内务总长职。（《孙中山全集》第 6 卷，中华书局 1985 年版，第 102 页）

［70］《孙中山全集》第 6 卷，中华书局 1985 年版，第 112 页。

第五章 冲出罗网

陈炯明叛变

掌握了广东军政大权的陈炯明，野心不断膨胀，想当广东王。他反对孙中山建立正式政府，任中华民国大总统。他拒绝接济北伐军饷械；勾结当时已经被顾品珍驱逐出云南而流亡香港的唐继尧，策动唐继尧分裂参加北伐的滇军回滇争夺地盘；勾结吴佩孚，以反对张作霖的名义，共同掣肘北伐军；又与湖南军阀赵恒惕结成联盟，由赵恒惕从正面阻止北伐军取道湖南。

1922 年 3 月 21 日傍晚，支持北伐的邓铿，在广州大沙头火车站被陈炯明左右的爪牙暗杀。

噩耗传到桂林，孙中山深为哀痛，更感到后方接济乏人了。3 月 26 日，他在大本营召开紧急军事会议，决定改道北伐，先行回师广东。

孙中山有所警惕了。从避免陈家军可能阻挠的考虑，会议决定秘密回师，派谢文炳所部一旅，由广西富川、贺县出广东北江。

谢文炳却将会议的决定密电陈炯明。

陈炯明大为恐慌，果然打算部署军队阻止北伐军回粤，只是当时陈家军大部分驻扎在南宁、浔州[1]一带，一时来不及集中，只得改用以退为进的对策。

4 月 12 日，北伐军主力抵达梧州。次日，廖仲恺致电陈炯明，说明孙中山率领北伐军回师广东的意旨："先生遽归，意旨在添调军队图赣，并谋饷弹补充之确实，使此举不至无功，以坠声威，此外无他希冀。桂林调归各军，经三水、湛江口，集中韶、雄，宜于一星期内予以通过，俾勿别生枝节。"[2]

16 日，孙中山由桂林到梧州，电召陈炯明来梧州面商北伐事宜，陈炯明心怀鬼胎，一推了之。孙中山召开扩大军事会议，讨论今后行动计划。这时的孙中山已经感到力不从心，捉襟见肘，困难重重了。他说："我们已经没有后方了，在桂林时，没有后方；现在到梧州来，也还是没有后方。我们就只有以广州做后方，从韶关出兵。"[3]

会上有人提出："陈炯明狼子野心，不可复信，北伐诸军宜留粤缓发，先清内患，再图中原。"

孙中山没有采纳这个意见。他见多数人赞成改道北伐，便决定"出师江西，悉命诸军集中韶州，以大本营设于韶州"[4]。

18 日，廖仲恺由梧州回到广州，力劝陈炯明前往梧州，与孙中山面商一切。这次，陈不但拒绝前往，反以电辞本兼各职相要挟。

孙中山实在是忍无可忍了，21 日，下令免去陈炯明广东省省长、粤军总司令、内务部总长三职，但仍然保留他的陆军部总长一职，表示期望他能恍然醒悟。同时，又任命伍廷芳兼任广东省省长，任命粤军第一军第三师师长魏邦平兼广州卫戍总司令，裁撤粤军总司令一职，把广东陆、海军改归大本营直辖。[5]

当晚，陈炯明在省署召开紧急会议，宣布下野，带领随从退居惠州西湖百花洲；却又命令广州的陈家军在石龙、虎门一带布防，密电在广西的前敌总指挥叶举带领陈家军主力火速赶回广州。据粤海关情报称：陈炯明离穗带走的兵力"实际人数约为九千，其军队手中除了原已掌握的武器外，他们的枪枝弹药大部分是从军火库取去的，其中多数是新式来福枪和机关枪"[6]。

孙中山至此仍把陈炯明看作是个反对北伐而又固执己见的同志，同时，孙中山也知道，广东的军事、财政，实际上还掌握在陈炯明手上。因此，孙中山还需要尽力争取陈炯明。4月23日，孙中山到了广州。他马上派信使前往惠州，向陈炯明反复说明北伐大计，使陈炯明“对于大计不生异同，必当倚畀如故”[7]。

罗翼群向孙中山报告：“陈部粤军恐有不稳。”

孙中山反问罗翼群：“如此应如何应付？”

罗翼群说：“竞存个人去就虽不大影响北伐大计，但其所部叶举、洪兆麟等辈，类多利禄之徒，平日与陈结纳甚深，过去对援桂之役，已有分歧意见，对北伐意义向少认识，宜劝竞存回来加以说明，以防彼辈发生事变。”

孙中山决定派遣古应芬、李文范、罗翼群三人前往惠州劝说陈炯明。

陈炯明一味推说“劳瘁多年，暂须休息”，就是不肯回穗。[8]

当然，谁都知道这不过是托词而已。在陈炯明就任广东省省长期间曾任广东省教育行政委员会委员长的陈独秀，此时也到惠州访问陈炯明，他对同行的陈公博说：“陈炯明不象下野样子，室内挂满了军用地图，桌上架满了军用电话，恐怕广东不免有事。”[9]

陈炯明还需要时间调动军队。他表示愿意留任陆军部总长，“稍事休息，再效力行间”[10]，实际上，却是加紧策划政变。粤海关情报称：“来自私家的可靠消息称：陈炯明将军正在惠州集结军队，并关注直奉两派战斗的结果。若吴佩孚打胜仗，陈将回师广州，驱逐孙逸仙；要是吴打败了，陈将固守惠州基地，以待云贵之增援——陈早与吴佩孚、唐继尧将军结盟。”[11]

直奉双方只打了六天，就以直军的胜利而结束第一次直奉战争。

第一次直奉战争结束后，吴佩孚重弹老调，提出用“恢复法统”的方法来“统一全国”。孙传芳又放炮，请南北两总统同时下野。所谓“恢复法统”，不过是直系军阀的一箭双雕之计，左手推翻徐世昌，右手打倒孙中山，然后建立一个由他们控制的政府，达到“全国统一”。

1922年6月2日，徐世昌在直系军阀的胁迫下辞去大总统职务，退往天津。

孙中山认为，北京的总统是非法总统，南方的总统则是合法总统。因此，他拒绝下野。

陈炯明以为这正是他发动政变的好时机。

为求阴谋得逞，一方面，他佯与孙中山密电往返，相商两广军务，商定任命叶举为粤桂边防督办，令率所部分驻肇、阳、罗、高、雷、钦、廉、梧州、郁林一带，以稳住孙中山；另一方面，他指使叶举等带领所部五十余营开进广州，在白云山郑仙祠设总指挥部，控制了广州地区。

1922 年 5 月 20 日，陈家将致电孙中山，要求“清君侧”，免除胡汉民职务，恢复陈炯明原职。

25 日，孙中山复电陈家将：“国家多事，非贤者高蹈之时；况竞存遄征，实关大局安危。故自上月漾日以来，每亟欲挽之复出，电报秘叠，信使不绝于道。顾竞存虽允继任陆军，犹未取决退志。最近桂寇披猖，粤防告警。竞存切念时艰，亦再借箸为筹，或当幡然而返，不卸仔肩。巧日已托精卫商以中路联军总司令之重任。此皆入春以来，与竞存之预约，可使内外兼维。同日文更有电往商。盖文于竞存，始终动以至诚，而不肯稍参客气。”[12]

次日，陈家将又致电孙中山，要求恢复陈炯明原职，撤销廖仲恺、胡汉民等职务，在省城北部布防。

粤军总司令部早已并入陆军部，陈炯明现为陆军部总长，没有恢复原职的理由。孙中山为了争取陈炯明，还是任命陈炯明办理两广军务：“着陆军总长陈炯明办理两广军务，肃清匪患。所有两广地方，均听节制调遣。”[13]

陈炯明致电孙中山，表示服从命令：“愿竭能力，以副委任”。“已催叶举等部迅回防地”。“叶举等部必无不轨行动，愿以生命人格为保证。”[14]

实际上，陈炯明正在加紧策划政变。他这样做，不过是麻痹孙中山而已。

陈家军盘踞广州后，终日向财政部索取军饷。当时，政府财政虽十分困难，但孙中山仍命令廖仲恺迅速筹款。当他们一拿到饷款，又故意向省银行强迫兑换银毫，造成挤兑风潮，“弄得市面纸币，由九成而八成，而七成，而六成，或者低至两三成不定”[15]。与此同时，陈家军到处强迫买卖，明抢暗劫，滋事扰民，广州社会秩序大为混乱，市民朝不保夕，“一夕数惊”[16]。

廖仲恺见广州局势日益严重，只得电请孙中山暂返广州震慑。

后方告急，非同小可。孙中山担心“前敌战事方亟，后方空虚，若有骚扰，前方军心必因以动摇”，决定由胡汉民留守韶关大本营，自己立即率领卫队返回广州，坐镇总统府，“示前敌诸军以省垣无恙，安心前进”[17]。

6 月 1 日，孙中山乘坐的火车到达新街车站，从广州前来迎接的人，纷纷登车看望孙中山。邓荫南告诉孙中山：“陈炯明在惠召集他的爪牙频频开会，显有谋乱企图，请由其他车站下车，不可直到黄沙，免受陈炯明的暗算。”

众人纷纷点头，都赞成这个意见。

孙中山却很坦然：“不要紧，不要紧，我以至诚待人，陈炯明是不会害我的。”

火车到了黄沙车站，孙中山即乘海军陆战队司令陈策派迎的军舰直达天字码头，再坐汽车回到总统府。[18]

这一天，孙中山致电陈炯明，“请速来省共商大计”。同时，打算召集叶举等将领面谈，晓以大义。可是，陈炯明于是日由惠州抵石龙检阅军队后即回惠州，拒不应命。叶举等也先一日赴石龙避开。[19]

6 月 2 日，孙中山带着黄惠龙、马湘和杨仙逸从粤秀楼往震武楼、文澜阁巡视，看见文澜阁后面的粤秀茶室驻满了军队，墙上还凿了许多对着粤秀楼的枪眼。

孙中山问这些士兵：“你们的长官是谁?”

“是洪兆麟司令。”

“洪司令驻在这里么?”

“是李旅长率领我们驻在这里。”

“你们是从哪里开来的，李旅长有什么任务给你们?”

"我们是从江西开来的，不知道有什么任务。"[20]

旅途的顺利使孙中山略为安心，但白云山布满陈家军，又使他深感疑惑。孙中山仍想以至诚的态度感化陈家将。他设宴招待陈家将，派宋庆龄慰劳陈家军。

陈家将托故不赴宴。

孙中山大为懊恼，厉声警告他们："你们不要以为据守白云山便可胡作非为，我以几门海军大炮，便可把你们消灭。"[21]

他们根本不理会孙中山。

北伐军在江西的节节胜利，使陈炯明十分恐慌。他决定对孙中山下毒手。

陈炯明暗地里指使亲信煽动陈家军叛变："北伐军丧师败北，吾人若不速图自拔，则无所别于北伐粤军，必与北伐军同归于尽。"[22]明里却又电贺前线告捷的北伐军，还假惺惺发电孙中山说：我本想返省城，可现在决不能回去了。因为军队不听我回防的命令，硬要驻在省城。

陈炯明的话是一个谎言。孙中山却信以为真，以为陈炯明已经失去驾驭陈家军的能力，便想通过舆论迫使陈家军撤离广州。

6 月 12 日，孙中山在财政厅举行记者招待会，愤怒谴责陈家军："这样横蛮的军队，违背上官命令的军队，反对政府的军队，贻害地方的军队，无时无刻不可以作乱。""我现时决定处置的方法，下命令要他全数退出省城三十里之外，他若不服命令，我不难以武力压服。但扫除四十余营的军人，且惊动全城的居民，不免过于暴烈。但我不如此做去，他们终不罢休。我只望报界诸君主持正义，十日之内，做足功夫，对于陈家军加以纠正。陈家军若改变态度，即不啻如天之福，万一无效，就不能不执行我海陆军大元帅的职权制裁他们了。"[23]

在广州，陈炯明有两万五千人的兵力，而孙中山，则只有五百人左右的警卫部队。力量对比，相差太悬殊了。

北伐军捷报频传，"屈指师期，克赣州后进取吉安，拔南昌，至九江不逾一月”[24]。前线的形势是这样的激动人心。孙中山于6月15日特任谭延闿为全湘讨贼军总司令，令关国雄军开往赣州，加入前线，以厚兵力；并决定次日亲自率领警卫部队离开广州，前往韶关大本营，然后“亲率海军舰队至上海，入长江，与陆军会于九江，以北定中原”[25]。

事与愿违，就在北伐军克复赣州那天，陈炯明对孙中山的总攻击密令由其忠实爪牙钟景棠带往广州。

为实施这个计划，6月14日，陈炯明以“领款”和“有事相商”为名，电邀廖仲恺去惠州。廖仲恺刚到石龙，立即被钟景棠部逮捕。他们把廖仲恺囚禁在石井兵工厂，用三条铁链把他锁在铁床上。这一招，陈炯明十分得意：“这一次就把‘孙大炮’的荷包给锁住了。”[26]

同一天，陈炯明在石龙召集陈家将开会，问道：“何人敢担任发难?”

这是非同小可的事。一时间，陈家将你看看我，我看看你，都默不作声。

陈炯明睁着双眼，亮开嗓子煽动：“何人先发难，即为首功。”

叶举接着说：“所谓首功，即阿哥之谓，谁人先打总统，各人即称之为阿哥。”

杨坤如觉得这场赌博十分合算。他见同伴还在犹豫，便首先站起来大声喊道：“我愿担任。”

陈家将认为土匪出身的杨坤如不能做阿哥。翁式亮提出一个折中方案：还是请叶举在省城发号施令，大家都愿听他调遣。

熊略说：“兵士不愿打总统，以为打总统即是大逆不道，必须许以重利，始肯向前。”

此刻的陈炯明，连“仁政”“爱民”的外衣也扔掉了。他赤裸裸地叫嚷：“此时无钱赏犒，只好照我们打广西例，准其随意抢掠，万事皆可解决。”[27]

翌日傍晚，杀气腾腾的叶举在郑仙祠召开军事会议，他特意出示陈炯明的秘密手令给陈家将壮胆，布置“发难”。

熊略还是心有余悸："民贼是人人得而诛之，这是先决条件。""粤军所有的部队是总司令一手培成的，打不打总统都可以。要打，就是因为总统仅仅留一个陆军总长给总司令；不打呢，就要送鬼出门，让他去北伐，对我们也有好处。"

主张炮击总统府最得力的是粤军第一军第二师师长洪兆麟和海丰系的陈炯光、钟景棠、钟秀南。[28]

说来也确实令孙中山伤心。就以洪兆麟来说，"二次革命"失败以后，洪兆麟在香港被龙济光出高价收买巡捕拘捕，孙中山花去了一万多元诉讼费，延请律师为他辩护，最后使他获释。从此，洪兆麟常常开口便说："我不晓得革命党，也不晓得中华民国，只晓得有一个孙中山先生，因我一条性命，是他救回的。"可是，此刻他却力主炮轰总统府，打倒孙中山了。

会议决定熊略为攻城指挥官，洪兆麟部打先锋，16 日凌晨 3 时围攻总统府，擒杀孙中山者重赏二十万元。

会后，陈家将公开和直系军阀唱和，发出请孙中山下野的通电。

羊城上空，乌云密布，山雨欲来，全市陷入恐怖之中。

将近 3 时，在总统府秘书林直勉、参军林树巍、大本营输送队队长陆志云的催促下，孙中山才乔装成出诊的医生，轻轻离开粤秀楼，悄悄下了观音山，到达海珠海军司令部，再乘小电船，登上停泊在白鹅潭的楚豫舰。17 日，孙中山集合舰队将士讨伐叛军。

3 时，叛军围攻粤秀楼和总统府。宋庆龄在卫士护送下突围，18 日上午到了岭南大学校长钟荣光家，下午又乘小电船到黄埔与孙中山相会。

陈炯明叛变，无疑是祸患生于肘腋，干戈起于肺腑，对孙中山、廖仲恺夫妇的打击显得特别沉重。孙中山在致海外同志书中说："文率同志为民国而奋斗垂三十年，中间出死入生，失败之数不可偻指，顾失败之惨酷未有甚于此役者。盖历次失败虽原因不一，而其究竟则为失败于敌人。此役则敌人已为我屈，所代敌人而兴者，乃为十余年卵翼之陈炯明，且其阴毒凶狠，凡敌人所不忍为者，皆为之而无恤。此不但国之不幸，抑亦人心世道之忧也。”[29]何香凝在《我的奋斗》中说：“给我刺激最大的是陈炯明的叛变与廖仲恺先生的被害。陈炯明是先总理所亲信的一个人，他曾跟随孙先生多年而不料他会叛变，人心真是难测。”[30]

抗争与营救

陈炯明发动反革命武装叛乱，一时间，广州成了陈家军横行霸道的天下。四顾茫茫的何香凝不顾生命危险，到处寻找着孙中山、宋庆龄和廖仲恺的下落。她找到陈炯明的部下，要求发通行证。

他们不肯答应。

何香凝质问他们：“孙先生就任大总统职的时候，你们不都是去庆贺过的吗？为什么现在又来反对他呢？”

他们理屈词穷，但就是不肯答应。

何香凝强压怒火，继续开导他们：“你们应该追念孙先生是推翻清朝、手创中华民国的人。你们不都是由于孙先生倡导革命，以及黄花岗等各次战役烈士们流血牺牲，激发起全国同胞共同奋斗，推倒清朝，成立了中华民国，才有中华民国的官做的吗？你们今天饮水思源，不应该这样对待孙先生。”

他们仍然不答应。

何香凝又换了一种理由和他们继续周旋：“你们纵不让我去找孙先生，也必须让我去找孙夫人才行。你们应该还记得，孙夫人是我们慰劳会的会长，当去年你们讨伐莫荣新、沈鸿英等的时候，她不是和我发起出征军人慰劳会，募了十几万款慰劳你们吗？你们总该容我去找她呀！”

他们知道这位革命女将不好对付，便吓唬她：“危险啊，不要出去了。”

威胁，对何香凝根本不起作用。她还是瞪着那双大眼睛：“我不怕。”

这些人，是何香凝都曾经慰劳过的。他们对何香凝还抱有好感。最后，他们给何香凝发了通行证，派了汽车，还让两个卫兵跟随着。

何香凝获悉孙中山在军舰上，立即前去探望。这时正是盛夏，在军舰上，孙中山穿着肮脏的衬衣，脸膛又黑又瘦。何香凝一见孙中山这般模样，很是痛心。孙中山却一如常态，平静地问她：“外边情形怎么样?”

“我已找到孙夫人。仲恺则被陈炯明扣留，不明生死，现在人人都跑了，只剩下我一个了。”何香凝向孙中山汇报着。这时候，才流露出她的伤感。

此后，何香凝又去军舰给孙中山送信息送衣物。[31]

在孙中山夫妇的安全有了下落后，何香凝才来得及营救自己的丈夫。[32]

廖仲恺被囚禁了十天，何香凝才说服陈炯明的一个部下，让她到石井兵工厂看望廖仲恺。在《我的回忆》中，何香凝记叙了她头一次探望丈夫的悲惨景况：

> 我到了兵工厂，戒备极为森严，在一个楼上，我见到了仲恺，但是被禁止说话。他身上被三道铁链锁起来，——手上一道，腰间一道，脚上一道，都系着很长的铁链子，锁在一张铁床上。我走到他近前一看，才知道他身上还是十天前冒雨去石龙时穿的夹衣，已经汗污得不成样子了。他住的房间又是朝西的，天那么热，再穿下去怎么得了？可他全身锁着，脱也没法子脱。[33]

何香凝感到锥心似的疼痛。她找到了孙中山，看到的是孤舰苦斗；现在找到了丈夫，又是那牢狱中阴森险酷的惨状。她不由感到世道险恶，人心奸诈，嗟叹革命前途渺茫。顿时间，她四顾茫茫，伤心绝望，萌生了自杀的念头。

事后，何香凝在《廖先生被囚》一文中，坦率地叙述这次自杀念头起灭的经过：

> 我看了廖先生，走出兵工厂来，一路上这些消极绝望的思想，整个占据了我的心，恍恍惚惚上了电船，向着归途。迎面风是那么的紧，珠江也显得格外的辽阔，我一个人坐在船上愈形寂寞孤独与渺小，我瞻前想后，愈想愈消极，愈想愈悲观，觉得中国之大，居然没有献身革命以天下为公的人立足的地方。干起来也怕更难了，我又是一个忧患余生病得半死的，活着还有什么用处，想到这里，

就想纵身一跳，死了完事！我的心伤透了！我一面簌簌地滴着悲痛的眼泪，一面擦了火柴吸烟，大概是风大的关系吧，一盒的火柴擦得只剩一根了，烟仍然没有吸得成，我就更觉得绝望了。心里暗暗想，难道今天真该命绝了吗？为什么擦了一盒子洋火也吸不成一支烟的呢？想到这里，格外伤心起来，我手里拿着一根仅存的火柴暗暗地祷祝着说道：我们献身革命，只在求我们民族解放，使中国人对内对外，都能得到自由平等，我们的存心，处事对人，自问是俯仰无愧的，如果中国革命还有希望，孙先生廖先生命不该绝，凭了这根火柴，我的烟就该吸得成才是，说也凑巧，我说完了话，动手一擦，火真着了，我的烟真就吸成了。——也许那时我的注意力集中了，风也刮得小些了，便促成我的心理一大转机，我吸着烟，心里立刻转了念头，我想：半生革命，什么罪没有受过，什么苦没有吃过，什么艰难没有胜过，从悲观到乐观，从绝望到有望，不知经过多少次数了，为什么到了这一次难关，心里就这样脆弱呢！一个革命者，一个有信仰有理想的人，死是不在乎的，病逝，遇害，都是常有的事，但是为什么要自杀示弱于人呢？我的责任重得很，我不该自杀，我不能自杀，我必须坚决的活下去，我仍要与一切敌人苦斗，我宁愿遭了他们的毒手，绝对不去自杀的，想到这里，气为之一壮，心里也扩展多了，只在打算着营救的事，再也想不到自杀上头去了。[34]

不久，何香凝第二次到石井兵工厂看望廖仲恺。这时候，他的手铐已经去了，何香凝用剪刀剪开了他的脏衣服，换上另一件衣服。接着，她打电话给陈炯明部下，要求给廖仲恺开了身上的锁链。过了几天，他们才给廖仲恺开了锁。

正是这个时候，陈炯明的一个同宗兄弟陈达生在香港被人暗杀了。据说布置行刺的人透露，因为陈炯明囚禁了廖仲恺，所以一定要杀陈炯明的人。陈炯明也趁这个机会，决定杀害廖仲恺。

廖仲恺得知自己行将殉难，浮想联翩，百感交集，深沉地挥毫写了《壬戌六月禁锢中闻变有感》和诀别诗——《留诀内子二首》《诀醒女、承儿》：

珠江日夕起风雷，已倒狂澜孰挽回？
征羽不调弦亦怨，死生能一我何哀！
鼠肝虫臂唯天命，马勃牛溲称异才；
物论未应衡大小，栋梁终为蠹蟓摧！

妖雾弥漫溷太清，将军一去树飘零。
隐忧已肇初开府，内热如焚夕饮冰。
犀首从仇师不武，要离埋骨草空青。
老成凋谢余灰烬，愁说天南有殒星。

咏到潜龙字字凄，那堪重赋井中泥；
当年祈福将刍狗，今日伤心树蒺藜。
空有楚囚尊上座，更无清梦度深闺；
华庭鹤唳成追忆，隔岸云山望欲迷。

朝朝面壁学维摩，参到禅机返泰初；
腐臭神奇随幻觉，是非恩怨逐情多。
心尘已净何须尘，世鉴无明枉事磨！
莫向空中觅常相，浮云苍狗一时过。[35]

后事凭君独任劳，莫教辜负女中豪；
我身虽去灵明在，胜似屠门握杀刀。

生无足羡死奚悲，宇宙循环活杀机；
四十五年尘劫苦，好从解脱悟前非。[36]

女勿悲，儿勿啼，阿爹去矣不言归。
欲要阿爹喜，阿女阿儿惜身体。

欲要阿爹乐，阿女阿儿勤苦学。
阿爹苦乐与前同，只欠从前一躯壳。
躯壳本是臭皮囊，百岁会当委沟壑。
人生最重是精神，精神日新德日新。
尚有一言须记取：留汝哀思事母亲。[37]

何香凝正在医院治疗痢疾，一听到陈炯明要杀害廖仲恺的消息，连忙从床上挣扎起来，又天天出外奔波营救。

监狱的情况更是严峻了。何香凝第三次去看望廖仲恺，竟有五个卫兵看守着，举枪拦住何香凝，不许她近前与廖仲恺谈话，只容许他们夫妻两人相隔一两丈远遥遥相望。廖仲恺暗示有纸条要递给何香凝，何香凝上前去拿，却被卫兵毫不客气地用枪挡住。何香凝气极了，用手去抢卫兵的枪，大声嚷道："你们放枪吧！放枪吧！我是不怕的。"

卫兵们被何香凝不屈的精神吓住了，不由松了手。

何香凝趁机走上前去，伸手接过纸条，赶紧一看，原来竟是丈夫的诀别诗和另外几首诗，悲愤的热泪，霎时间断珠似的直掉下来。

孙中山在永丰舰上坚持苦斗，寸步不让，使得陈炯明不敢贸然杀害廖仲恺，甚至妄图利用廖仲恺夫妇向孙中山"求和"。洪兆麟到何香凝住处向她提出条件："现在永丰舰天天向我们打炮。我们知道你几次来往永丰舰都没有事，是否你肯再去永丰舰一次，我们派两三个人跟你去，叫孙先生今晚不要打炮。如果你都能做得到，我们明天就放廖仲恺。"

能释放廖仲恺，自然是一件好事。何香凝暗自盘算：派两三个人跟我去永丰舰？假如他们加害孙先生，又怎么办呢？我决不能为了仲恺而而使孙先生被害。沉思片刻，她拿定了主意，便告诉洪兆麟："你们叫我这样，我会对不住人民，对不住孙先生的。我是不会离开广州的，你们想什么时候派人来抓我，我也不怕。"

洪兆麟十分扫兴，却又无可奈何，只得默默地走了。[38]

在香港的陈璧君[39]、伍朝枢和古勷勤，托人带密信给何香凝，说他们预备筹措收买绿林人物劫狱。

兵工厂壁垒森严，重重封锁。廖仲恺个子矮小，眉毛有痣，很容易被人家辨认出来，劫狱无疑是一种盲动，何香凝连忙表示反对。

陈璧君从香港回到广州，住在沙面维多利亚酒店。她让朱执信夫人转告何香凝："我们已经决定今晚劫狱，不管你赞成不赞成，我们也决定这样做。现在留在广州的只有你一个人，事成之后，怕陈炯明再危害于你，所以盼你今日到旅馆来谈谈，商量一切。"

维多利亚酒店是外国人士活动的地方。何香凝悄悄地来到酒店，又向陈璧君说明极力反对劫狱的理由。当时，广州的报纸正刊登邓铿原部下梁鸿楷第一师发生兵变的消息。何香凝读了，不禁叹着气，说："糟糕，北伐军要失败了。"

陈璧君反对何香凝的说法："北伐军一定不会失败。"

何香凝坚持自己的观点，还是叹息道："现在会失败的。"

陈璧君跳了起来，狠狠地骂道："你想北伐军失败，仲恺可以出来罢了。"

何香凝气得直喘气，"啪"的一巴掌打到陈璧君脸上："我怎样亏心，也不会希望孙先生死而仲恺能够出来呀。"色厉内荏的陈璧君理屈词穷，不敢再吭一声，反而连连向何香凝赔不是。过了两三个钟头，陈璧君跑回香港去了。

其实，所谓"今晚劫狱"是假的。

又剩下何香凝孤零零一个人了。当晚，何香凝就留住在酒店内。突然，叩门声响了。何香凝小心翼翼地打开房门，见是一位日本人，心里十分诧异。只听那位日本人开口便说："我就是日本山田良政之弟山田纯三郎。我是化了装来见你的。你现在也很危急，如果你想离开广州，我们日本朋友有船就在这里珠江附近，我可以帮助你找船去香港。"

山田良政是为中国革命牺牲的第一位外国志士。何香凝此刻见日本朋友在危难当中这样真诚相助，对比陈炯明忘恩负义、以怨报德的丑行，不由感慨万分。她还是谢绝了日本友人的好意："现在孙先生还在永丰舰，仲恺又被囚禁，除非等到他们都安全脱险之后，我是不离开广州的。我一个人留在这里，还可以替孙先生送信送衣物。"

果然，北伐军回师失利，孙中山不得不于1922年8月9日离开广州前往上海。

孙中山安全脱险了，廖仲恺的情况又怎样呢？8月18日，何香凝不得不深入虎穴——白云山陈炯明总司令部。到了山脚下，找不到轿子，何香凝只得徒步上山。正在吃力地走着，天突然下起大雨，她没有带雨具，顷刻之间，全身都湿透了。

陈炯明正在主持军事会议。会议室里坐满了军人，桌上摆着茶点。陈炯明一见何香凝站在门口，登时愣住了。马上，他强作笑容，亲自搬来藤椅，还递上一杯白兰地："廖夫人，你身湿了，喝点酒吧，不然要受寒。"

何香凝一口喝干了这杯酒，可还是不进屋里去。陈炯明又站了起来，像是哀求何香凝似的说："叶举有家眷在此，你换一件干衣服吧！"

"雨湿有什么要紧，我今次来，还打算血湿呢。我问你，仲恺有什么对你不起？你们说仲恺帮孙先生筹款，要把孙先生的荷包锁起来，就囚禁了仲恺。但仲恺何尝不在民国九年之时帮助你们呢？你们在漳州两年多，把孙先生在上海莫利爱路的房子抵押了几次来帮助你的不也是仲恺吗？难道只有帮助你才对，帮助孙先生就不对了吗？同样都要帮助，帮助孙先生更要紧，我们没有对你不起。这些远的事不说，就拿眼前的一件事来说吧，不久以前，邓仲元夫人到我家里来说：为仲元开追悼会，想请你到广州参加，怕孙先生会不利于你，问我的意见。我听了她的话，我就大拍胸脯地对她说：'我相信孙先生绝不会对他不利的，你尽管请他出来好了，我可以带子女到惠州去作人质，来担保他的安全。'这件事你可以打电话去问问邓仲元夫人的。我今天来到，我也不打算回家，你把我砍成肉酱我也不怕。仲恺是杀是放，你今天一定要回答我。雨湿有什么要紧？"

列举的事实是众所周知的，陈炯明无法否认。他只能强笑着耍些花招来应付何香凝。他拿了一封电报交给何香凝："这都是部下做出来的，详情我不知道。"

他见何香凝并不上当，又假意地写了一张条子，叫何香凝和一员武官去兵工厂，把廖仲恺押到白云山。

何香凝拿起条子看了一眼，知道这是缓兵之计，陈炯明是在敷衍自己，并没有释放廖仲恺的意思，便把条子掷还给他，提高嗓门说道："我今天来，是没有打算回去的。人死有重于泰山，有轻于鸿毛，你们就把我斩成肉酱，我也不怕。今天我死虽然轻于鸿毛，但我相信将来会有价值的。对于廖先生，我也不一定要你们放他，但是，我一定要你们今天给我一个决断的答复，就是放他或者杀他。"

马育航走过来，这个陈炯明的亲信向她解释："把廖先生放到白云山来就是放他的了，你为何对总司令还发这么大的脾气？"

"这是明放暗杀，要放他就让他跟我回家去，要杀他就留他在白云山上。"何香凝反驳他。

一时间还不好扯破脸皮，陈炯明又假惺惺地问何香凝："按你的意思，要怎么办？"

何香凝直截了当地告诉他："你作事要磊磊落落，要杀仲恺就随你的便，要放他就叫他和我一同回家，不要解到白云山来，押上白云山是明放暗杀。"

这时候，孙中山已经到了上海，原来驻守韶关的北伐军也已经离开了粤北。陈炯明暗自思度一番，觉得眼前的威胁暂时已经解除，那些粤军将士对廖仲恺还有好感，如果强行杀害了他，或许会引起众怒。陈炯明最后只得下令释放廖仲恺。

黄昏时刻，廖仲恺从兵工厂回到家里。他首先考虑的是怎样恢复被陈家军破坏了的执信学校："学校是纪念执信同志而创办的，不能任人家破坏。"

陈炯明释放廖仲恺，不过是权宜之计。何香凝深知这一点，便主张廖仲恺立即离开广州。她耐心地说服丈夫："只要留有生命，回来可以再办学校的。"

廖仲恺反复思考，还是同意夫人的主张。

翌日凌晨3时，他俩离开家门，先乘小船到白鹅潭，再登轮船前往香港。

果然不出所料，当天上午10时，陈炯明派军队到廖仲恺家里，妄图重新拘捕廖仲恺。[40]

到了香港，何香凝又送廖仲恺赴上海与孙中山会合，投入新的战斗。这时候，廖仲恺激情澎湃，又不由高歌一曲："冷雨敲窗风扫叶，未算凄凉，莫便凄凉说。待到风消和雨歇，菰蒲犹复争秋热。"[41]

注释：

[1] 浔州，今桂平。

[2]《双清文集》上卷，人民出版社1985年版，第389页。

[3] 胡汉民：《六月十六之回顾》，《孙中山生平事业追忆录》，人民出版社1986年版，第610页。

[4][14][17][24]《致海外同志书》（1922年9月18日），《孙中山全集》第6卷，中华书局1985年版，第551页。

[5]《孙中山全集》第6卷，中华书局1985年版，第102～103页。

[6] 朱荣基、王美嘉：《陈炯明叛变前半年的活动》。

[7]《致海外同志书》（1922年9月18日），《孙中山全集》第6卷，中华书局1985年版，第550页。

[8] 罗翼群：《记孙中山南下护法后十年间粤局之演变》，《孙中山史料专辑》，广东人民出版社1979年版，第130页。竞存是陈炯明的字。

[9] 陈公博：《我与共产党》。

[10]《致海外同志书》（1922年9月18日），《孙中山全集》第6卷，中华书局1985年版，第550～551页。

[11] 广东省档案馆：《孙中山与陈炯明》，《孙中山研究》第1辑，广东人民出版社1986年版，第395页。

[12]《孙中山全集》第6卷，中华书局1985年版，第131页。漾，23日的代字。巧，18日的代字。

［13］《命陈炯明办理两广军务令》（1922 年 5 月 27 日），《孙中山全集》第 6 卷，中华书局 1985 年版，第 132 页。

［15］《孙中山全集》第 6 卷，中华书局 1985 年版，第 149、551 页。

［16］胡去非：《总理事略》，商务印书馆 1937 年版，第 231 页。

［18］马湘：《跟随孙中山先生十余年的回忆》，《孙中山生平事业追忆录》，人民出版社 1986 年版，第 132 ~ 133 页。

［19］《广东军阀史大事记》，广东人民出版社 1984 年版，第 162 页。

［20］马湘：《跟随孙中山先生十余年的回忆》，《孙中山生平事业追忆录》，人民出版社 1986 年版，第 133 页。

［21］张醁村：《陈炯明与孙中山的矛盾及其分裂》，《孙中山史料专辑》，广东人民出版社 1979 年版，第 191 页。

［22］胡去非：《总理事略》，商务印书馆 1937 年版，第 236 页。

［23］《孙中山全集》第 6 卷，中华书局 1985 年版，第 150 页。

［25］《孙中山全集》第 6 卷，中华书局 1985 年版，第 551 ~ 552 页。

［26］《致海外同志书》（1922 年 9 月 18 日），《孙中山全集》第 6 卷，中华书局 1985 年版，第 552 页；《自传初稿》（1937 年上半年），《我的回忆》（1961 年 10 月），《双清文集》下卷，人民出版社 1985 年版，第 196、927 页。

［27］鲁直之等：《陈炯明叛国史》，《近代稗海》第 9 辑，四川人民出版社 1988 年版，第 530 ~ 531 页。

［28］林廷化：《陈炯明炮击总统府的前后》，《孙中山史料专辑》，广东人民出版社 1979 年版，第 199 ~ 200 页。

［29］《孙中山全集》第 6 卷，中华书局 1985 年版，第 555 页。

［30］《我的奋斗》（1934 年 7 月 16 日），《双清文集》下卷，人民出版社 1985 年版，第 147 页。

［31］《自传初稿》（1937 年上半年）、《我的回忆》（1961 年 10 月），《双清文集》下卷，人民出版社 1985 年版，第 196、928 ~ 929 页。

［32］《廖先生被囚》（1941 年），《双清文集》下卷，人民出版社 1985 年版，第 377 页。

［33］《我的回忆》（1961 年 10 月），《双清文集》下卷，人民出版社 1985 年版，第 929 ~ 930 页。

［34］《双清文集》下卷，人民出版社 1985 年版，第 378～380 页。

［35］《双清文集》上卷，人民出版社 1985 年版，第 396～397 页。将军，指邓铿。开府，指孙中山在广州建立正式政府。要离，指 1920 年 9 月 21 日在虎门殉难的朱执信。老成，指 1922 年 6 月 23 日病逝的伍廷芳。

［36］《双清文集》上卷，人民出版社 1985 年版，第 398 页。

［37］《双清文集》上卷，人民出版社 1985 年版，第 399 页。

［38］《廖先生被囚》（1941 年）、《我的回忆》（1961 年 10 月），《双清文集》下卷，人民出版社 1985 年版，第 382、931～932 页。

［39］陈璧君是汪精卫的妻子。

［40］《双清文集》下卷，人民出版社 1985 年版，第 197、383～384、932～936 页。仲元是邓铿的字。

［41］《双清文集》上卷，人民出版社 1985 年版，第 409 页。

第六章 主张联俄

同气相求

俄国十月社会主义革命的光芒，穿过重云浓雾，照到了中国。

先进的中国人从十月革命的刀光剑影中，看到新时代的曙光。十月革命成功后的第三天，1917 年 11 月 10 日，上海《国民日报》首先以大号标题“美克齐美[1]占领都城”，报道了十月革命成功的消息。1918 年元旦，该报发表社论指出：“俄国革命之要求惟何？曰人权；曰民权。惟事人权也，故非达农民工民生活之改善不可；惟争民权也，故非革除专横之王家及贵族而建设民主政治不可。吾国之革命要求亦然也。”显然，国民党人还没有正确认识十月革命的性质，但他们把中国革命和俄国十月革命联系起来，表示他们同情十月革命。

廖仲恺赞美苏维埃政府实行的政策，并寄予极大的希望：“俄国革命以后，私有废除，生产分配之事，掌诸国家机关与人民合作社。空前之举，震慑全球，前途曙光，必能出人群于黑暗。”[2]

孙中山向来主张，被压迫民族的革命运动及全世界的革命者，均有互相联合的必要。从 1918 年开始，孙中山与苏俄政府领导人有函电来往。“起草来往稿件的工作，多由孙夫人及廖仲恺、朱执信等帮忙。”[3]

1918年夏天，孙中山代表中国革命党和中华民国政府致电列宁和苏维埃政府，表示“十分钦佩俄国革命党所进行的艰苦卓绝的斗争”，认为俄国社会主义共和国的建立给东方人民树立了榜样，使他们有信心去建立与苏俄“同样新式的和巩固的制度”，还说“俄国革命同中国革命有着共同的目的”，“中国革命党和俄国革命党要联合起来进行共同的革命斗争”。[4]

这个贺电，对正在受到帝国主义国家和国内反动势力层层包围的苏俄来说，无疑是很大的支持。列宁非常感动，把它看作是“东方的光明”[5]，并且“始悉远东亦有同情其友党在”[6]。

1918年8月1日，列宁委托外交人民委员齐契林复函孙中山，向“中国革命的领袖”和“中国劳动阶级敬爱的导师”孙中山致敬，还热情洋溢地说：“当各帝国主义政府从东、西、南、北伸出贪婪的魔掌，想一手击破俄国革命并剥夺俄国工农用世界上前所未有的革命而获得的东西的时候；当外国银行家所扶植的北京政府准备同这伙强盗勾结的时候，——在这个艰辛的时刻，俄国劳动阶级就向他们的中国兄弟呼吁，号召他们共同进行斗争。因为我们的胜利就是你们的胜利，如果我们遭受毁灭你们也要遭受毁灭。”[7]

此时此刻，列宁和孙中山果真是同声相应，同气相求了。

可惜，交通阻隔，这封充满革命情谊的信，并没能送到孙中山手上。

1919年5月4日，中国爆发了反帝反封建的爱国运动。五四运动是在当时世界革命号召之下，是在俄国革命感召之下，是在列宁号召之下发生的。

五四运动爆发后，孙中山提出“在国际上要联俄，学列宁的革命方法”[8]。当日本参谋本部部员询问孙中山“是否赞助俄国之无政府主义者”时，孙中山驳斥他：“俄国列宁政府，组织完备，固为其堂堂正正之政府，焉得指其为无政府耶?”[9]为了向苏俄学习，孙中山特意叫廖仲恺、朱执信、李章达等学习俄文。[10]

五四运动引起了列宁和共产国际的密切注意，中国革命得到了列宁和共产国际的进一步重视。当时，被帝国主义野兽包围的苏俄，“极少得到国外的消息”[11]。于是，共产国际、苏俄决定派代表到中国“访问领导五四运动的人物”[12]，设法同中国的革命组织建立联系。

1919年夏季，苏俄红军越过乌拉尔山，向东进军。7月25日，苏俄政府发表了由副外交人民委员加拉罕签署的《俄罗斯苏维埃联邦社会主义共和国对中国人民和中国南北政府的宣言》（即第一次加拉罕宣言）。宣言指出苏俄红军“越过乌拉尔向东部进发”的目的“不但帮助本国的劳动阶级，而且也帮助中国人民”。宣言宣布：“苏维埃政府把沙皇政府独自从中国人民那里掠夺的或与日本人、协约国共同掠夺的一切交还中国人民以后，立即建议中国政府就废除一八九六年条约、一九〇一年北京协议、一九〇七年至一九一六年与日本签订的一切协定进行谈判。”“苏维埃政府拒绝接受中国因一九〇〇年义和团起义所负的赔款。”“苏维埃政府废弃一切特权，废弃俄国商人在中国境内的一切商站。”同时恳切地说：“请中国人民了解，在争取自由的斗争中，唯一的同盟者和兄弟是俄国工人、农民及其红军。”[13]

北京政府没有理会第一次加拉罕宣言。直到1920年4月，这个“友好宣言”才正式在中国报刊上出现。翌月，《新青年》出版了“劳动节纪念号”，发表了《对于俄罗斯劳农政府通告的舆论》和第一次加拉罕宣言。顷刻之间，这个宣言在中国引起了强烈反响，全国各界纷纷致电苏俄政府，赞扬苏俄政府是“正义人道的骄子”，欢呼苏俄工农是“世界上最可爱的人类”，“希望中俄两国人民，在自由、平等、互助底正义下面，以美好的友谊，致力于芟除国际的压迫，及国家的、种族的、阶级的差别”[14]。

苏俄政府的“友好宣言”使孙中山、廖仲恺夫妇看到苏俄是世界上第一个平等对待中国的国家，是真诚帮助中国革命的国家。

1919年下半年和1920年上半年，孙中山同苏俄波达波夫将军和波波夫上校在上海会面，讨论了“关于国民党和布尔什维克党之间的合作计划”[15]。

经孙中山介绍，波达波夫于1920年4月29日到福建漳州访问，会见了粤军总司令陈炯明和廖仲恺、朱执信等人，向他们讲述了“关于新的俄国的情况和如何扩大自主原则的方法”。据陈其尤回忆，波达波夫带来一封列宁给陈炯明的亲笔信。列宁在信中对中国革命表示关怀，对陈炯明表示敬佩和鼓励。他还托波达波夫转告陈炯明要多做农民运动，注意发动群众，并说如果需要，可以将储存在海参崴的军械提供给粤军使用。苏俄“鉴于当时粤军是革命的主力军，拟通过帮助讨伐北洋军阀的粤军扶持中国的革命力量，促进中国革命事业的发展”。

苏俄的这种友好表示，实在给了粤军将领和廖仲恺、朱执信以极大的鼓舞。

波达波夫回国时，陈炯明给“列宁老师”复信。复信是由朱执信用英文起草、廖仲恺打字的。复信对苏俄人民及其代表表示深情厚谊：“现在，俄国人民及其领袖，为了全人类的解放，用坚强的决心和顽强的毅力来消灭人类发展道路上的一切障碍。建立在布尔什维主义基础之上的新的俄国开创了世界历史的新的时代。”“新的中国和新的俄国将如兄弟友谊般地携手共进。”[16]

1920 年 10 月 31 日，齐契林写信给孙中山，表示友好态度。孙中山于 1921 年 6 月 14 日才收到这封信。这是孙中山从苏俄政府外交人民委员会收到的第一封信。

1921 年 6 月，孙中山在广东省第五次教育大会上发表演说，指出“俄国社会革命成功，已成为农工兵国”。“中国宜以俄为鉴”。[17]

这时候的孙中山决心向苏俄学习了。8 月 28 日，他在复齐契林信中深情地说：“亲爱的齐契林，我希望与您及莫斯科的其他友人获得私人接触。我非常注意你们的事业。特别是你们苏维埃底组织、你们军队和教育底组织。我希望知道您和其他友人在这些事情方面、特别是在教育方面所能告诉我的一切。像莫斯科一样，我希望在青年一代——明天的劳动者们底头脑中深深地打下中华民国底基础。向您和我的朋友列宁以及所有为了人类自由事业而有许多成就的友人们致敬。”信末，孙中山还特别说明：“这封信是经伦敦苏俄商务代表团转寄的。如果它能安全无阻地到达您手中，就请通知我，以便我今后能经过同一个中间人与您联系。如果从莫斯科来的信将由你们在伦敦的使节转寄的话，我就这样地建立联系来接收它们。”[18]

齐契林接信后立刻交给列宁，列宁阅后立即指示苏俄政府应同孙中山经常通信联络。

中俄联盟

1920 年 7 月 19 日至 8 月 7 日，共产国际举行第二次代表大会。大会通过了《关于民族与殖民地问题的决议》。决议指出：必须“把被压迫的、非独立的、没有平等权利的民族，同压迫的、剥削的、享有充分权利的民族”明确区分开来；“必须实行使一切民族和一切殖民地解放运动同苏俄建立最密切的联盟的政策，并且根据各国无产阶级共产主义运动发展的程度，或根据落后国家或落后民族革命解放运动发展的程度，来确定这个联盟的形式”[19]。

中华旅俄联合会负责人刘绍周在讨论民族与殖民地问题的会议上发言，赞扬“中国第一次革命的著名领袖”孙中山“与北京政府作无情的斗争”，并强调指出“目下中国乃是革命宣传的广阔场所。第三国际代表大会应该对这一事实给予极其高度的重视。援助中国革命不仅对中国本身具有意义，而且对全世界革命运动也具有意义”[20]。

大会结束，列宁委派马林作为共产国际的正式代表到中国，考察远东各国运动的情况，探讨在上海建立共产国际远东局的可能性。但他因事未能成行。直到 1921 年 4 月才启程，从欧洲取道苏伊士运河，6 月 3 日到达上海。

1921 年 12 月 10 日，应国民党的邀请，马林在中国共产党人张太雷陪同下离开上海，乘“岳阳”号轮船去汉口，又从粤汉铁路南下，途经湖南，前往广西桂林访问孙中山。

“有朋自远方来，不亦乐乎？”12 月 23 日，马林到桂林访问，孙中山无疑有说不出的高兴。马林在桂林住了九天，同孙中山长谈了三次。在马林面前自称为“社会主义者”“布尔什维克”的孙中山，“讲述了国民党的策略、历史，袁世凯时期在国外的非法活动，与太平洋各国华侨的联系和他们对国民党的帮助”。马林则向孙中山介绍了苏俄的情况。他们“讨论了群众运动和在工人阶级中进行宣传的必要性”，探讨了中俄联盟的可能性问题。马林在给共产国际执委会的报告中叙述他和孙中山讨论中俄联盟问题的情况：“我曾经三次与孙中山长谈关于苏俄承认他以及与之结成联盟的可能性问题。他认为虽然华盛顿会议已使中国处于空前不幸之地位，但到他胜利结束北伐之前，要与苏俄结成联盟在事实上不可能。他声称，待北伐胜利结束，立即提议与苏俄公开建立联盟。他的看法是中俄携手将完成亚洲的解放。但如果建立一个不适时的中俄联盟只会立即招致列强的干涉。他认为如果不使自己与苏俄连在一起，就有可能不受列强干涉地独立处置中国的事情。我指出，他的民族主义的宣传也必然招致列强的干涉，可是他不能忽视这种宣传，因为要不然他的整个地位就只能依靠少数将领的支持，这种人最好的情况也只能引导他到另一次南京妥协。”“他只表示愿与苏联建立非官方的联系，不再前进一步。他同意派一个他的最好的同志到苏俄去。”[21]

马林走后，孙中山打电报给在广州的廖仲恺和汪精卫：“苏俄革命后实行马克思之共产主义，余甚滋疑。以现世界正在资本主义旺盛时代，俄国工商业不甚发达，共产主义不能单独成功，其去实行之期尚远。今闻马林言，始悉苏俄行共产主义后，以深感困难，乃改行新经济政策。此种新经济政策，其精神与余所主张之民生主义，不谋而合。余深信苏俄能先实行与余之主义相符之政策，益信余之主义切合实行，终必能成功也。”[22]

结束了桂林之行，马林前往广州，会见廖仲恺等国民党领导人，认为“他们全都对苏俄抱支持态度”[23]。

1922 年 4 月 26 日，共产国际代表达林由瞿秋白、张太雷陪同，到了广州，正式代表苏俄政府与孙中山建立联系。

孙中山兴高采烈地把北伐军胜利进军的消息告诉达林，还说：再过两周，至多一个月，就能占领汉口。到那时我将正式承认苏俄。

“你认为国民党所有党员都赞同苏俄？没有的事，甚至在我的政府和议会里都有苏俄的敌人。”孙中山压低声音告诉达林，“况且，请你不要忘记了，香港就在旁边，如果我现在承认苏俄，英国人将采取行动反对我。”[24]

孙中山与马林、达林的会谈，使孙中山对苏俄的了解加深了，建立中俄联盟也被提到议事日程上来了。而陈炯明叛变、英美等帝国主义国家公开表示反对孙中山和支持陈炯明的态度，更使孙中山认识到只有苏俄才是中国革命党人的真诚朋友。

达林通过陈友仁转告在永丰舰上苦斗的孙中山，表示支持孙中山，祝愿他斗争成功。

患难识朋友、见真情。达林对孙中山的支持，使得孙中山深受鼓舞。孙中山通过陈友仁转告达林：有关我们谈话的全部文件，我随身带到了军舰上。“在这些日子里，我对中国革命的命运想了很多，我对从前所信仰的一切几乎都失望了。而现在我深信，中国革命的唯一实际的真诚的朋友是苏俄。”

达林离开广州前，请陈友仁转告孙中山：“尽管有此次令人惋惜的事件，我对中国革命事业的胜利深信不疑。”

孙中山通过陈友仁向达林表示：“我确信，苏俄甚至在危难之中也是我唯一的朋友。我决定赴上海继续斗争。倘若失败，我则去苏俄。”[25]

身陷囹圄的廖仲恺，回顾了自己二十年来“努力思匡时”“险阻已备历”的革命生涯[26]，总结了辛亥革命以来历次失败的严重教训，愈来愈看清了自己以前所信奉的“真理”，包含着不少错误；认识到今后的革命斗争必须采用新的方法才能成功。但是，怎样脱离囹圄，乘风归去，重展抱负呢？他有一首诗，记述了他的新觉醒：

难行果否在难知，凿遂为椽孰是非；
扣马夷齐思止暴，七羊臧谷共伤时。
窃钩盗国将谁咎？扃镝缄縢只自欺！
我欲乘风归不得，江南空赋庾公辞。[27]

冲出罗网后，廖仲恺成了推动“联俄”这个重大决策最为有力的人。

1922 年 8 月 12 日，苏俄驻华特命全权大使越飞和马林抵达北京。25

日，马林到上海法租界与孙中山会谈，介绍了他去莫斯科的情况。孙中山告诉马林：我现在感到与苏俄建立一个更紧密的联系是绝对必要的。[28]

与此同时，越飞派代表同孙中山会谈。孙中山 8 月 30 日复蒋介石函中谈到了这件大事，要他来沪协助："某事近已由其代表专人带函来问远东大局问题及解决之法，予已一一答之。从此彼此已通问讯，凡事当易商量矣。彼有一军事随员同行，已请彼先派此员来沪，以备详询军事情形，想不久可到也。望兄稍愈，则当早来备筹一切，幸甚！"[29]

9 月下旬，廖仲恺奉孙中山命，与何香凝离开上海赴日本东京，表面上是参加侄女廖承麓的婚礼，实际上是同越飞或其随员商议中俄合作事宜。不久，何香凝因奔父丧返回香港。越飞 9 月 2 日离开北京赴长春，参加日俄会谈。下旬，谈判破裂。越飞或其随员可能因此而不能赴日。10 月 3 日，越飞由长春返回北京。11 月 6 日左右，廖仲恺离日返沪。[30]

为了中俄早日结成联盟，马林不辞劳苦，来回奔波于上海和北京之间，同越飞频繁地通信。[31]

12 月，孙中山派遣张继去北京会见越飞，商谈他与越飞会晤的事。

1923 年 1 月 16 日，西路讨贼军占领广州，孙中山取得与苏联建立联盟的"凭藉"[32]。

就在这一天，越飞以养病的名义，由北京搭快车南下。17 日，越飞抵达上海，孙中山派代表张继到车站迎接。从 18 日开始，越飞与孙中山会谈。会谈是在亲切、友好的气氛中进行的。26 日，他们联名发表了《孙文越飞联合宣言》。

联合宣言标志着孙中山"联俄"政策的确立，完全符合中苏两国的利益。这，正如孙中山在 1923 年 9 月 16 日复电苏联首任驻华大使加拉罕中所说："中俄两国之真实利益，使双方采取一种共同政策，俾吾人得与列强平等相处，及脱离国际帝国主义之政治、经济的压迫。"[33]

苏联援助中国革命

《孙文越飞联合宣言》发表后，越飞应日本东京市市长、日俄协会会长后藤新平的邀请，前往日本访问。孙中山指派廖仲恺到日本同越飞继续商谈细节，以便把中苏合作的事项具体化。

日本的热海，是一座依山傍海、风景秀丽的小城，是日本著名的疗养胜地。1923 年 2 月 10 日，越飞以疗养为名，廖仲恺则借口带女儿梦醒养病，来到热海。

廖仲恺与越飞和他的秘书谢瓦尔沙龙、田口运藏在著名的伊豆山海滨的热海饭店秘密会谈。他们“住在一块，天天讨论，非常契合”[34]。每次谈话后，廖仲恺“都是满面笑容，表示出很得意的样子”[35]。

情况并不是一帆风顺。热海饭店本身就是日本暗探层出不穷的场所，怎样甩掉这些可恶的特务？事隔数十年之后，廖梦醒回忆起这件往事，还是津津乐道：“在越飞所住房间外面，特务每天走来走去。因此，会谈很难顺利进行。于是，越飞的秘书、我父亲，就同我在楼下的客厅里玩起很热闹的游戏来。正在这里疗养的涩泽信雄先生、关口政之助先生等，有时连犬养健先生也参加到我们中间来。有趣的游戏把特务们也都吸引来了。父亲就乘机偷偷地溜开，去到越飞的房间里。”[36]

热海会谈是上海会谈的继续。详细介绍中苏两国的现状和革命的前途，讨论中苏和国共合作的政策，探讨共产主义与三民主义的关系，是热海会谈的内容之一。陈公博在《寒风集》中谈到他在热海会见廖仲恺和越飞的情况：“晚上三个人见了面，越飞告诉我苏联命令中国共产党加入国民党，实为完成中国的国民革命，而且越飞更郑重的说，中国只有实行孙先生的三民主义，绝不能行共产主义。我问越飞苏俄希望共产主义何时在俄实行，越飞只是摇头不答。我问越飞六十年共产主义在俄会实现吗？越飞倒很老实，说还是一个疑问。廖先生很滑稽的笑着说：‘公博，你还有什么话说，我们要做革命党也要做现在的革命党，不要做一百年后的革命党，我们努力实行三民主义，不必再讨论了。’”

汪精卫在中国国民党第二次全国代表大会上的政治报告中叙述了热海会谈的情况：“彼此在热海同住了一月。此时东方人未知道的许多事情，廖同志便已知之甚详。如俄国之现状，俄国对东方被压迫民族之态度，与俄国何以想和中国携手之原因，都已十分了解。所以十二年春间廖同志由东京回广州帮助总理做联俄的工作，当时许多同志怀疑，而廖同志却很勇敢很坚决去干，其中实有原故的。因为有一个月之久和越飞互相辩论，把各种问题通通研究过了。由此总理与苏俄的关系更日深一日了。”[37]

商讨苏联对国民党的援助，是热海会谈的主要内容。据日本方面的材料记载，国民党军队的建设和军事资金问题，是热海会谈的“重要议题”。越飞对廖仲恺说：“以往的中国革命，过于借重军阀之力，因而常导致失败。国民党必须组织培养自身的军队。”廖仲恺深以为然。他们达成了一项协议：苏联将援助国民党设立军官学校。[38]

热海会谈圆满成功了。

1923 年 1 月，孙中山通过越飞带信给莫斯科，请求苏联援助中国革命：“为了改造国民党，建立革命军队和为了进行统一中国的北伐战争，希望得到声援、支持和帮助，并希望对拟议中的各项事业给以财政援助。”[39]

1921 年至 1925 年，是苏联恢复国民经济的时期。当时，苏联正是满身伤痕，百废待举，困难重重。但是，苏联政府仍然决定援助国民党。热海会谈结束后，1923 年 3 月，苏联政府决定向孙中山革命政府提供两百万墨西哥元的财政援助。[40]

通过在日本的越飞和在中国的马林，苏联政府将援助孙中山革命政府的决定正式通告孙中山。[41]越飞在 5 月 1 日给孙中山的信中指出，苏联政府对上海会谈中所讨论的问题答复如下：“一、必须开展广泛的具有真正政治意义的政治准备工作，军事行动和政治机构的建立，应以此为基础。二、苏联准备向孙中山的组织提供二百万卢布的款项，用于统一中国及争取民族独立工作。这笔款项供一年之用，分期支付，每次付五十万卢布。三、可以利用我们的军事物资和教官建立设有多兵种的国内军校。”[42]

5 月 15 日，孙中山致电苏联外交人民委员部：“你们五月一日的电报给予我们很大的希望。第一，我们感谢你们慷慨的许诺；第二，我们接受你们的全部建议；第三，我们将竭尽全力促使其实现，并将派遣代表前往莫斯科，以便讨论细节。”[43]

6月21日，由格尔曼、斯莫连采夫、捷列沙托夫、波里亚克、切列藩诺夫五人组成的苏联第一个军事顾问团到达北京接受训练。[44]

8月5日，孙中山指定蒋介石和马林筹组赴苏考察、谈判的代表团——“孙逸仙博士代表团”。这次访问成功，对促进国民党改组、创建革命军，都起了重要作用。[45]

10月6日，苏联驻广州代表鲍罗廷到达广州。18日，孙中山委任鲍罗廷为国民党组织教练员。他采纳了鲍罗廷的建议，加快了改组国民党的步伐，终于在1924年1月召开中国国民党第一次全国代表大会，改组了国民党，实现了国共合作。

孙中山在1924年2月16日给齐契林的信中说：“在制定我党基本目标，即组织中国人民进行强大的、革命的、创造性的运动这点上，阁下是完全正确的。”“目前，我们正朝着这个方向紧张地工作着……关于这一点，我对在国民党改组过程中为我们做出贡献的鲍罗廷同志表示深深感谢。他是一个无与伦比的人，他的中国之行显然是一个意义深远的事情。”[46]

美国学者韦慕廷专门写了一本书，述评孙中山一生“谋取外国援助的努力”。他的“结论”是：孙中山“向所有的强国都乞求过。一九一七年以前，他把最大的希望寄托于日本；其后，在战争的年代里和进入二十世纪初期，他注目于美国，并且短暂地期待着德国。甚至在转入‘联苏’方针的时候，他仍然力图公开保持取得美、英、日援助的渠道”。但“他并没有看到过任何一个列强拯救中国”。“一直到苏维埃俄国的援助来到之时，他后来所进行的谋取外国援助的努力都是归于失败流产的。”[47]

这个结论是正确的。“孙中山的一生中，曾经无数次地向资本主义国家呼吁过援助，结果一切落空，反而遭到了无情的打击。在孙中山一生中，只得过一次国际的援助，这就是苏联的援助。”[48]

注释：

[1] 美克齐美是 Maximalist 的音译，“过激党”之意。

[2]《消费合作社概论》，《双清文集》上卷，人民出版社 1985 年版，第 931 页。

[3]《我的回忆》（1961 年 10 月），《双清文集》下卷，人民出版社 1985 年版，第 925 页。

[4] 刘德喜：《孙中山与苏俄合作关系的初步建立》，《孙中山研究论丛》第 4 集，中山大学学报编辑部 1986 年版，第 200 页。

[5]《汪精卫先生在第二次全国代表大会之政治报告》，《政治周报》第 5 期；邹鲁：《中国国民党史稿》，台湾商务印书馆股份有限公司 1976 年版，第 342 页。

[6]（美）林百克：《孙逸仙传记》，上海三民公司 1926 年版。

[7]《与孙中山交换的外交信件》，《史学译丛》1958 年第 3 期。

[8] 宁武：《孙中山与张作霖联合反直纪要》，《孙中山生平事业追忆录》，人民出版社 1986 年版，第 297 页。

[9]《在摩轩号舰对幕僚的谈话》（1922 年 8 月 9 日），《孙中山全集》第 6 卷，中华书局 1985 年版，第 517 页。

[10]《双清文集》下卷，人民出版社 1985 年版，第 195 ~ 196、363 ~ 364、769、925、980 页；李朗如：《关于孙中山先生的几件事》，《孙中山生平事业追忆录》，人民出版社 1986 年版，第 257 页；《朱执信集》下集，中华书局 1979 年版，第 630、856、857 页。

[11]《向意大利、法国和德国的共产党人致敬》（1919 年 10 月 10 日），《列宁全集》第 30 卷，人民出版社 1957 年版，第 33 页。

[12] 栖梧老人：《中国共产党成立前后的见闻》，《新观察》1957 年第 13 期。

[13]《共产国际与中国革命资料选辑（1919—1924）》，人民出版社 1985 年版，第 27 ~ 30 页。

[14]《新青年》第 7 卷第 6 号。

[15]（美）韦慕廷：《孙中山——壮志未酬的爱国者》，中山大学出版社 1986 年版，第 123 页。

[16] 孙其尤：《一九一九年苏联派第一个代表到漳州》，《文史资料选辑》第 24 辑，中国文史出版社 1986 年版；《我所亲知的中山先生政治生活中的两三件事情》，《孙中山生平事业追忆录》，人民出版社 1986 年版，第 311 ~ 312 页；《陈炯明致列宁的信》（1920

年5月)，《孙中山研究论丛》第6集，中山大学学报编辑部1988年版。

[17]《孙中山全集》第5卷，中华书局1985年版，第561页。

[18]《孙中山全集》第5卷，中华书局1985年版，第591~593页。

[19]《共产国际有关中国革命的文献资料（1919—1928)》第1辑，中国社会科学出版社1981年版，第41~42页。

[20]《共产国际与中国革命资料选辑（1919—1924)》，人民出版社1985年版，第31、34页。

[21]《马林给共产国际执委会的报告》(1922年7月1日)，《马林在中国的有关资料》(增订本)，人民出版社1980年版，第14~18页；伊罗生：《与斯内夫利特谈话记录》，《马林在中国的有关资料》(增订本)，人民出版社1980年版，第24~25页。

[22] 尚明轩：《孙中山传》，北京出版社1981年版，第245~246页。汪精卫在中国国民党第二次全国代表大会上的政治报告中说："总理当时曾打一封电报到广州给廖仲恺和兄弟两人，说他见过马林，心中非常高兴，深信他《建国方略》里的实业计划，一定能够实行。并说他从前听闻苏俄实行共产，很是诧异。以为俄国的经济状况，共产的条件还未具备，从何实行？马林来，才知道俄国之新经济政策实与他的实业计划差不多一样，所以非常高兴。"(《政治周报》第5期）邹鲁在《中国国民党史稿》中说："民国十年，总理北伐，师次桂林。苏俄派至中国之专使马林特来相见，畅谈之后，总理心至愉快，深信其《建国方略》中之实业计划必能实行。并电述其事于廖仲恺等，谓其初闻苏俄实行共产，甚为诧异，盖俄之经济状况，尚未具实行共产之条件也。及马林来，始知俄国之新经济政策实与其实业计划相差无几。故油然生欣悦之心。"

[23]《马林在中国的有关资料》(增订本)，人民出版社1980年版，第18页。

[24]（苏）达林：《中国回忆录（1921—1927)》，中国社会科学出版社1981年版，第101~113页。

[25]（苏）达林：《中国回忆录（1921—1927)》，中国社会科学出版社1981年版，第124~126页。

[26]《幽禁中感赋》(1922年6月)，《双清文集》上卷，人民出版社1985年版，第395页。

[27]《有感》（1922年6月)，《双清文集》上卷，人民出版社1985年版，第401页。

[28] 道夫·宾：《斯内夫利特和初期的中国共产党》，《马林在中国的有关资料》

（增订本），人民出版社 1980 年版，第 44 页。

［29］《孙中山全集》第 6 卷，中华书局 1985 年版，第 535 ~ 536 页。某事，指孙中山与越飞代表的会晤。

［30］潘荣、刘蜀永：《关于孙中山与越飞会谈时间的探讨》，《近代史研究》1980 年第 2 期；（日）山田辰雄：《关于廖仲恺一九二二年和一九二三年的两次访日》，《廖仲恺研究》，广东人民出版社 1989 年版，第 220 ~ 231 页。

［31］《马林在中国的有关资料》（增订本），人民出版社 1980 年版，第 29、44 页。

［32］1922 年 12 月，苏维埃社会主义共和国联盟（简称苏联）成立。为了行文方便，以下提及苏联时，有时仍称苏俄。

［33］《孙中山全集》第 8 卷，中华书局 1986 年版，第 216 页。

［34］邹鲁：《廖仲恺传》，《中国国民党史稿》，中华书局 1960 年版。

［35］廖梦醒：《回忆我亲爱的父亲——廖仲恺》，《中国工人》1957 年第 16 期。

［36］廖梦醒：《我的母亲何香凝》，《回忆与怀念》，北京出版社 1982 年版，第 85 页。

［37］《政治周报》第 5 期。

［38］（日）山田辰雄：《关于廖仲恺一九二二年和一九二三年的两次访日》，《廖仲恺研究》，广东人民出版社 1989 年版，第 235 ~ 236 页。

［39］《中国革命与苏联顾问（1920—1935 年）》，中国社会科学出版社 1981 年版，第 19 页。

［40］（苏）卡尔图诺娃：《加伦在中国（1924—1927）》，中国社会科学出版社 1983 年版，第 18 页。十月革命后，日本的北洋渔业界人士在“俄国领海水产组合”中共同储备了一笔对苏补偿金。这笔钱当时在日本政府的监督下由日本银行保管。山田辰雄教授说：按照外交史料馆的资料，1923 年 5 月 24 日，“俄国领海水产组合”代表们会见越飞，将 1921、1922 年度的渔场使用费一百万日元以日本银行支票面交签证处长柯尔兹曼。随后，越飞打电报给莫斯科外交部，说 5 月 26 日由日本“渔业家”交来“超过约定金额”的一百七十五万日元。他已于 27 日将此款以越飞名义亲自存入横滨正金银行东京分行。第二个问题是越飞得到这笔钱以后，他又如何交到了中国方面的呢？有一份资料可供参考，那是一张可能由横滨正金银行东京分行做的越飞的“存款账目通知单”。按照这张单子，越飞 7 月 24 日给海参崴人民粮食委员会代表安德里亚诺夫汇去十万日元，8 月 6 日给越飞访日后在北京任苏联政府全权代理达夫津汇去一百六十万日元。对于这笔钱的去向，

目前所知只限于这些。笔者推测，汇给达夫津的款项的全部或一部分很可能给了国民党。[（日）山田辰雄：《关于廖仲恺一九二二年和一九二三年的两次访日》，《廖仲恺研究》，广东人民出版社 1989 年版，第 237～239 页]

［41］《中国革命与苏联顾问（1920—1935 年）》，中国社会科学出版社 1981 年版，第 20 页。

［42］《党史通讯》1987 年第 2 期。

［43］《公布孙中山的若干通信》，苏联《远东问题》1987 年第 1 期。

［44］（苏）切列潘诺夫：《中国国民革命军的北伐》，中国社会科学出版社 1981 年版，第 3～13 页。

［45］《汪精卫先生在第二次全国代表大会之政治报告》，《政治周报》第 5 期；胡去非：《总理事略》，商务印书馆 1937 年版，第 261 页。

［46］《中国革命与苏联顾问（1920—1935 年）》，中国社会科学出版社 1981 年版，第 24 页。

［47］（美）韦慕廷：《孙中山——壮志未酬的爱国者》，中山大学出版社 1986 年版，第 174、303 页。

［48］《论人民民主专政》（1949 年 6 月 30 日），《毛泽东选集》第 4 卷，人民出版社 1960 年版，第 1 479 页。

第七章 国共合作

改组国民党和联共

中国共产党的诞生，成了中国开天辟地以来的一件大事。自从有了中国共产党，中国革命的面目就焕然一新了。“孙中山很快就了解到中国共产党的建立的重要性”[1]。

中国共产党成立后，集中力量从事工人运动。中国国民党对待工人运动取同情和支持的态度。国共两党大力支持香港海员大罢工，使这次大罢工取得胜利。国共两党在斗争实践中逐渐认识到国共合作的必要性。

中国共产党人的信仰和政治主张，使孙中山认识到中国共产党同苏俄共产党一样，是以马克思主义为指导的革命党。他说：中国共产党人的“用心是很好的。他们的主张是要从根本上解决，以为政治、社会问题要正本清源，非从根本上解决不可”[2]。

在孙中山看来，国共两党革命的目的是相同的，只是方法不同而已。孙中山向来主张，凡是革命党人就要联合起来，互相帮助。《香港兴中会章程》规定：“无论中外各国人士，倘有心益世，肯为中国尽力，皆得收入会中。”[3]立志“振兴中华”的革命党人，“肯为中国尽力”的革命党人，都可以加入孙中山领导的革命党。中国共产党人也是革命党人，也可以加入孙中山领导的中国国民党，共同奋斗救中国。孙中山强调说："国民党应该包含一切革命分子在革命旗帜之下。"[4]宋庆龄提出："孙中山一生主张共同奋斗救中国。这就是他主张国共合作的原因。"[5]

共产党人同孙中山的国民党会谈，更使孙中山"看到把力量联合起来的价值"[6]。

1921 年下半年，马林在上海同国民党本部联系，会见了国民党人张继，促使国民党派代表出席远东各国共产党和民族革命团体第一次代表大会，国共两党代表在大会期间都表示国共两党应当密切合作。

12 月，马林与孙中山会谈，实质上是共产国际、中国共产党和中国国民党三方会谈。马林向孙中山提出"改组国民党，与社会各阶层，尤其与农民、劳工大众联合"等建议。孙中山对马林的建议"普遍感到兴趣"[7]。孙中山还与张太雷"就需要青年更加积极地参加民族主义运动进行了仔细的讨论"[8]。

1922 年上半年，达林在广州与孙中山会谈中，马林在上海同国民党会谈中，孙中山的国民党都同意"党内合作"的主张。

8 月 29 日至 30 日，中共中央在杭州西湖召开特别会议。会上，马林根据共产国际的指示，提议中国共产党应以党员个人资格加入国民党，使中国民族革命运动加速进行。他还提出："我们的人应该利用左翼（廖仲恺）去改变国民党的策略。"[9]会议接受了共产国际的提议，原则上确定：只要国民党能够根据民主主义的原则进行改组，并取消入党时打手模和向孙中山本人宣誓等封建主义的形式，共产党员可以加入国民党，以实现两党的合作。[10]

西湖会议以后，中国共产党领导人拜访孙中山，将西湖会议的决定告诉孙中山，孙中山欣然同意。

受中国共产党的委托，李大钊多次到上海孙中山寓所和孙中山会谈。他们推心置腹地"讨论振兴国民党以振兴中国之问题"。他们"畅谈不倦，几乎忘食"[11]。李大钊态度诚恳，议论透彻，使得孙中山十分敬佩。宋庆龄回忆说："孙中山特别钦佩和尊敬李大钊，我们总是欢迎他到我们家来。""孙中山在见到这样的客人后常常说，他认为这些人是他的真正的革命同志。他知道，在斗争中他能依靠他们的明确的思想和无畏的勇气。”[12]

李大钊、陈独秀、蔡和森、张太雷、张国焘等由张继介绍，孙中山主盟，在上海以个人名义加入中国国民党。这标志着孙中山联共政策[13]的确立。

汪精卫在中国国民党第二次全国代表大会的政治报告中谈到李大钊加入国民党的情况：“最先加入本党的就是李大钊由张继介绍来的。李当时曾对总埋说明他是第三国际党员，是不能脱去第三国际党籍的，不知总理能否许可接纳他。总理答他：‘这不打紧，你尽管一面做第三国际党员，尽管一面加入本党帮助我。’”[14]

改组国民党和联共是一件事的两个方面。不改组便不能实现联共的决策，而不联共则不能完成改组国民党的任务。

孙中山改组国民党和联共的原因和目的是：

第一，中国革命需要国共合作。

《中国国民党改组宣言》指出：“综十数年已往之成绩而计效程功，不得不自认为失败。满清鼎革，继有袁氏；洪宪堕废，乃生无数专制一方之小朝廷。军阀横行，政客流毒，党人附逆，议员卖身，有如深山蔓草，烧而益生，黄河浊波，激而益溷，使国人遂疑革命不足以致治，吾民族不足以有为。”[15]

国民党人屡战屡败的原因，一是人马少，二是“方法未善”[16]，一句话，力量太薄弱。要使革命成功，国民党必须与国内人民合作，“变更奋斗的方法，注重宣传，不注重军事”[17]。

《中国国民党改组宣言》发表那天，孙中山在广州大本营对国民党员发表演说：“吾党想立于不败之地，今后奋斗之途径，必先要得民心，要国内人民与吾党同一个志愿，要使国内人民皆与吾党合作，同为革命而奋斗。必如此方可以成功；且必有此力量，革命方可以决其成功。”[18]

“国内人民”中，百分之九十以上是工农群众。中国共产党是无产阶级的政党，代表工农群众的利益。中国国民党要同“国内人民”“合作”，也就要同中国共产党“合作”，“同为革命而奋斗”，“革命方可以决其成功”。因此，孙中山“决定同中国共产党合作，一道进行中国的革命”[19]。

同孙中山的心相通的宋庆龄和廖仲恺夫妇，也指出孙中山决定同中国共产党合作是中国革命的需要。

宋庆龄说：“共产党是一个代表工农劳动阶级利益的政党。孙中山知道没有这些劳动阶级的热烈支持与合作，就不可能顺利地完成国民革命的使命。”[20]

廖仲恺说：“国民党现在号称有二十万党员，你们到各地去集合一下试试，看看能集合几个人，真正肯革命的人就更少了。必须与共产党合作，扶助工农运动，才能有人帮助我们革命。”[21]

何香凝说：“共产党与国民党根本的主张，或有多少出入，而现在则莫不是致力于民族革命，有携手的必要。”“廖先生曾说：‘想要打倒帝国主义，非与共产党亲善不可；更非注意于最有革命力量的工农阶级不可。’”[22]

中国革命需要国共合作，国共合作促进中国革命。1926 年 6 月 4 日，《中国共产党为时局及与国民党联合战线问题致中国国民党书》中指出：“本党与贵党合作之政策早经明白确定，盖此即联合战线之具体的表现也。唯是合作之方式：或为党内合作或为党外合作，原无固定之必要，因此政策之精神，实为团结革命势力以抗帝国主义，凡足以达此目的者，即为适当之方法，原不拘于形式。然当本党决定合作政策之初，曾商之于贵党总理孙中山先生，孙先生以为党内合作，则两党之关系更为密切；本党亦认为中国社会各阶级力量之相互关系，现亦可适用此种合作方式，故毅然决定，令本党党员得加入贵党，同时，本党与贵党结政治上之联盟。自此以后，吾两党革命之联盟已于三年来引导中国民众，努力奋斗，五卅运动之蹶起，国民政府之成立，以及军阀之崩败，国民军之形成，皆使革命势力得以极广大之发展”[23]。

第二，“党内合作”可以使中国国民党得到新生。

孙中山“以苏俄为模范”，主张“以党治国”。所谓“以党治国”，“并不是要党员都做官，然后中国才可以治；是要本党的主义实行，全国人都遵守本党的主义，中国然后才可以治”[24]。

所谓“本党的主义”，就是三民主义。中国国民党党员是否实行三民主义？“全国人”是否“遵守”三民主义？请看看下面几段话吧。

孙中山说：“本党政府此刻建设在广东，在这个政府所管辖之地，国内人民加入本党者寥寥无几。”“原因就是在本党分子此刻过于复杂，党内的人格太不齐，令外人看不起，所以外人都不情愿加入，帮助本党来奋斗。譬如许多党员，总是想做大官。如果是得志的，做了大官便心满意足；这些党员的心理，以为达到了做官的目的，革命事业便算了结一样。若是不得志的，不能做大官，便反对本党，去赞成敌党。”“大多数党员都是以加入本党为做官的终南捷径”[25]。

廖仲恺说：“吾党情形，目下除少数干部，并无党员，虽亦有力量，然不过一部奋斗之历史而已。此种力量固可张罗于一时，恐日久必穷倒。”[26]

恽代英说：“自民国元年至十三年，国民党可说是（在）一个很混沌的状态之下，孙先生所说的三民主义，没有人去研究宣传，人民自然更不会了解相信。反对的人讥笑国民党开烟赌抽捐，是三民主义，苛税杂捐，是三民主义，兵匪骚扰，是三民主义，最好的人亦只是说孙先生的人格是好的，但三民主义是不行的，国民党是不可加入的。十三年来的国民党，其情形便是如此。”[27]

鲍罗廷说：“我们这次到中国来，觉得中国好象到了大海里一样，什么都没有了，单单剩下几个热心革命的人物。这几个热心革命的人物是谁？就是国民党孙总理和帮助他作革命运动的几个同志。”[28]

可见，号称有二十余万党员的国民党，“实不知党员在于何所”[29]，“热心革命”的只有孙中山、廖仲恺等“少数干部”，“大多数党员都是以加入本党为做官的终南捷径”。所以，“外人看不起”国民党，认为“三民主义是不行的，国民党是不可加入的”。这样的党，好像“一个就要死的人”[30]，是不能“治国”的。

使国民党起死回生的方法是什么？孙中山认为，方法是吐故纳新。

吐故，就是“淘汰”“不良的分子”[31]。孙中山不止一次对宋庆龄说：“国民党里有中国最优秀的人，也有最卑鄙的人。最优秀的人为了党的理想与目的而参加党，最卑鄙的人为了党是升官的踏脚石而加入我们这一边。假如我们不能清除这些寄生虫，国民党又有什么用处呢？”[32]

纳新，就是注入新血液。新血液是什么？

中国国民党第一次全国代表大会期间，孙中山对宋庆龄提出的“为什么需要共产党加入国民党”问题做了回答：“国民党正在堕落中死亡，因此要救活它就需要新血液。”[33]

1924 年 3 月 2 日，孙中山在致全党同志书中说：“社会主义青年团之加入本党，在前年陈炯明叛变，本党经一度顿挫后，彼等认为共同革命，非有极大之结合，事不克举，故欣然同趋一致，以期有益于革命之实行。本总理受之在前，党人即不应议之于后。来者不拒，所以昭吾党之量能容物，而开将来继续奋斗之长途。吾党之新机于是乎生。彼此既志同道合，则团体以内无新旧分子之别。”[34]

中国共产党党员和中国社会主义青年团团员是“新血液”。因为他们与革命的中国国民党党员是“志同道合”的“革命同志”，他们与中国国民党“结合”，“共同革命”，就可以使中国国民党得到新生。

筹备国民党“一大”

中国国民党第一次全国代表大会筹备的过程，也就是中国国民党改组的过程。这个过程从中国共产党党员李大钊、陈独秀等加入中国国民党即开始。

1922 年 9 月 4 日，孙中山在上海召开了首次改组会议。廖仲恺、胡汉民、汪精卫、张秋白、张继、陈独秀等五十三人出席了会议。马林及其翻译张太雷应邀参加了会议。孙中山即席解释了联俄、联共政策，提出了改组国民党的意见。马林也在会上讲了话。与会者“一致赞同”孙中山的改组计划。

6 日，孙中山指定丁惟汾、陈独秀等九人为国民党改进案起草委员会委员。该会从 7 日开始，工作一个半月，起草了《中国国民党党纲》《中国国民党总章》，呈请孙中山审核。

11 月 15 日，孙中山在上海再次召集由国共两党代表参加的五十九人会议，审查和修改党纲和总章，并推举胡汉民、汪精卫起草《中国国民党宣言》。

12 月 16 日，孙中山在上海又召集六十五人会议，审查增修宣言。

1923 年元旦，孙中山发表《中国国民党宣言》，提出革命必须依靠民众：“今日革命则立于民众之地位，而为之向导，所关切者民众之利害，所发抒者民众之情感。于民众之未喻，则劳心焦思，瘏口哓音，以申儆之；且不恤排万难，冒万险，以身为之先。及其既喻，则相与戮力，锲而不舍，务蕲于成而后已。故革命事业由民众发之，亦由民众成之。”同时，对三民主义做了详述：

民族主义方面，提出“力图改正条约，恢复我国国际上自由平等之地位”。

民权主义方面，主张“实行普选制度，废除以资产为标准之阶级选举”；“以人民集会或总投票之方式，直接行使创制、复决、罢免各权”；“确定人民有集会、结社、言论、出版、居住、信仰之绝对自由权”。

民生主义方面，主张“由国家规定土地法、使用土地法及地价税法”；“铁路、矿山、森林、水利及其他大规模之工商业，应属于全民者，由国家设立机关经营管理之，并得由工人参与一部分之管理权”；“制定工人保护法”；“改良农村组织，增进农人生活”[35]。

《中国国民党宣言》的发表，标志着孙中山的旧三民主义开始向新三民主义转变。

1 月 16 日，讨贼军进入广州，孙中山取得了改组国民党和联合中国共产党“凭藉”。

接着，孙中山委任中国国民党本部干事。其中共产党党员林伯渠为本部总务部副部长，陈独秀为本部参议。[36]

2 月 21 日，孙中山在广州东郊农林试验场设立大本营，就任大元帅职。3 月 2 日，大元帅大本营正式成立，孙中山任命廖仲恺为财政部部长。这是孙中山第三次在广东建立的革命政权。

孙中山设立大元帅府后，决心“改组党务、创立党军、宣传党义”，刷新广东政治，厉行裁兵，化兵为工，“希望广东将来成为一桃源洞”；并“以广东为模范”，推行西南，“令西南可以成为一个模范，让东北各省看见了，诚心向我，自可不用武力统一全国”[37]。可是，历史的进展却是不尽如人意的。

4 月 16 日，沈鸿英再次叛变。“自沈鸿英作乱以来，北军两次自北江来攻，陈军数次自东江来攻，广州的局面总是风雨飘摇，大家无一天不是在恐慌之中。”[38]

孙中山始终“屹立于战线最危之点”。作战时候，他“筹划战事、征调各军、审察形势、措置粮草，终日无斯须之瑕，不以溽冒而少息，亦不因挫折而见沮”[39]。

更使孙中山头痛的，还是财政问题。大元帅府成立以来的八个月间，正常的财政收入仅得三百二十八万六千八百八十三元，支出却达一千零八十七万三千一百零五元。而每月滇军却可自行收得税款三百一十九万元，粤军可得一百零六万元，桂军可得十万元，海军可得三十七万元，其他军队可得一百万元。[40]可是，各军不仅不把收得的税款上交，而且还向孙中山伸手要饷。“筹饷者志穷力竭，索饷者纷至沓来”，大本营财政一直处在极度窘困之中。

为巩固国民党改组基地和筹措军政费用，孙中山于 1923 年 5 月 7 日、7 月 14 日、10 月 27 日，任命廖仲恺为广东省省长、统一广东财政委员、大本营筹饷总局总办。[41]

廖仲恺采取了开源节流、严禁各军截留税收、统一全省财政、整顿金融等一系列措施，在很大程度上保障了军事斗争的进行，巩固了广州革命政府的基地。

鲍罗廷到广州后，孙中山加快了改组国民党的步伐。

10 月 19 日，孙中山致电上海事务所，告知已委任廖仲恺、汪精卫、张继、戴季陶、李大钊五人为国民党改组委员，同时，请孙洪伊密电北京李大钊即赴上海商讨改组事项。[42]

24 日，孙中山委任胡汉民、林森、廖仲恺、邓泽如、杨庶堪、陈树人、孙科、吴铁城、谭平山九人为中国国民党临时中央执行委员，汪精卫、李大钊、谢英伯、古应芬、许崇清为候补委员，组成中国国民党临时中央执行委员，“办理改组事宜”。同时函告党内同志：“兹委廖君仲恺、邓君泽如召集本党特别会议，商量本党改组问题，详为审议，悉心擘划，务期党基巩固，党务活动，以达吾人之宗旨目的，本总理有厚望焉。”[43]

25 日，廖仲恺主持召开有一百多人参加的国民党改组特别会议，讨论改组问题。鲍罗廷在会上发表演说，强调改组国民党的必要性：“力量的联合正在成为生死存亡的问题。被压迫国家为了同压迫者作斗争应当团结起来。在俄国，布尔什维克党为了进行坚决的斗争团结了人民群众。要在中国完成类似的任务，国民党应当进行改组，通过人民明白易懂的革命纲领，并以各种通俗易懂的方法向广大群众介绍这个纲领。只有强大的、组织严密的党才能够达到全国统一和独立的目标。”[44]

经过调查研究和深思熟虑，鲍罗廷向孙中山提出了改组国民党的五点建议：

> 一、在国民党改组前修改党纲，并在人民群众中广泛宣传党纲，力求取得必需按照党纲改组党的一致意见。二、制定国民党党章。三、在广州和在第二中心上海组织党的坚强团结的核心，然后在全国建立国民党的地方组织。四、尽可能快地召开即便只有南方四省代表参加的党的全国代表大会，以便讨论和通过党纲党章，选

举新的执行委员会。为了在广州进行党的改组工作，派出最优秀的最积极的国民党员，这些人应当在城市的各个地区建立党的分部。应当由这些分部派出代表参加全国代表大会。五、在召集全国代表大会时，必须使每一个代表懂得，他今后要做的事情是什么，怎样按照新的方式建立基层组织。

孙中山采纳了鲍罗廷的建议。[45]

10 月 28 日，中国国民党临时中央执行委员会正式成立，并举行第一次会议，做出决定：第一，国民党“一大”定于 1924 年 1 月 5 日在广东省高等师范学校礼堂举行（后改为 1 月 15 日，因筹备工作尚未完成又改为 1 月 20 日），每省代表六人，其中三人由总理指派，三人由各省党员推选。第二，出版《国民党周刊》，谢英伯为编辑主任，谭平山为撰述。第三，国民党临时中央执行委员会“主席临时推定，书记谭平山，财政邓泽如”。第四，国民党改组宣言由谢英伯、谭平山起草，杨庶堪修改。第五，上海执行部由胡汉民、汪精卫、张继、叶楚伧、戴季陶五人组成，由廖仲恺到上海召集组织。

中国国民党临时中央执行委员会自成立至次年 1 月 19 日，“共开过二十八次会议，议决案件共四百余件，其中最重要者为：（1）全国代表大会案；（2）本党改组宣言案；（3）党纲草案；（4）章程草案；（5）广州市区党部区分部组织案；（6）上海执行部设置案；（7）组织义勇军案；（8）慰劳前敌军人案；（9）筹办本党军官学校案；（10）筹设宣传学校案；（11）筹办党报计划案；（12）组织《国民党周刊》案；（13）推定大会宣言起草委员”。“临时中央执行委员会除办理改组及筹备全国代表大会事宜之外，最重要者，为广州市内各区党部各区分部之组织”[46]。

11 月 10 日，廖仲恺从广州赴石龙，向孙中山汇报“改组党务事”。孙中山指出：“考本党不进原因，约有二事：组织之未备也，训练之未周也。”今后要改善组织，使“党员活动由上而下的形式，一反为由下而上”。要加强训练，“从基础着手”。次日，廖仲恺出席中国国民党广州市全体党员大会，传达孙中山的指示。[47]

25日，中国国民党临时中央执行委员会发表《中国国民党改组宣言》，公布《中国国民党党纲草案》《中国国民党章程草案》。改组宣言指出："中国今日政治不修，经济破产，瓦解土崩之势已兆，贫困剥削之病已深。欲起沉疴，必赖乎有主义、有组织、有训练之政治团体，本其历史的使命，依民众之热望，为之指导奋斗，而达其所抱政治上之目的。""吾党本其三民主义而奋斗者历有年所，中间虽迭更称号，然宗旨主义未尝或离；顾其所以久而不能成功者，则以组织未备、训练未周之敌。夫意志不明，运用不灵，虽有大军，无以取胜。吾党有见于此，本其自知之明，自决之勇，发为改组之宣言，以示其必要。""关于党纲章程之草定，务求主义详明，政策切实，而符民众所渴望。而于组织训练之点，则务使上下逮通，有指臂之用；分子淘汰，去恶留良。"[48]

中国国民党临时中央执行委员会认为，"章程之运用，非实地试验不可，故以广州市内及上海两地为章程本案试验场；且训练党员，尤应当以实际运动工作为训练课本，故广州市内及上海两地之实地组织，尤刻不容缓"。

广州首先进行改组。其情况是："一、未组织之先，举行登记，确定党籍；二、举行广州市党员全体大会；三、分区组织，先成立十二个区分部；四、每一区分部设一主席，以临时中央执行委员充之，另设一组织员，为主席助手；五、规定区分部办理通则；六、规定市党部、区党部、区分部设置细则；七、设一总组织员，专任组织事宜，后因事务过繁，由临时中央执行委员会委托本委员会秘书处办理；八、每区党部区分部之成立，必须秘书处之核准，或由秘书处直接组织之。"截至1924年1月12日，广州市成立了九个正式区党部，三个代理区党部，六十六个区分部，三个特别区分部，党员登记人数八千二百一十八人，两个月内增加党员四千五百六十九人，新增加的党员多数是青年学生和工人。

上海执行部于1923年12月16日成立后，即从事三项工作："一、筹划各省代表选举；二、组织上海埠区党部、区分部；三、筹划党报各种事项。"[49]

改组国民党和联合共产党，这是破天荒的事，“这是非常勇敢的行为”，“打破国界与阶级的成见”的革命行为，绝不是普通的人所能做到的。[50]

以加入国民党为做官的终南捷径的人、最卑鄙的人，对国民党改组和国共合作取反对的态度，自不必多言。

“非俄派”的国民党元老囿于“国家的我见与阶级的偏执”，对国民党改组和国共合作取消极以至反对的态度。戴季陶在改组的初期迟迟不肯前来广州，一直蹲在上海。他在给廖仲恺的一封信中说：“叫共产党参加进来，只能把他们作为酱油或醋，不能把他们作为正菜的。”[51]汪精卫则说：“共产党如羼入本党，本党的生命定要危险，譬如《西游记》上说：孙行者跳入猪精腹内打跟斗，使金箍棒，猪精如何受得了。”[52]胡汉民知道孙中山“对于主义、政策，或较大的主张，既定以后，丝毫不肯变动，不肯苟且”[53]，所以他采取了“未尝不可”，即既不公开反对，也不积极支持的消极态度。后来，胡毅生说：“联俄容共政策，先兄初以须听命于先生，未作如何表示。”[54]

一般华侨党员对国民党改组和国共合作也取怀疑和反对的态度。[55]

中国国民党临时中央执行委员九人中，除了谭平山肯“帮忙”外，“都不肯实际的负责任”，担子差不多都要廖仲恺肩着了。[56]廖仲恺有过动摇，但在孙中山支持下，才下决心干到底。何香凝回忆说：

> 有一次，廖先生从外面回到家里来，很灰心地叹着气说：“大家都反对，实在办不下去，我太气闷了！我打算离开广州，先到香港去休息几天，如果同志们再不能鉴谅，就往德国或法国留学去。”我看他那种颓丧痛苦的精神，瞻念中国革命前途，心里也很难过的，就竭力劝慰他一番。第二天廖先生上了到香港去的船，孙先生知道了，马上派蒋介石先生去留。船是下午五点开的，蒋先生赶船上只差几分钟便开了。蒋把廖先生留回来，孙先生见着就说：“你怎么能到香港去呢？听说你还想到德国去！现在不论什么地方你也不能去，一定要留在此地帮助我改组国民党。”廖先生回到家里述

说：孙先生不许他离开广州的经过，我也劝他："孙先生既然这样，我们也只有鞠躬尽瘁了。你还是留下帮助孙先生的好。"[57]

廖仲恺毫无保留地支持孙中山改组国民党和联合共产党，并非偶然。国民党的现状，陈炯明叛变，"攻总统府之人"正是"以团体加入之党军"[58]，使他痛感国民党非彻底改弦更张不可。他与共产党人多次会谈，详细了解苏俄的情况、共产党人的主张，认识到只有联俄、联共、扶助农工，国民革命才能取得胜利。廖仲恺表示："我为国家，为本党，无论何人反对，我皆不畏；即击我杀我，亦在所不恤。天若假我三年以从事国民革命，当必有成效可观。"[59]

国民党顽固分子始终反对改组国民党，反对国共合作。这样，孙中山不得不"同一切想阻止他同共产党合作的企图作斗争"[60]了。宋庆龄追忆说：

国共两党间的统一战线的确是在国民党内部进行激烈斗争的过程中才渐渐形成的。国民党右派不满意孙中山倾向于社会主义和刷新三民主义的做法。他们十分厌恶他的三大政策，特别是"扶助农工"这一条，他们认为这一条是对他们利益的威胁。在这种合作中，象在其他革命工作中一样，每当孙中山要向前跨一步的时候，就有许多人企图把他拉回来。一听到宣布他决定实现这种统一战线，有些人就来找我，以为我会帮助他们反对这一行动。当我拒绝这样做、孙中山坚决做下去的时候，这些人就退党，并且公开攻击他。可是孙中山是吓不倒的。他曾多次宣称，除非国民党有一个真正革命的纲领，否则他就要同这人分手，并解散国民党。他宣布他将组织一个新党，或者本人加入共产党。[61]

中国共产党鼎力相助孙中山、廖仲恺进行改组工作。1923 年 11 月下旬，中共中央在上海召开了第一次中央执行委员会，中央局在工作报告中指出在与国民党关系上，中国共产党第三次全国代表大会的决议案"尚未能充分执行"。其原因是："一、因同志中对于决议案有多少疑虑；二、因国民党本部办事不敏决；三、因同志们和国民党党员间的猜疑及政治观念不同；四、因本党经济困难。”会议通过的《国民运动进行计划决议案》指出：“国民运动是我党目前全部工作。”而国民运动“当以扩大国民党之组织及矫正其政治观念为首要工作，因为大规模的国民运动不可无一个有力的公开的党为之号召指挥”。决议规定：“（1）国民党有组织之地方，如广东、上海、四川、山东等处，同志们一并加入；（2）国民党无组织之地方，最重要的如哈尔滨、奉天、北京、天津、南京、安徽、湖北、湖南、浙江、福建等处，同志们为之创设；（3）新创设之组织，须遵用国民党中央党部所发之党纲、党章及党证，其名称则暂随当地情形自定之。”[62]

12月25日，中共中央发出第十三号通告，指出“本党目前最急要之工作”，一是“国民党改组问题”，二是“收回海关主权问题”。关于前者，要求各地方同志切实执行：“有国民党组织之地方，同志们立即全体加入；没有国民党组织之地方，望切将同志非同志可加入国民党之人数及何人可以负责，报告中局，以便中局向国民党接洽，请其派人前往成立分部。”“此次国民党大会中，最重要的问题是讨论党纲章程（其草案均见《向导》）及对于时局之策略，代表动身前各区均应详加讨论，俟各省代表过沪时，我们的同志再集合议决一致的主张。”[63]

这种支持和帮助，给孙中山、廖仲恺以很大的鼓舞。1924年1月8日，廖仲恺在广州对记者发表谈话。表示自己对革命前途充满信心：“国民党改组问题中连带而发生之事务，办理甚为完满。即如各省选举代表一事，今已次第举出。北方军阀，对于此事，甚为注意。盖如本党改组后，积极进行，北方各省之革命潮，益蓬勃而起，不可遏止，此于军阀官僚，多有不利，则其注意固宜。而国民党近日之活动，甚有朝气，国内各小党，如共产党为较著者，亦一致加入吾党，以图合作，则前途之顺遂，可预卜也。”[64]

到1924年1月中旬，《中国国民党第一次全国代表大会宣言》草案的起草和修改工作基本完成，大会的筹备工作大体就绪。1月19日，孙中山主持召开中国国民党第一次全国代表大会预备会议，廖仲恺在会上做报告，指出“改组要点在修改党纲，订定党章，改组手续，一概以大会决定”[65]。

团结、胜利的大会

1924 年 1 月 20 日上午 9 时，中国国民党第一次全国代表大会在广东省高等师范学校礼堂[66]隆重开幕。参加大会的共一百七十三人[67]，其中共产党员二十多人。[68]廖仲恺是孙中山指派的广东代表，何香凝是孙中山指派的三位女代表之一。孙中山以总理身份担任大会主席。

这次大会能够顺利召开，孙中山异常高兴。他在开幕词中欣喜地说："今天这个盛会，是本党开大会的第一次，也是中华民国的新纪元。"

顿时，全场响起了热烈的掌声。

孙中山分析民国成立十三年以来革命失败的原因，指出"从今天起，要把以前的革命精神恢复起来，把国民党改组"。他说："此次国民党改组，有两件事：第一件是改组国民党，要把国民党再来组织成一个有力量有具体的政党。第二件就是用政党的力量去改造国家。"

孙中山估计反对国共合作的人会干扰大会，便告诫到会代表："这次大会，只有十天，十天的时期很短少，我希望大家要爱惜光阴，明白这个大会的宗旨。如果大家有更好的意见，当讨论之时，便贡献出来，参加在内。但是……当研究问题之时，必须各人虚心，不可以无意识的问题来挑拨意见。如果生出无谓的争论，会中的大问题，就恐怕十天解决不了，我们这个会的成绩便不好，所以我们要提防，要警戒。"[69]

接着，大会通过了由廖仲恺提议，孙中山指派的胡汉民、汪精卫、林森、谢持、李大钊五人组成大会主席团，通过了廖仲恺提出的临时动议——"将本会会议规则及秘书处组织规则先为议决通过，以便议事及秘书办事有所依据而利进行"[70]。

下午 2 时继续开会。首先，孙中山演讲《中国之现状及国民党改组问题》。接着，孙中山请大会秘书长刘芷芬宣读《中国国民党第一次全国代表大会宣言》草案全文，并指出："此宣言案，系本总理所提出者。"

刘芷芳宣读完毕，孙中山又再次强调："这个宣言，系此次大会之精神生命。”“此宣言今后即可管束吾人之一切举动，故须详细审慎研究。大家通过后，不能随意改变，都应遵守，完全达到目的，才算大功告成。”又说，“此宣言尚须付审查，审查完毕后，再付大会表决。现在按照本日议事日程，讨论第六案《组织宣言审查委员案》。”

廖仲恺提议：“审查委员请总理指定九人。”

大会通过了廖仲恺的提议。孙中山为慎重起见，当即表示：“宣言审查委员九人，须本总理详细考虑后方能定夺，现在不能报告。”

胡汉民发言：“宣言审查委员最好现在即指定，因已定今晚即开审查会之故。”

孙中山决定退席仔细考虑人选：“现因要仔细考虑指定宣言审查委员，应暂退席，请主席团胡君汉民代理主席。”

大会按照议事日程继续开议第七案《组织国民政府之必要案》。廖仲恺在发言中指出：“本党何以要改组，国家何故此时再来建设，必先求其原理。此原理在本党宣言书与政纲中都已发表出来。”“现在我们已有了宣言，目标算是已定，但其内容只为水平线上的表现。我们的希望就不止此，应更提高之，使超出水平线之上。此为发表宣言后之希望。”

经过详细考虑，孙中山指定胡汉民、戴季陶、茅祖权、李大钊、恩克巴图、叶楚伧、王恒、黄季陆、于树德九人为宣言审查委员会委员。[71]

晚上，孙中山欢宴国民党各省代表和蒙古代表，并发表演说。他说：革命要有主义，更要讲究方法。有了好方法来革命，一经发动，就马到成功。苏俄有好方法，是我们学习的好榜样。“诸君此次到广东来开国民党全国大会，本总理觉得诸君振作的精神、兴旺的气魄，是向来没有的。诸君有这样好的精神和气魄，本党前途有无穷的希望。这是本党应该庆祝的，也是中国前途应该庆祝的。”[72]

可是，在审查委员室里，宣言审查委员们却在进行激烈的争论。争论是不可避免的。

宣言是孙中山委托鲍罗廷起草的。鲍罗廷起草宣言的主要根据是：

(1)《中国国民党宣言》《中国国民党党纲》等中国国民党文件以及孙中山的指示。[73]（2）中国共产党第二、第三次全国代表大会通过的宣言、决议以及中国共产党人的主张。(3）共产国际关于中国共产党与国民党的关系问题的决议。

宣言初稿写成后，鲍罗廷又征求中国共产党人的意见，孙中山先后派汪精卫、廖仲恺、胡汉民参加修改工作。[74]孙中山有时也参加修改工作。[75]

由于参加制定宣言的人们的政治观念不同，在修改宣言初稿的过程中发生了激烈的争论。在上海，廖仲恺、鲍罗廷、瞿秋白、胡汉民和汪精卫，对宣言初稿就争论过整整一夜；在广州，廖仲恺、鲍罗廷、胡汉民、汪精卫“四人委员会”，又花了十五小时激烈争论宣言所提出的各种问题。例如，“汪精卫固执地力求用较为模糊的概念——‘群众’、‘人民’等等来代替‘农工大众’的提法”[76]。

1 月 20 日晚，宣言审查委员争论的主要问题是反对帝国主义和扶助农工问题。后来，黄季陆承认，关于民生主义问题的争论，“属于主观的组织的排他性而产生的居多，属于理论上的争辩并不如我们想象之大”[77]。

由于争辩不休，当晚宣言“尚未审查完毕”，次日上午继续开会。

21 日下午，孙中山主持会议。他宣布：“现在宣言审查报告书已印刷分配，即请宣言审查委员会报告。”

宣言审查委员戴季陶、胡汉民登台报告审查结果，并解释修正暨增加各要点。

湖北代表詹大悲提议：“宣言原文暨审查均已印刷分配，吾人对照参看即知，似可不必再读全文，惟将第三‘国民党之政纲’内有重大之增改者，提出付议可也。”

孙中山说：“宣言关系重大，不能稍涉草率，讨论说明不厌求详，应继续报告下去。”

宣言审查委员报告完毕。孙中山考虑到意见分歧尚未解决，有些代表因民生主义“而生误会，因误会而生怀疑，因怀疑而生暗潮”，会场气氛紧张，便决定暂缓讨论、表决。接着，他发表关于民生主义的演说，强调民生主义与共产主义的共同点，要求代表们消除怀疑和打消暗潮，赢得了一阵阵掌声。[78]

会后，国民党顽固分子继续制造“暗潮”，而且对孙中山施加强大压力，以致使得孙中山也一度产生了动摇，打算用国民政府建国大纲代替宣言。

鲍罗廷列举了各种各样的理由，说明自己的见解：“我认为用纲领代替宣言是不能容许的……纲领需要完成，它应当公布，但无论如何它不应和全国代表大会的宣言混淆起来……宣言回答了与中国命运攸关的问题，因此，它必将成为运动指导性的和决定性的文件。”

长时间的坦率交谈，孙中山赞同鲍罗廷的见解，打消了原来的动议，决定通过宣言，同时也公布国民政府建国大纲。[79]

23 日下午，孙中山主持会议。宣言审查委员报告宣言审查第二次审查结果完毕，孙中山说：“现宣布审查结果报告已毕，请付讨论。”

力求宣言顺利通过，廖仲恺首先要求发言。

孙中山面露笑容，说道：“现请廖代表发言。”

“本席对于宣言审查修正结果认为满足。”廖仲恺说，“此次大会宣言全文及政纲，大致表现十分清晰。本席对此宣言有三种见解：第一层，本党之宣言及政纲，是革命的性质，实行打破一切军阀、官僚，铲除一切发展的障碍，并且表现本党作事的精神，不可与普通的一般宣言同论。第二层，我国从前许多政党，均有洋洋大文发表，其实皆满纸空谈，一无价值，绝对不如本党此次之宣言，丝毫不假借，完全依照主义而实行。第三层，此次本党既发表切实之宣言，实将本党置于几何学之定点上。有了定点，才能前进，才能发展，如太阳升天，同一向上，发扬光大。此宣言不但代表本党大会诸君的意思，并且代表全国人民的要求。嗣后无论如何，必须以此宣言为奋斗进行之标准，努力前进，冀贯彻本党主义，完全达到目的。”

这个发言受到了大多数代表的赞赏。廖仲恺刚讲完最后一句，场内就响起了热烈的掌声。

孙中山提出："现将中国国民党全国代表大会第一次宣言全文付表决。赞成中国国民党全国代表大会第一次宣言全文者，请举手！"

他带头举手，其他代表也跟着举手。大厅内又响起了经久不息的掌声。

宣言一致通过了。[80]

28日上午，会议由胡汉民主持，讨论大会另一项重要议程——《中国国民党章程》案。

广州特别区代表方瑞麟登台发言："本党党员不得加入他党，应有明文规定。"本席"主张在第一章第二条之后增加一条文，为'本党党员不得加入他党'"。

胡汉民朗声问道："以方君主张，咨询有无附议？"[81]

顿时，全场嘁嘁喳喳地喧嚷开了。

"见微知著。"这是共产党员代表早就预料到的。还在大会的第一天晚上，孙中山举行宴会招待出席大会的代表，发表演说，强调应该学习"俄国的好榜样"。而江苏代表茅祖权却大唱反调，说"如果共产党员们接受我们的纲领，他们就应当离开自己的党"。

24日，章程审查委员会开会的时候，何世桢提出禁止国民党党员加入其他政党的动议。多数人表示反对，何世桢也撤销了这项提议，但是，汪精卫仍然建议把这个问题提交到代表大会讨论。

鉴于上述的情势，25日，共产党党员代表集会讨论：是否应该在大会上发表一个关于共产党党员在国民党内工作原则的声明？

沉思、探讨与争论交织在一起。李大钊说："最好公开表明我们的态度，阐明我们为什么要加入国民党。国民党的某些老党员认为，我们参加他们的党是要利用他们的经费干自己的事情，是要抢他们的饭碗，占他们的位置。"

大家赞同这个主张。

鲍罗廷还建议："希望当着孙中山的面做这件事情。"

李大钊赞同鲍罗廷的意见："我们加入国民党的经过和我们实现两党联合所追求的目的，孙中山是很清楚的。"[82]

方瑞麟的主张得到十人以上的附议。这时候，李大钊要求发言了。

胡汉民让大家安静下来，然后说道："现在审查委员李君守常有答复方代表之言，并有声明。即请李君发言。"

态度从容的李大钊娓娓而谈："我们加入本党是几经研究再四审慎而始加入的，不是胡里胡涂混进来的；是想为国民革命运动而有所贡献于本党的，不是为个人的私利与夫团体的取巧而有所攘窃于本党的。土耳其的共产党人加入土耳其的国民党，于土耳其国民党不但无损而有益。美国共产党人加入美国劳动党，于美之劳动党不但无损而有益。英国共产党人加入英国劳动党，于英之劳动党亦是不但无损而有益。那么我们加入本党，虽不敢说必能有多大的贡献，其为无损而有益亦宜与土、美、英的先例一样。我们加入本党的时候，自己先从理论上、事实上作过详密的研究；本党总理孙先生亦曾允许我们仍跨第三国际在中国的组织。所以，我们来参加本党而兼跨固有党籍，是光明正大的行为，不是阴谋鬼祟的举动。不过我们既经参加了本党，我们留在本党一日，即当执行本党的政纲，遵守本党的章程及纪律；倘有不遵本党政纲、不守本党纪律者，理宜受本党的惩戒。我们所希望于先辈诸同志者，本党既许我们以参加，即不必对于我们发生疑猜而在在加以防制。倘认我们参加本党为不合，则尽可详细磋商，苟有利于本党，则我们之为发展本党而来者，亦不难为发展本党而去。惟有猜疑防制实为本党发展前途的障害，断断乎不可不于本党改造之日明揭而扫除之。自今以往，我们与先辈诸同志共事之日正长，我们在本党中的行为与态度，当能征验我们是否尽忠于国民革命的事业，即以尽忠于本党，愿我先辈诸同志提携而教导之。"[83]

共产党人的态度如此明确，"使大会一部分代表为之动容，会场情形几乎为之逆转"[84]。

"长于调和"的汪精卫发言了："曩者吴稚晖、李石曾、张溥泉诸君都是无政府党，我们已承认他们为国民党员，如何对于共产党员，又不允许他。这是什么道理？我曾记得戴君季陶说过一句很警辟的话。他说：'只有民族主义者不赞成民权主义或民生主义，断没有主张民生主义者不赞成民族主义或民权主义之理；亦未有赞成民生主义者不赞成社会主义、共产主义之理。’且党章上已有纪律专章，对于党员违反党义有所制裁，则党员跨党一层亦可不必过虑，且以前既已许之，固经过慎重考量，矧共产党又系国际的团体，更何碍于本党乎？”

“对于方君之提案表示反对。”廖仲恺开门见山地发言了，他时而旗帜鲜明地阐述自己的观点，时而语重心长地说话，使人默默沉思。“吾人第一要问，我们的党是什么党，是不是国民党？第二要问，我们的党是否有主义的，是否要革命的？如对于我们的主义能服膺，革命能彻底，则一切皆可不生问题。且加入本党的人，我们只认他个人的加入，不认他团体的加入。只要问加入的人是否诚意来革命的，此外，即不必多问。此次彼等之加入，是本党一个新生命。诸君如果不以为然，请先闭目静想，其意何居，且彼等亦不是来拖累我们的，是与我们同做国民革命工夫的。请大家思之，重思之。”

义正词严、掷地有声的发言，激起了一阵阵掌声。

廖仲恺登台发言后，“反对跨党者竟无继起发言之人”。

另一位“长于调和”的胡汉民做总结发言：“现听大家的议论，实际上并没有什么争执，不过讨论之焦点，在怕违反本党党义和违反党德、党章，但此种顾虑，只要有纪律上规定即可。现在纪律已订有专章，似不必再在章程上用明文规定何种取缔条文，惟申明纪律可也。”

湖南代表毛泽东提议：“请付表决。”

事后，胡汉民向加拿大友部代表黄季陆解释他的苦衷：不许跨党案若被通过，而总理又不在场，我如何交代得了！

不管怎么说，方瑞麟提案终于被否决了，《中国国民党章程》终于通过了。[85]

选举中国国民党中央执行委员会委员、候补委员和中央监察委员会委员、候补委员，是大会第三项重要议程。

廖仲恺根据大会代表的推选和孙中山提出的邓家彦、邵元冲、石青阳、张静江四人，草拟出一份候选人名单，经孙中山批准提交大会。

30日上午，大会选举了孙中山、胡汉民、汪精卫、张静江、廖仲恺、李烈钧、居正、戴季陶、林森、柏文蔚、丁惟汾、石瑛、邹鲁、谭延闿、覃振、谭平山、石青阳、熊克武、李大钊、恩克巴图、王法勤、于右任、杨希闵、叶楚伧、于树德二十五人为中央执行委员，邵元冲、邓家彦、沈定一、林伯渠、茅祖权、李宗黄、白云梯、张知本、彭素民、毛泽东、傅汝霖、于兰渚、张苇村、瞿秋白、张秋白、韩麟符、张国焘十七人为候补中央执行委员，选举了邓泽如、吴稚晖、李石曾、张继、谢持五人为中央监察委员，蔡元培、许崇智、刘震寰、樊钟秀、杨庶堪五人为候补中央监察委员。

选举前夕，廖仲恺根据孙中山的指示，向大会提出一项临时动议，要求在大会宣言政纲对外政策部分，加入三项内容："一、租界制度于二十世纪之今日，尚任其存在于中国，实为中国民族之耻辱，应由中国收回管理。二、外国人在中国领土内，应服从中华民国之法律。三、庚子赔款当完全划作教育经费。"[86]

大会宣言草案原先包括收回租界、收回海关主权、废除不平等条约等内容，一些代表顾虑这些要求将会刺激列强，使得华侨在国外的处境更是恶化，主张以笼统的词句代替这些具体要求。主持宣言最后定稿的胡汉民，也接受了这些意见。孙中山知道了，不由十分愤慨："本党此次改组，如果我们还不能把反帝国主义的政纲提出来，中国革命至少还要迟二十年才能成功，可叹！"[87]

孙中山认为，如果大会不通过在政纲中加入废除不平等条约的内容，那么"大会就毫无意义"[88]了。他指示廖仲恺提出临时动议。

当天的会议一开始，廖仲恺就提出改变议程，先行讨论这项提案。

孙中山立即支持廖仲恺的提案："本案议决加入政纲内，原属甚善。现在咨询本案加入政纲对外政策，有附议者请举手。"

附议者有十人以上，廖仲恺的提案列入议程。

孙中山问："尚有无讨论？"

吉林代表李希莲发言："查政纲中对外政策一、二两款，已将提案主旨完全包括无遗，本案实非必要。请大家细细一看即知。"

安徽代表张秋白赞成廖仲恺的提案："本案加入政纲是不容讨论的。本席固极赞成加入，并请即付表决。"

巴城支部代表李国瑞却又反对廖仲恺的提案："本席对于此案亦甚赞成，但加入政纲中，则期期以为不可。盖宣言是在会期中所议决者，不能在同一会期中又来增改。本席为尊重本会议决案起见，故不赞成加入，但此乃议事时间的问题，非可以加入不可以加入的问题，请大家注意。"

孙中山表示自己的态度："本案加入政纲中，本总理非常赞成。当初起草宣言之时，本总理曾嘱于对外政策应列举事项。现在政纲中之对外政策，乃将此三件事情忘却，虽有概括之规定，犹嫌未能明白。本总理以为应将这三件事大书特书。如今虽有说收回主权的话，都是空空洞洞，一无办法，未闻有说收回租界者。我们现在有了办法，实属可喜，亟应加入以补充之。""现在趁大会尚未闭会，赶紧将这个意思加入政纲对外政策中，实为主要。本总理对此提案，亦加入附议。"

安徽代表曹似冰不完全同意孙中山的意见："领事裁判权已包括第二点在内，本席以为可不再加入。"

江西代表彭素民提出："总理当然有附议之权。"

浙江代表沈定一补充说："此尚不是附议问题。总理当然有提案之权，且并不一定限于政纲内，或不加入政纲亦可提案。"

孙中山见没有人再表示反对意见，便说："现在不要多费讨论，如大家认为可以加入，即由本总理修正文字可也。"

许多代表朗声响应："请付表决。"

孙中山非常高兴，高声说道："现付表决。赞成本案通过由本总理修正文字者，请举手！"

全体代表举手，廖仲恺提案通过。[89]

30 日下午，大会举行闭幕式。孙中山在闭幕词中以高昂的战斗姿态号召广大战士："我们这次在广州开会，是重新来研究国家的现状，重新来解释三民主义，重新来改组国民党的全体。"这次的大会，"好象是一个大兵工厂，制了许多枪炮，出了很多子弹，诸君在此领了很多枪炮子弹，回到本地方去，便要分给到各位同志去补充他们。各位同志得了补充，便要他们实行攻击，不可空耗了这些补充。到了实行攻击的时候，必须审察敌情，临机应变，对于敌人要能够收效，那才算是不枉费了这些补充"[90]。

中国国民党第一次全国代表大会胜利闭幕了，国民党改组成功了，新三民主义确立了，国共合作实现了。在这个伟大的历史性事件中，廖仲恺起了核心的作用，做出了卓越的贡献。

谭平山指出："作为孙中山先生的有力助手，廖仲恺先生坚决促成和推动革命三大政策。在中国国民党进行改组的激烈斗争中，廖仲恺先生竭力协助孙中山先生，击败了反动分子的阻挠和破坏，在中国共产党的具体帮助和直接参加下，终于在一九二四年初召开了中国国民党第一次全国代表大会，改组了中国国民党，发表了著名的中国国民党第一次全国代表大会宣言，确定了当时革命的行动纲领，形成了中国革命运动中的第一次的统一战线。"[91]

蒋介石也承认这一点："廖先生最大的一个功绩，就是在民国十三年辅助总理改组本党，创造本党和中国革命的新生命。当时如果没有廖先生，如果没有他那样的决心和热诚来辅助总理，恐怕（民国）十三年本党的改组，难得有那样彻底精神和伟大的结果。"[92]

在国民党"一大"上，何香凝提出"妇女在法律上、社会上、经济上、教育上一律平等"的提案，得以通过。[93]她还提出当年在广州举行一次"三八"妇女节庆祝大会和"在党中组织妇女部"案。[94]

注释：

[1][6]《孙中山和他同中国共产党的合作》(1962年11月12日)，《宋庆龄选集》，人民出版社1966年版，第461页。

[2]《〈民生主义〉第二讲》(1924年8月10日)，《孙中山全集》第9卷，中华书局

1986 年版，第 384 页。

［3］《孙中山全集》第 1 卷，中华书局 1981 年版，第 23 页。

［4］《中国国民党第二次全国代表大会会议记录》（第 6 号），《中国国民党第一、二次全国代表大会会议史料》（上），江苏古籍出版社 1986 年版，第 220 页。

［5］［20］《关于国共合作的声明》（1937 年 11 月），《宋庆龄选集》，人民出版社 1966 年版，第 126 页。

［7］《蒋介石秘录》第 6 册，《黄埔军校史料（1924—1927）》，广东人民出版社 1985 年版，第 11 页；道夫·宾：《斯内夫利特和初期的中国共产党》，《马林在中国的有关资料》（增订本），人民出版社 1980 年版，第 36 页。

［8］伊罗生：《与斯内夫利特谈话记录》，《马林在中国的有关资料》（增订本），人民出版社 1980 年版，第 25 页。

［9］伊罗生：《与斯内夫利特谈话记录》，《马林在中国的有关资料》（增订本），人民出版社 1980 年版，第 26 页。

［10］《马林在中国的有关资料》（增订本），人民出版社 1980 年版，第 88、91、125～128 页。

［11］《狱中自述》（1927 年 4 月），《李大钊文集》下，人民出版社 1984 年版，第 890 页。

［12］［60］《孙中山和他同中国共产党的合作》（1962 年 11 月 12 日），《宋庆龄选集》，人民出版社 1966 年版，第 465 页。

［13］台湾国民党的官方书籍和史家著作都把孙中山三大政策之一“联共”说成是“容共”。有的外国学者认为：“所谓孙中山三大政策之一‘联共’，纯属虚构，孙中山仅仅说了‘容共’。”

在孙中山著作和孙中山逝世前国民党文件中，都没有“联共”和“容共”两个词。说“孙中山仅仅说了‘容共’”，有悖于事实。

台湾出版的《国父全集》第一册里有一篇通告，题为《通告党员释本党改组容共意义书》。这个题目是编者加的，不是孙中山自定的。这篇通告原载于 1924 年 3 月 2 日在广州出版的《中国国民党周刊》第十期上，题为《总理致海内外同志训词》。3 月 16 日上海《民国日报》发表这篇通告时，题为《中国国民党孙总理勉励同志文》。20 世纪 40 年代，林百举在《总理史迹稿》中把这篇通告题为《通告党员释本党改组容共意义书》。《国父全集》的编者沿用这个题目。1986 年中华书局出版的《孙中山全集》第 9 卷收入这篇通告，题为《致合党同志书》。在这篇通告里，没有“容共”一词。

“容共”一词是在孙中山逝世后国民党人提出来的。如汪精卫在1927年4月17日汉口《民国日报》上的题词和吴稚晖在同年5月9日的演说中都提到了“容共”。“联共”一词在1926年的《黄埔潮》上就出现了。“联共”一词提出后，共产党人、国民党人和各界人士都普遍使用。1927年3月12日，国民党人谭延闿、徐谦、孙科、陈公博等和共产党人恽代英、林伯渠等出席的武汉百万人参加的孙中山逝世两周年纪念大会通过的议案中有“厉行总理联俄、联共、扶助农工三大政策”决议案。

虽说孙中山著作里没有“容共”“联共”两个词，但我认为这两个词可以使用。问题在于要明确它们的含义。

“容共”的“容”字，意思是“容纳”或“容许”；“共”字是“中国共产党”或“中国共产党党员”的简称。“容共”的含义就是“容纳中国共产党加入中国国民党”或“容纳中国共产党党员加入中国国民党”，简称“容纳共产党加入国民党”。可见，“容共”是国共合作的形式，即“党内合作”。

当时的共产党人和国民党人正是这样解释“容共”的意义的。李大钊在国民党“一大”上说：“中国国民党只能容纳我们这一班的个人……本党总理孙先生亦曾允许我们仍跨第三国际在中国的组织。”（《北京代表李大钊意见书》）1925年12月，蒋介石在《为西山会议告同志》《三民主义信徒与共产主义信徒非联合一致不能完成国民革命》中说：“容纳共产党，此总理于本党改组以前几经郑重考虑而后毅然决定者也。”“总理深知必能包括共产主义始为真正之三民主义，同时亦必能容纳共产党，始为真正之国民党也。”（《政治周报》第4期）

“联共”的“联”字，意思是“联合”，或者说，是“联合”的简称；“共”字是“中国共产党”的简称。“联共”的含义就是“联合中国共产党”，简称“联合共产党”。中国国民党联合中国共产党，简称“联共”。中国共产党联合中国国民党，简称“联国”。可见，“联共”包括国共合作的内容和形式。

联合、合作、联盟、同盟、携手的意思是一样的。这些字眼是同一概念的不同说法。比如：“联合中国共产党”，换句话说，即是“同中国共产党合作”。所以，在共产国际文件和中国共产党文件中，共产国际代表、苏俄政府代表和中国共产党领导人在和孙中山会谈中，在孙中山著作中，在国民党文件和国民党人的文章中，使用“国共合作”“两党合作”“党内合作”“党外合作”“党内联合”“党外联合”“两党联盟”“联合”“结合”“合作”“联盟”“同盟”“携手”“提携”等词。孙中山在谈到他“联段”（联合段祺瑞)、“联张”（联合张作霖）时，除了使用“联段”、“联皖”（联合皖系）、“联张”、“联奉”（联合奉系）四个词外，还使用“共同行动”“携手”“联合”“合作”“三角联盟”“三角同盟”“提携”等词。可见，孙中山使用的这些词的意思是相同的。

中外人士一致认为，在孙中山一生的政治生涯中，有过“联日”（联合日本)、“联英”（联合英国)、“联法”（联合法国)、“联美”（联合美国)、“联德”（联合德国)、“联俄”（联合苏维埃俄国）的主张。但在孙中山著作里，只使用过“联日”“联俄”两个词，没有使用“联英”“联法”“联美”“联德”四个词。人们是否因为没有这四个词就否认孙中山有过“联英”“联法”“联美”“联德”的主张呢？不能。人们是否因为没有这四个词就说使用这四个词的人是无中生有，即“虚构”的呢？也不能。同样，不能因为孙中山著作里没有“联共”一词就说历史上不存在“联共”，或者说“‘联共’纯属虚构”。

[14]《政治周报》第5期。

[15]《孙中山全集》第8卷，中华书局1986年版，第429页。

[16]《中国之现状及国民党改组问题》（1924年1月20日)，《孙中山全集》第9卷，中华书局1986年版，第100页。

[17]《在广州对国民党员的演说》（1923年12月30日)，《孙中山全集》第8卷，中华书局1986年版，第565页。

[18]《孙中山全集》第8卷，中华书局1986年版，第431页。

[19]《孙中山和他同中国共产党的合作》(1962年11月12日)，《宋庆龄选集》，人民出版社1966年版，第457页。

[21] 刘积学：《追随孙中山先生革命的片断回忆》，《孙中山生平事业追忆录》，人民出版社1986年版，第167页。

[22]《在省港罢工工人第十八次代表大会上的演说》(1925年8月27日)，《双清文集》下卷，人民出版社1985年版，第12页。廖先生，指廖仲恺。

[23]《六大以前——党的历史材料》，人民出版社1980年版，第510页。

[24]《在广州中国国民党恳亲大会的演说》（1923年10月15日)，《孙中山全集》第8卷，中华书局1986年版，第281~282页。

[25]《在广州中国国民党恳亲大会的演说》（1923年10月15日)，《孙中山全集》第8卷，中华书局1986年版，第280~281页。

[26][58]《在国民党中央干部会议第十次会议上的报告》（1923年12月9日)，

《双清文集》上卷，人民出版社 1985 年版，第 584 页。

［27］《中国民族革命运动史》（1926 年），《恽代英文集》下卷，人民出版社 1984 年版，第 952 页。

［28］《俄代表鲍罗廷先生讲演词——革命党应有的精神》，《共产国际与中国革命资料选辑（1919—1924）》，人民出版社 1985 年版，第 341 页。

［29］《致全党同志书》（1924 年 3 月 2 日），《孙中山全集》第 9 卷，中华书局 1986 年版，第 540 页。

［30］《宋庆龄选集》，人民出版社 1966 年版，第 462 页。

［31］《孙中山全集》第 8 卷，中华书局 1986 年版，第 281、430 页。

［32］［33］《儒教与现代中国》（1937 年 4 月），《宋庆龄选集》，人民出版社 1966 年版，第 109 页。

［34］《孙中山全集》第 9 卷，中华书局 1986 年版，第 542 页。

［35］《孙中山全集》第 7 卷，中华书局 1985 年版，第 1 ~ 4 页。

［36］《孙中山全集》第 7 卷，中华书局 1985 年版，第 43 ~ 44 页。

［37］《孙中山全集》第 7 卷，中华书局 1985 年版，第 105、120 ~ 123、149 ~ 151、206 ~ 208、214 ~ 215 页。

［38］《在广州欢宴各军将领会上的演说》（1923 年 12 月 2 日），《孙中山全集》第 8 卷，中华书局 1986 年版，第 468 页。陈军，指陈炯明控制的军队。

［39］古应芬：《孙大元帅东征日记》。

［40］（苏）切列潘诺夫：《中国国民革命军的北伐》，中国社会科学出版社 1981 年版，第 29 页。

［41］《孙中山全集》第 7 卷，中华书局 1985 年版，第 432 页；第 8 卷，第 28、340 页。

［42］《孙中山全集》第 8 卷，中华书局 1986 年版，第 310 页。

［43］《孙中山全集》第 8 卷，中华书局 1986 年版，第 334 页。

［44］（苏）切列潘诺夫：《中国国民革命军的北伐》，中国社会科学出版社 1981 年版，第 37 页。

［45］（苏）切列潘诺夫：《中国国民革命军的北伐》，中国社会科学出版社 1981 年版，第 36 ~ 37 页。

［46］《临时中央执行委员会报告概要》（1924 年 1 月 21 日），《谭平山文集》，人民

出版社 1986 年版，第 271 ~ 272 页。

[47]《双清文集》上卷，人民出版社 1985 年版，第 579 ~ 580 页。

[48]《孙中山全集》第 8 卷，中华书局 1986 年版，第 429 ~ 430 页。

[49]《临时中央执行委员会报告概要》（1924 年 1 月 21 日），《谭平山文集》，人民出版社 1986 年版，第 272 ~ 274 页。

[50]《民主主义与封建势力之斗争》（1927 年 3 月 11 日），《恽代英文集》下卷，人民出版社 1984 年版，第 1 001 页。

[51]《我的回忆》（1961 年 10 月），《双清文集》下卷，人民出版社 1985 年版，第 940 ~ 941 页。

[52] 吴相湘：《孙逸仙先生传》下册，远东图书公司 1982 年版，第 1 579 页。

[53] 胡汉民：《从总理做非常总统想到总理的人格与修养》（1929 年 5 月 5 日）。

[54] 李云汉：《从容共到清党》。先生，指孙中山。先兄，即胡汉民。

[55]《在广州中国国民党恳亲大会的演说》（1923 年 10 月 15 日），《孙中山全集》第 8 卷，中华书局 1986 年版，第 282 页；《关于民生主义之说明》（1924 年 1 月 21 日），《孙中山全集》第 9 卷，中华书局 1986 年版，第 111 页。

[56]《改组国民党的前后回忆》（1941 年 6 月），《双清文集》下卷，人民出版社 1985 年版，第 365 页。

[57]《改组国民党的前后回忆》（1941 年 6 月），《双清文集》下卷，人民出版社 1985 年版，第 364 ~ 365 页。

[59]《在粤军追悼廖仲恺陈秋霖大会上的演说》（1925 年 8 月），《双清文集》下卷，人民出版社 1985 年版，第 14 页。

[61]《孙中山和他同中国共产党的合作》（1962 年 11 月 12 日），《宋庆龄选集》，人民出版社 1966 年版，第 465 ~ 466 页。

[62]《中国共产党第一次中央执行委员会文件》（1923 年 11 月 24—25 日），《“二大”和“三大”》，中国社会科学出版社 1985 年版，第 233、243 ~ 244 页。

[63]《中国共产党中央委员会第十三号通告》（1923 年 12 月 25 日），《“二大”和“三大”》，中国社会科学出版社 1985 年版，第 254 ~ 256 页。

[64]《双清文集》上卷，人民出版社 1985 年版，第 594 ~ 595 页。

[65]《双清文集》上卷，人民出版社 1985 年版，第 602 页。

[66] 广东省高等师范学校礼堂，今广州鲁迅纪念馆正厅。

[67] 国民党“一大”代表总数，各种史书记载不一。可以肯定，代表总数超过二百人，实际出席大会的代表比应到会的代表少，如孙中山指派的安徽代表陈独秀没有出席。每次会议的人数也不同。20日上午“出席代表一百六十五人，临时中央执行委员会委员六人”，加上大会主席孙中山、秘书长刘芷芬，共一百七十三人。

[68] 他们是：李大钊（李守常）、张国焘、谭平山、李立三（李能至）、廖乾五、谢晋、林伯渠（林祖涵）、李维汉（罗迈）、夏曦、袁达时、毛泽东、赵干、沈定一、胡公冕、宣中华、于树德、李永声（李锡九）、韩麟符、陈镜湖、于兰渚（于方舟）、王尽美、朱季恂、詹大悲、刘芬（刘伯垂）。

[69]《孙中山全集》第9卷，中华书局1986年版，第95~99页。

[70]《中国国民党第一次全国代表大会会议录》第1号。

[71]《中国国民党第一次全国代表大会会议录》第2号。

[72]《孙中山全集》第9卷，中华书局1986年版，第104~107页。

[73]（苏）切列潘诺夫：《中国国民革命军的北伐》，中国社会科学出版社1981年版，第50、59页。

[74]《关于党的“六大”的研究》（1944年3月3—4日），《周恩来选集》上卷，人民出版社1980年版，第166页；张国焘：《我的回忆》，《双清文集》下卷，人民出版社1985年版。

[75]（苏）切列潘诺夫：《中国国民革命军的北伐》，中国社会科学出版社1981年版，第62~64页。

[76]（苏）切列潘诺夫：《中国国民革命军的北伐》，中国社会科学出版社1981年版，第60~61页。

[77][84][87] 黄季陆：《划时代的民国十三年》。

[78]《中国国民党第一次全国代表大会会议录》第4号。

[79]（苏）切列潘诺夫：《中国国民革命军的北伐》，中国社会科学出版社1981年版，第70~74页。

[80]《中国国民党第一次全国代表大会会议录》第8号。

[81]《中国国民党第一次全国代表大会会议录》第12号。

[82]（苏）切列潘诺夫：《中国国民革命军的北伐》，中国社会科学出版社1981年版，第81~82页。

[83]《北京代表李大钊意见书》（1924年1月），《李大钊文集》下册，人民出版社

1984 年版，第 705 ~706 页。

[85]《中国国民党第一次全国代表大会会议录》第 12 号；（苏）切列潘诺夫：《中国国民革命军的北伐》，中国社会科学出版社 1981 年版，第 82 ~84 页；黄季陆：《划时代的民国十三年》。

[86] [89]《中国国民党第一次全国代表大会会议录》第 16 号。

[88] 邹鲁：《回顾录》，独立出版社 1944 年版。

[90]《中国国民党第一次全国代表大会会议录》第 17 号。

[91]《在纪念廖仲恺先生逝世三十周年会上的讲话》（1955 年 8 月），《谭平山文集》，人民出版社 1986 年版，第 575 页。

[92] 邹鲁：《廖仲恺传》，《中国国民党史稿》，中华书局 1960 年版。

[93]《纪念“三八”》（1947 年 3 月 1 日），《双清文集》下卷，人民出版社 1985 年版，第 461 页。

[94]《回忆中国第一个“三八”节》（1961 年 3 月 5 日），《双清文集》下卷，人民出版社 1985 年版，第 900 页；《昨日国民党大会情形》，1924 年 1 月 30 日广州《民国日报》。

第八章 “黄埔的慈母”

筹建黄埔军校

“到黄埔去！”

这是广大热血沸腾的青年喊出的响亮口号。

黄埔为什么能吸引那样多的有志青年呢？这是因为国民党“一大”以后，那里出现了新生事物——黄埔军校。

就像新生事物的成长都要经历的那样，黄埔军校的产生和发展，也有着一个曲折的过程。

辛亥革命之后，孙中山在与南、北军阀的斗争中，差不多都是利用民军打仗，利用军阀反军阀，结果自己连连碰得焦头烂额。廖仲恺在谈到改组国民党的原因时曾经指出：“广州政治起伏之经过有三度：1. 为元帅府。2. 为总统府。3. 为各军逐陈，请先生仍回粤。三次失败，皆因军人持权，党员无力。”[1]

马林在桂林与孙中山会谈中，建议孙中山“创办军官学校，建立革命军的基础”[2]。孙中山回顾了以前的教训，从心底里赞同这个建议。可是，那时他正忙于准备北伐，又不懂得创办革命学校的方法，还不可能付诸实施。

“革命同志”陈炯明发动政变，“炮攻观音山，拆南方政府的台……做敌人所做不到的行为”。这个反革命事件，犹如晴天霹雳，深刻地教训了孙中山。孙中山痛定思痛，深切感受到，“不明白革命主义的军队，究竟不能除却自私自利的观念，如果和他们本身的利害相反，马上便靠不住；所以我们的革命，总是失败”。

俄国十月革命的成功和国内战争的胜利，又引起孙中山的深思：“为什么俄国遭了那样大的艰难，遇了那样多的敌人，还能够在六年之内，把所有的障碍都一概打消，革命是彻底的成功；我们革命的时期比俄国要长一半，所遇的障碍又不及俄国的大，弄到至今革命还是不能成功呢?”孙中山“推求当中原因”，得出答案：这是因为“俄国发生革命的时候，虽然恃一般革命党员做先锋，去同俄皇奋斗，但是革命一经成功，便马上组织革命军；后来因为有了革命军做革命党的后援，继续去奋斗，所以就是遇到了好多大碍障，还是能够在短时间之内大告成功”。而“我们革命，只有革命党的奋斗，没有革命军的奋斗；所以一般官僚军阀便把持民国，我们的革命便不能完全成功”。由此，他得出了一个结论：有了革命军，“我们的革命事业便可以成功”。否则，“中国的革命永远还是要失败”[3]。

找到了症结，孙中山便痛下决心“仿效俄国”，创办军官学校，培养革命军事干部，建立一支为三民主义去奋斗、为三民主义去牺牲的革命军。

真正懂得孙中山建军思想的廖仲恺，“是创办党军最努力的一个”[4]。他指出：“军队之性质，乃为达到政治目的的武装团体。”[5]“革命军为促进社会进化之工具”[6]。“以主义为主干组织成立的军队叫做革命军。”“以主义为主干的军队，就是我们实现理想的力量——强力。”[7]

1923年二三月间，廖仲恺、越飞的热海会谈，拟订了一项创设军官学校的计划。

11月19日，廖仲恺主持召开了国民党临时中央执行委员会，讨论“组织国民党志愿师和创建军事学校”[8]。

26日，孙中山在国民党临时中央执行委员会第十次会议上提出筹建军官学校。接着，国民党临时中央执行委员会议决定组织军官学校，命名为“国民军军官学校”，以测量局及西路讨贼军后方病院为校址，呈请孙中山亲任校长。[9]孙中山委任廖仲恺和鲍罗廷一起具体筹划开办学校和选定教职人员。

国民党“一大”期间，孙中山又确定校名为“中国国民党陆军军官学校”，以黄埔水师学堂和陆军小学的旧址为校址，成立筹备委员会，蒋介石任筹备委员会委员长。因为陆军军官学校的校址设于黄埔长洲岛，所以，通称为黄埔军校。

筹备工作正式进入紧张阶段，蒋介石擅自离职跑到上海去了。

蒋介石为什么就职不久即擅自离职呢?

蒋介石不仅是一个“好色”之徒、“轻浮暴戾”之徒、“贪逸恶劳之人”、“娇养成性之人”[10]，而且是一个有政治野心之人。他向来不满意孙中山没有授他实际军权、不让他过问党政大事，多次辞职，游山玩水，静养身体去了。1923 年 7 月 13 日，在香港的蒋介石给大本营秘书长杨庶堪写信，表示他对孙中山的要求：“为今之计，舍允我赴欧外，则弟以为无一事是我中正所能办者。”“如不允我赴俄，则弟只有消极独善，以求自全。”孙中山答应了蒋介石的要求，派他赴苏。

蒋介石访苏期间，说了不少漂亮话，但他的骨子里却是反共反苏的。毛思诚编的《民国十五年以前之蒋介石先生》记载：一九二三年“十一月二十八日，（蒋介石）审阅第三国际对国民党决议文，怫然曰：吁，观其论调，不知友党如此，应愧自居为世界革命之中心，前日晤其领袖徐维诺夫，殊无振奋气象，外强中干，其成功盖可知已。下午诣第三国际勉为辞行，谈次罄所欲言者，六时送邵元冲登车游学德国，晚与赵世炎述此次来俄经过情形，戒其毋外人支配”[11]。

蒋介石于 1923 年 12 月 15 日上午 9 时抵达上海，立即去拜访盟兄张静江；下午 3 时登船返回溪口老家去。行前，他寄给孙中山一份《游俄报告书》，就算是交差。

12 月 20 日、22 日、26 日、28 日，廖仲恺致电函蒋介石，指出军官学校“急待开办”，批评他视党事如“儿戏”的“惰气”[12]。

30 日，孙中山致电蒋介石：“兄此行责任至重，望速来粤报告一切，并详筹中俄合作办法。”[13]

这样，蒋介石才在1924年1月16日到广州复命。

蒋介石向孙中山表示自己的政治态度：赞成利用俄援和以红军为式样办校建军，反对联俄政策。他认为，“俄共政权如一旦臻于强固时，其帝俄沙皇时代的政治野心之复活并非不可能。则其对于我们中华民国和国民革命的后患，将不堪设想”[14]。

孙中山批驳了蒋介石的反苏论调，坚决实行联俄政策。

更使蒋介石不满的是，孙中山没有指派他当国民党“一大”代表，也没有被推选为代表，更谈不到在国民党中央执行委员会中占有一个位置。

1924年2月3日，孙中山任命蒋介石为国民党中央执行委员会下属的军事委员会委员，让他专心筹建黄埔军校，担任黄埔军校副校长[15]，不必过问党政大事。这，对于蒋介石来说，是个很大的打击，使他“终日不安，如坐针毡”。蒋介石对国共两党合作创办黄埔军校也是不满的。于是，他以“环境恶劣，办事多遭掣肘”为由，擅自宣布解散筹备处，发给为黄埔军校招来的教职员一笔离职津贴，声称“学校不办了”，并于2月21日向国民党中央执行委员会提出辞职，便跑到上海去了[16]。

在筹备处工作的邓演达和叶剑英，坚决反对蒋介石擅自解散筹备处。

看了蒋介石的辞呈，孙中山立即挥笔批示：“务须任劳任怨，百折不回，从穷苦中去奋斗，故不准辞职。”[17]

孙中山创办黄埔军校的决心，是谁也阻挠不了的。他马上委派廖仲恺出任筹备委员会代理委员长，保证筹备工作照常进行。

对蒋介石这样的行为，廖仲恺不满意，气愤地对筹备处工作人员说：“应该了解，办黄埔是党要办的，而且一定要办成。你们中间有不少人是蒋先生邀来的，你们应该以君子爱人以德的态度帮助蒋先生。如果党要办，蒋先生不要办，或因此办不成，蒋先生要开罪于全党，将来他如想回来再参加革命，怕也很困难了。所以筹备工作要照常进行。”[18]

筹备处从成立到5月5日第一期学生入学，历时三个月，召开了三十二次会议，“讨论决议关于筹备之各种事项，其最重要者，有下列诸端：（一）订定校章；（二）修理校舍；（三）任免教职员；（四）招考学生；（五）审查员生资格；（六）决定第一期学生教练计划；（七）决定全校员生须加入本党；（八）决定服装书籍之样式种类及购置办法”[19]。

招考学生是一件艰巨的工作。筹备委员会委托国民党“一大”代表回到各地代为招生，廖仲恺特别声明：“请各代表对于介绍青年军官学生特别注意，必其人明白本党主义，且诚实可靠，能做事，方可入选。”“海外代表亦可介绍，惟须与此同一注意。”[20]

中共中央也指示各地党组织选送党、团员和进步青年投考。毛泽东在上海负责对长江流域和北方各省转来的考生进行秘密复试和转送工作。青年团广州地委则负责将各地选送来的考生集中在广东高等师范学校考试。4 月 28 日揭晓，在一千二百多名考生中，录取正取生三百五十人，备取生一百二十人。稍后，四川省继续送来二十人，军政部讲武堂一百多名学生，也编进了第一期。

廖仲恺聘请一批苏联顾问担任黄埔军校教育工作；请中国共产党人推荐一批干部担任政治、军事教育工作；从广东省警卫军讲武堂和西江讲武堂毕业生中考选五十人，充任军校学生队正副队长。

孙中山、廖仲恺还是努力争取蒋介石回穗赴任。2 月 25 日，廖仲恺致电蒋介石：“党事讵可因兄而败！已代告假半月。来沪之军官学生，即请就近考验，事竣即归。择生来。”[21]

择生，即邓演达。孙中山派邓演达去奉化挽留蒋介石。

29 日，孙中山又致电蒋介石：“现在筹备既着手进行，经费亦有着落，军官及学生远方来者逾数百人……且兄在职，辞呈未准，何得拂然而行？希即返，勿延误。”[22]

这正中蒋介石下怀。

3 月 2 日，蒋介石给孙中山写了一封长信，重弹“三部曲”[23]：“中正之受人妒忌排挤，积成嫌隙由来者渐，非一朝一夕之故。”“今先生既严令回粤，中正虽不才，岂敢重违意旨，背负恩德。决于日内起程，趋前领教。惟望先生曲谅中正之心无他，言悉本诸天良，而非有一毫好恶之私参与其间也。”“先生今日之于中正，其果深信乎？抑未之深信乎？中正实不敢臆断。如吾党果能确定方略，则精神团结，内部坚强，用人处事，皆有主宰。吾敢断言今后之局势，必能有进而无退，有成而无败，使以是而复致失败，则中正敢负其责，虽肝脑涂地不恤也。不然，内部乖离，精神涣散，军事政治棼如乱丝，用人任事毫无统系，即能维持现状如今日者，虽成必败，虽得犹失。是则中正虽遵命回粤，难图寸效，于国计民生，公义私交，岂特无补，且有损耳。”

蒋介石在信中向孙中山表示：“焉能专心办学而不过问军事政治。”他要求孙中山要像当年对陈其美那样“深信”他和重用他。

蒋介石的这封长信，“已不同于过去给孙中山的任何函电，而是俨然以有功之臣和唯一可以重托的人自居，在表面上的恭顺中，已流露出对孙中山的许多不满乃至责难，玩弄的手法则更加近于要挟”[24]。

言行不一的蒋介石，并没有“日内起程”回粤。3 月 10 日，廖仲恺致电蒋介石：“军官及学生到粤投考者二百余人，候已一月，旅费用罄，纷纷函诘，无从置答。现已定期本月二十四日考军官，二十七日考学生，请即先期在沪考试毕即归，毋负远来考者，以损党誉。各事皆如兄意进行，四月一日筹备完竣。”[25]

3 月 26 日，廖仲恺发给上海国民党执行部胡汉民一封电报：“转介石兄：归否？请即复，俾得自决。”[26]

胡汉民立即写信给蒋介石，提醒他“万不宜遽决绝不顾”。

蒋介石知道再拒绝回粤，孙中山就要另请别人了。于是，他给廖仲恺回电：“函电敬悉。弟必来粤，勿念。”

4 月 3 日，廖仲恺又致电蒋介石：“军校款，弟不问支出，兄亦不问来源，经费不乏，尽可安心办去。惟请即来。”[27]

蒋介石看到“粤局不惟毫无危险困难之可言，而且大有作为”[28]，加上戴季陶劝说他“先掌握实力，暂不表示不同政见”，“蒋始恍然大悟，欣然返粤就职”[29]。

4 月 21 日，蒋介石回到了广州。

孙中山于 5 月 2 日特任蒋介石为黄埔军校校长兼粤军总司令部参谋长[30]，7 月 7 日又任命蒋介石兼长洲要塞司令[31]。蒋介石又一次收到了“以退为进”的效果。

5 月 5 日，在国共两党的共同努力和苏联的帮助下，黄埔军校开学了。

创建革命军

1924 年 6 月 16 日，黄埔军校隆重举行开学典礼。

孙中山出席开学典礼，并发表演说，明确指出黄埔军校的宗旨：“今天在这地开这个军官学校，独一无二的希望，就是创造革命军，来挽救中国的危亡。”[32]

黄埔军校的组织制度，是仿效苏联军事学校和红军的组织制度而编制的。

黄埔军校早期的编制，设总理、校长、党代表，组成校本部。总理是学校的最高领导，统理一切。孙中山亲任总理，他规定办校的宗旨和方针，任命教职员。校长在总理之下处理校务事项。党代表在学校中实行监督和指导，务使学校人员遵行革命政策；凡属学校公文、命令，没有党代表附署，概不发生效力。

建立政治工作制度和推行党代表制度，正是黄埔军校区别任何旧式军校的根本所在。孙中山委任廖仲恺为校本部党代表，保证学校贯彻执行国民党的方针政策，防止它成为个人专断独裁的工具。

军校的《服务规则》规定：“党代表有监察校内行政，指导党务进行，并主持政治训练事宜之责。”[33]廖仲恺知道，军校为“社会的缩影”“中国的缩影”。学生“都是从旧社会里面跑到军官学校，并将旧社会里面之好的和不好的，都带进校里来”[34]。因此，他十分重视对军校学生的政治思想教育工作，强调学生必须进行自我革命，多次对学生说：“我们革命，预先就要革自家的命。革了自家的命，才配革人家的命。”[35]“望各同志从此以后，便把以前所有的恶习彻底改良，要以国家的利益为前提，不要学从前那样的自私自利，以至害国殃民。”“要晓得为什么进这个学校，并不是为做官、为拿指挥刀才来进这个学校。”“望诸位总要跟着本党总理，一心准备革命才好。”“如果自己能够拿定宗旨努力去做，将来就能够担当改造国家的事业！”[36]

廖仲恺尽职尽力，常常在百忙中到军校做政治讲演，宣传俄国革命成功的经验，强调政治和军事并重的方针。他说：“俄国革命成功，完全赖以主义为主干的军队——红军。如俄国的军官学校，军事政治是并行的，而且是并重的。偏重军事而轻于政治，是不可以的。偏重政治而轻于军事亦不可以的。”[37]陆军军官学校“非单系讲求军事教育，同时须要研究党之主义及党之纲领”，“为党奋斗”[38]。又说：“想救中国，只有三件事：就是要统一的组织，统一的意志，统一的精神。却是这三件事，须从国民党做起，尤其须从本校做起。如果这三件事做不成功，就是本校失败。本校失败，就是国民党失败。国民党失败，就是中国失败。要请各位特别注意！”[39]

廖仲恺与国民党左派和共产党人密切合作，竭尽全力克服困难，努力办好黄埔军校，被师生们誉为学校的“慈母”。

黄埔军校经费不足和武器短缺，成了孙中山、廖仲恺最棘手的问题。

当时，驻扎在广东的滇、桂系军阀，表面上虽然接受孙中山的指挥，实际上是拥兵自重，把持财政，多方阴谋破坏黄埔军校。何香凝曾经辛酸地回忆：“黄埔军校开办时，学生的衣服和米菜都不易筹措，我记得有几晚廖先生两点多钟才回家，有一夜，他吩咐我叫工人烧水洗身，我十一点钟叫工人烧水，水已冷了，他还未回来，一点钟又再烧，他还不回来，到四点钟才回家，我十分发气地骂他烧了三次水都不回来，这样是使人使得不过意的，他含泪长叹一声说：‘我晚上是在杨希闵家等他食完大烟才拿这几千元给我，不然，黄埔学生再两天便无米食。’有一次，买黄埔的东西，钱不足，向我取四百元，我又不足四百元之数，我借了女工三十元才凑足该数。”[40]

张治中回忆艰苦创校的情况，至今读来也令人慨叹不已：“我们常常听到廖先生同我们讲起筹款时种种困难的时候，他几乎落下泪来。他晓得本校明天的伙食就没有了，他在今天就四出奔跑设法，一直到了下午八九点钟，还没有得着一个钱的时候，他只好跑到这一批军阀的公馆里面去。这一些军阀总是正靠在烟榻上抽大烟，我们廖先生本来是一个革命党员，对于这一班军阀的情形怎么能看得惯。但是他为了要养活五百个革命青年，他不得不为我们牺牲身份，而并且也靠在大烟床上陪着军阀谈笑，等到军阀高兴了，他才提出某一个地方有一笔款子可以让他去收一收，只说有一个紧急的用途，始终不敢提起到是为黄埔学生的伙食，然后这班军阀才答应了廖先生，然后我们这五百个热血的革命青年，才不至于断炊……所以我们想到当时这种情况，廖仲恺先生真是‘黄埔的慈母’。”

黄埔军校初期，学生生活很艰苦。学校发给的服装只是一套布衣服，没有袜子，只能穿草鞋。住的房子更是简陋，只有一小部分学生借住从前黄埔陆军小学的瓦房，大部分同学就住在临时用芦席搭成的棚子里，睡的是用竹子拼排的床。蒋介石常常向廖仲恺埋怨经济困难，廖仲恺总是安慰他：“你尽管专心去教育学生吧，关于经费方面，都由我负责。”[41]

可是，蒋介石还是经常和廖仲恺争吵不休。有一次，廖仲恺曾对教导团连党代表谈及自己的苦衷：“我十次来校，有八次要争吵，地点在他家里，没有第三人在场。当他在一些不同意见的问题上，特别是为了学校经费问题，面红耳赤地向我吵闹时，我总是平心静气、一言不发地听他吵，有时还点头称是，等他平静了，不讲了，我问他讲完没有？他有时会笑笑说，‘我讲完了，你也谈谈’。于是我安静地谈了我的意见，谈了我的困难。最后总是他谅解我，听信我的。你们说他尊重我，这不假，但这是我争取来的。”[42]

黄埔军校开学前夕，孙中山批示发给军校三百支粤造七九毛瑟枪。但是，广东兵工厂也由滇、桂系军阀控制了，厂长只是多方推宕，就是不肯给枪。廖仲恺交涉了多次，开学时候，才拨来三十支毛瑟枪。这三十支枪，只够守卫学校用。

后来，苏联政府为黄埔军校提供了两百万元的开办费[43]和大批军械，军校的经费才基本解决，军械问题也解决了。

蒋介石担任黄埔军校校长以后，不再“表示不同政见”，相反，经常高呼“打倒帝国主义!”“打倒军阀!”“打倒封建主义!”声称拥护联俄、联共、扶助农工政策，甚至斥责戴季陶是“总理的不肖之徒”[44]。

但是从那时起，蒋介石就开始树立他个人的权威，注意笼络学生和培植亲信，限制共产党。

蒋介石住在长洲要塞司令部里，要塞炮台前竖立着一面大红旗，旗上有个斗大的“蒋”字，如同封建时代的将、帅旗。从要塞司令部到军校的距离不到一里路，可是他每天上、下班，总是警卫森严。他披着一件拿破仑式的斗篷，前面有一个副官开道，四个服装整齐的武装士兵跟在他后面，好似戏台上大将出征的神气。如果学生、官兵在路上遇见他，没有向他敬礼，他一定要追究，给予处分。[45]

蒋介石经常召集全校师生训话。他有时讲《曾胡治兵语录》，教师生怎样带兵治军；有时讲孔孟之道“仁义礼智信”，宣扬“亲爱精诚”，怎样为人处世。[46]他吹嘘自己过去的光荣历史和创办黄埔军校的艰难，强调学生官兵要“服从长官，服从校长，服从孙大元帅”[47]，造成对他个人的崇拜。

一天晚饭后，蒋介石约请第一期第二队第三区队学生到他家里做客。蒋介石十分热情，特地备有茶点、饼干招待。交谈了半个小时，蒋介石便对学生们说：我家密藏着三件宝贝，你们分头去找，谁人找得，大大有赏。

什么宝贝呢？学生们既好奇又觉得有趣，马上分头行动，到处搜寻，楼上楼下各个角落都翻遍了。搜出的东西，送到蒋介石那里，他都说不是。到底什么是蒋介石的宝贝呢？学生们一筹莫展。蒋介石的夫人悄悄告诉李之龙：“校长的三件宝贝就藏在他枕头底下。”

李之龙从蒋介石的枕头底下搜出了《俾士麦传》《曾文正公家书》和

《曾胡治兵语录》。蒋介石见李之龙找着了他的三件宝贝，高兴得眉开眼笑："李之龙到底是我的好学生，懂得校长的心意。这三部书我是非常重视的，我天天要阅读的，晚间睡觉时要读，早上起床前也要读。因为做人做事，成大业做大事，以及教育儿女都少不了它们，要认真领会其中奥妙，希望他们也照这样做，才是我的好学生。"[48]

不过，在孙中山生前，在国共合作期间，蒋介石不能改变黄埔军校的宗旨和教育方针。苏联顾问切列潘诺夫说过："无论对于军校的组织问题和教学问题，还是后来对于建立国民革命军第一批团队的问题，他都几乎无条件地采纳我们的建议。"[49]

校本部之下设政治部、教授部、教练部等。

军校的《组织条例》规定："政治部专司本校政治教育训练事宜。""政治部主任承校长、党代表或副校长之命，及教育长之指导，掌管该部一切事务。"[50]首任政治部主任戴季陶反对联俄、联共、扶助农工政策，任职不久就离开广州。继任的邵元冲"不懂政治工作的内容和做政治工作的方法，他住在广州，每隔一、二天到政治部去一趟，看看例行的文件就走了，他把政治部主任当一个官做，他不接近学生，也不接近干部"。"他这样地搞了一两个月的光景，把政治变成了一个死气沉沉毫无作用的机构，因此学校员生都提出'加强政治部的工作，撤换邵元冲'的要求。"经过校长、党代表和苏联总军事顾问会商，决定请中国共产党推荐适当人选担任政治部主任。[51]

中共中央决定派遣周恩来担任这个职务。周恩来上任，"努力改变这种状况，真正在军校推行列宁创造红军的经验"。他"提议政治部要做好三项工作：其一是向新成立的校军教导第一团选派党代表；其二是建立'青年军人联合会'，出油印壁报《士兵之友》；其三是建立政治部正常工作秩序和政治工作制度。最后还进行了分工，制订了工作细则"。从此，黄埔军校的政治工作蓬蓬勃勃地开展起来了。[52]

黄埔军校教学，贯彻执行政治与军事并重、理论与实践结合的方针。军校初期政治课程有"帝国主义的解剖""社会发展史""三民主义"等八门，后期政治课程有“中国国民党史”“三民主义”“社会主义”“帝国主义”“苏联研究”“社会进化史”“社会科学概论”“政治学”“经济学”“农民运动”“军队政治工作”等二十六门。学生的学习方法，除课堂听课外，还有政治讲演、政治讨论会、政治问答、宣传队等。政治教育的目的，是“使学生确定革命的观点”，“不仅知道枪是怎样放法，而且知道枪要向什么人放”[53]。

军校第一期军事教育科目，分学科和术科两个方面。学科方面，“最初教学生以步兵操典、射击教范、野外勤务令等基本军事学识，继则教以四大教程：战术、兵器、交通、筑城……此外，对于军制学、交通学、军队内务规则、陆军礼节、军语、军队符号等，亦择要详讲”。术科方面，“除制式教练外，对于野外演习尤为着重”。“对于战斗教练、实弹射击两项更为认真”。

从第二期起，实行分科教学，分为步科、炮科、工科、辎重科、宪兵科五科。从第三期开始，制定学科课目表和术科课目表，要求“各课目教育须确实施行，务使学生了解且能应用为要”。

学生的学习方式，除听课演习外，还有火线练兵和军事讲演。[54]

在军事教育方面，苏联军事顾问发挥着重要的作用。顾问们既有作战的实践经验，又有相当的军事理论修养。他们不但善于组织课堂教学，而且能够通过实践讲明基本原理。他们以大部分时间进行实际操练，采用示范教学的方法，让学生们尽快学到实际本领。[55]

军校进行严格的军事训练，学生感到生活太机械、太枯燥无味。廖仲恺教育学生要耐受军事训练：“我们今日所以要受军事的训练，要过枯燥的生活，都是为了将来要做革命事业起见。”“望各同志不要因为今日生活枯燥便不耐烦，都要忍耐下去，造成良好军事人材。那末，我国的革命运动才有成功的希望。”[56]

大革命时期的黄埔军校，是一个革命军事学校。第一至第四期毕业生共四千九百八十一人。[57]这些毕业生“很高兴的跑到前方加入战线，或跑到罢工委员会里训练罢工纠察队，或跑到农民协会里训练农民自卫军，前方的国民革命军及后方工农后备队加入这一大批生力军，去奋斗去牺牲”[58]。

恽代英在《廖仲恺与黄埔学校》一文中高度评价国共两党共同创办的黄埔军校和廖仲恺：

> 廖先生虽身兼政府要职，然而常定期到学校，为学生作政治讲演，又每通宵奔走，为学校筹伙食用费。黄埔便靠这样惨淡经营，立下了很稳固的根基；而且廖先生这种艰苦卓绝的精神，亦鼓励学生的革命精神不少。黄埔是中国的新生命，而黄埔的生命却是廖先生所赋予的啊![59]

孙中山于1924年8月22日命令蒋介石“招募精壮之兵士三千名实施训练，俾成为模范军，以为将来效力国家”[60]；10月11日又致函蒋介石：苏联“新到之武器，当用以练一支决死之革命军。其兵员当向广东农团、工团并各省之坚心革命同志招集，用黄埔学生为骨干，练兵扬在韶关”[61]。

鉴于苏俄革命的成功，实赖于采取党代表制的红军，孙中山决定“党军”——革命军采取党代表制，并于1924年11月11日任命廖仲恺为“所有党军及各军官学校讲武堂”党代表。[62]

蒋介石、廖仲恺奉命于1924年十一二月组建了以黄埔军校师生任各级干部的校军——教导第一团、教导第二团。教导团学习苏联红军建制，采取三三制：每团三个营，每营三个连，每连三个排。团有团长、团党代表、参谋长各一人；营有营长、营党代表、营副各一人；连有连长、连党代表、副连长各一人；排有排长、副排长各一人。团部直属部队有特务连、侦探队、机关枪连、辎重队、通讯队、卫生队。[63]这是一支新型的革命军队。

1925年4月6日，廖仲恺主持召开的国民党中央执行委员会第七十七次会议通过了建立党军案。13日，国民党中央执行委员会下令教导第一、二团成立党军第一旅。14日，国民党中央执行委员会任命廖仲恺为党军党代表。21日，成立教导第三团。8月，在党军的基础上组成了国民革命军第一军，蒋介石为军长，周恩来为政治部主任兼第一师党代表。

革命军的建立，影响重大深远。毛泽东指出：“中国共产党和国民党合作组织新制度的军队，在开始时候不过两个团，便已团结了许多军队在它的周围，取得第一次战胜陈炯明的胜利。往后扩大成为一个军，影响了更多的军队，于是才有北伐之役。”[64]

革命军初露锋芒

在各方面的共同努力之下，黄埔军校的茁壮之苗终于开出了美丽的花朵，结出了丰硕的果实。

可是，不同的人却有着不同的议论。

帝国主义者和封建地主蔑视它：“让粤军和黄埔军校的人进攻吧。陈炯明一定会把这一小股人打败的，只要他们一跑，滇军就会解除他们的武装。”[65]

滇、桂系军阀嘲笑它：“新编一二个团能做什么？这只不过是孙中山晚年的消遣而已！”[66]

一些好心的人则对它忧心忡忡：黄埔学生军未必能杀得贼死吧？[67]

国共两党苦心培育的黄埔革命军以他们的实际行动和光辉战绩做出了响亮的回答。

1924 年下半年，广州商团策划叛乱，广州局势恶化。广东省省长、黄埔军校党代表廖仲恺征得蒋介石同意，派遣第一期学生第三、第四队开赴广州保卫省长公署，维持广州治安。8 月 13 日下午 7 时左右，这支队伍在广州东堤黄埔军校办事处码头登陆。当时，正是电闪雷鸣，大雨滂沱，永汉路积水两三寸。他们冒着雷雨前进，步伐整齐，英姿飒爽，气势高昂，一往直前。路旁的人看了，非常感动，无不啧啧称赞：“象这样的队伍，在广州是前所未见。”[68]

20 日，黄埔军校师生“列队赴西关巡视一周，并沿途派散传单”，揭露陈廉伯之流的“叛逆行为”和“卖国行为”[69]。

10 月 14 日，黄埔军校第一期学生全副武装开到广州市区，佯作夜间演习巷战，协同其他各军，平定了广州商团的武装叛乱，消除了广东革命政府的心腹之患。学生军初试锋芒，便一鸣惊人了。[70]

陈炯明、陈廉伯之流绝不甘心于他们的失败，他们还要做最后的挣扎。“遭到毁灭性打击的广州商人，也派人到陈炯明那里，请求陈炯明把广州从‘红色布尔什维克’手里‘解放’出来，还答应给予实际支持和资助”[71]。1924 年 10 月 27 日夜，陈家将跑到香港，与陈廉伯、陈恭受密谋，准备“在东江发动进攻”，“摧毁孙中山政府”[72]。

11 月 13 日，孙中山离粤北上。陈炯明以为时机已到，立即在汕头召开军事会议，叫嚷“决计即日反攻广州，务必倒孙政府而后已”[73]。他自称“救粤军总司令”，以林虎、洪兆麟为正、副总指挥，叶举为各路总指挥。12 月 25 日，陈炯明致电广州总商会，宣称他已就任总司令，“已下决心开始进攻和解放广州，并希望商会给予协助”[74]。1925 年 1 月 7 日，陈炯明下达进攻广州的总动员令。

面对陈炯明的严峻挑战，广州大本营决定兴师讨伐。苏联总军事顾问加伦向军事委员会[75]建议：“让所有精锐部队参加战斗，以我军的进攻阻止陈炯明部队的进攻。”[76]军事委员会采纳加伦的建议，决定兵分三路直捣东江，“如果一月下半月陈炯明仍按兵不动，那么我军将主动转入进攻”[77]。

1925 年 2 月 1 日，东征联军誓师出征。东征联军总指挥杨希闵带领的滇军为左路，打河源、老隆、兴宁、梅县；刘震寰的桂军为中路，攻惠州；许崇智的粤军和黄埔军校学生军为右路，击淡水、平山、海丰、陆丰、潮汕。

正在北京养病的孙中山赞同加伦提出的东征的初步计划。东征一开始，孙中山予以极大的关注和嘉勉。1925 年 2 月 5 日，他致电胡汉民、廖仲恺等：“大病少苏，闻东江将战，复添系念。望诸兄努力破敌，以安内而立威信于外。引领南望，不尽欲言。”

读了此电，右路军官兵“无不感激涕零，同仇敌忾之心因而益坚，各将领更勇气百倍”[78]。

杨希闵、刘震寰不但违背孙中山的命令，而且暗中与陈炯明勾结，在博罗、惠州一线按兵不动。这样，右路军便成了东征主力。

“革命军自有革命军的特色!”[79]

出征前夕，黄埔军校政治部准备了几十万份《告东江人民书》《告人民同胞》《告百粤父老兄弟姊妹》《敬告士兵同志们》的传单和五万份革命歌曲，进军途中，宣传队到处张贴、散发。[80]军队每到一处，党部和政治部制备茶点，邀请乡民联欢，尽力使乡民明了革命军的性质，东征的原因、目的和意义。

黄埔军校教导团战士和第二期学生都明白“他们是为了什么目的去战斗的”。他们“充满了革命精神”，以“试试金石”，决心与敌人血战。可是，“除樟木头、塘头厦与敌稍有接触外，一路见不到敌人”，他们“非常懊丧”[81]。

黄埔革命军纪律严明，不拉夫，不付价购物，不用军用票，切实保障人民的利益。[82]除了校长蒋介石、教导第一团团长何应钦、教导第二团团长王柏龄坐轿、骑马外，官兵和苏联顾问一律步行。

看了革命军的精神面貌，加伦高兴地对军事顾问们说：“我对在黄埔军校基础上组织起来的部队寄予特别希望，他们应该成为骨干力量，我们顾问在部队里的作用是特别重要的。你们应该以满腔的革命热情施展军事艺术。你们的建议不应只停留在建议上，还必须善于付诸实施。”

“向淡水前进!”加伦用这样的口号结束同军事顾问们的谈话。[83]

到了淡水，教导团终于有机会打了一场攻坚战。

淡水是进入东江地区的一个重镇，城堡高陡坚固，城外平坦，既没有房屋，也没有树林，是一座宜守不宜攻的城堡。敌人一个旅凭借着这些，有恃无恐地与教导团和粤军对抗。

如何攻克淡水城？蒋介石提出他的作战计划：“把第七独立旅派到淡水东北，在淡水与平山之间摆开阵势，黄埔军校部队从东边，第二步兵师从西边围城，等待敌人投降。”蒋介石认为，围城两天，敌人就会投降。

“等待是危险的，因为敌人的增援部队可能从东边赶来。应该立即着手准备夜袭。”苏联顾问切列潘诺夫不同意蒋介石提出的作战计划，他建议：

“城市的主攻任务由黄埔军校教导团承担，二师的主力应从西南支援教导团，并拦截从北面和东面开来的部队；七旅留作预备队；工程师瓦西里耶夫应该尽快准备好云梯，为此必须从军校部队中拨出一个学员连给他。”

经过一番考虑，蒋介石同意切列潘诺夫提出的作战计划。[84]

2 月 14 日夜晚，蒋介石根据苏联顾问的建议，决定成立奋勇队（敢死队）。奋勇队由十名官长和一百名士兵组成。十名官长中，两名是国民党员（营党代表蔡光举、连党代表冷欣），八名是共产党员（连党代表刘畴西、彭干臣、张际春、游步仁、李奇中、张隐韬、李汉藩、郑洞国）。[85]在挑选奋勇队的时候，官兵踊跃报名。未中选的，很不满意地说：“官长！你只是要我们在散兵线上死，扒城就不要我们了！以后打平山，打淡水，我们是要去的！”[86]

15 日上午 6 时，攻城开始了。教导团攻城东南，粤军二师攻城西北，七旅攻城东北。7 时左右，教导团炮兵连开始轰击，守城的敌军，有的被榴霰弹消灭了，有的被从城上轰走了。手榴弹在城墙上炸开了一个豁口。过了半小时，机枪火力掩护着，奋勇队冲到城墙下。是指挥员估计不足，还是一时疏忽？这时候，他们才意识到竟连一把云梯也没有。

蒋介石披着斗篷，在炮兵连阵地来回走着。他时而挥舞着双手，发出刺耳的令人听不大懂的声音，时而怒目瞪着顾问们，好像是他们而不是他自己的责任。

第一团团长何应钦的脸青得像死人一般，他藏在斜坡的灌木丛后面躲着蒋介石。

顾问切列潘诺夫忽然想起自己往昔当消防队员时用人梯爬墙的情景，立即和顾问尼库林给官兵们做了示范动作。[87]

营、连党代表十人率领奋勇队从豁口处爬城。营党代表蔡光举自动报名当奋勇队队长。他抱着必死的决心，出击前夕写好了遗书，攻城时候，他身先士卒，肚子打穿了，仍喘息着说：“赶快为我医治，逆贼正待我们痛杀！”[88]

仿佛是坦克履带在转动似的，一人倒下去，第二人又扑上来。战士李青的脑袋打伤了，鲜血淋漓，他自己动手用手巾包扎好，又跟着队伍冲上前去。[89]

顽强的战士终于爬上了城堡，用火力压住城内的敌人，打开了城门，队伍像决堤的洪水一般涌进城里，“俘虏敌军七百名，缴获步枪一千支，机枪六挺”[90]，真正是：“号声一响打冲锋，巨炮隆隆震太空，黄埔练兵今上阵，凯歌淡水小城中。”[91]

下午 4 时，敌人援兵数千人赶到淡水城外东边，占领了高地，向右路军猛攻。七旅经不住敌人的逼攻而撤退。教导第二团团长王柏龄听到枪声就逃跑了，该团乏人指挥，其一部分也撤退了；蒋介石则跑到离城几公里的一个寺院里。正是万分危急的时候，教导第一团第二营营长刘峙率领全营反攻。此刻适值黄昏，敌人误认打着红色校旗的二营是从淡水城逃出来的自己人，于是一枪不放，等到双方靠近，二营上刺刀冲锋时，他们措手不及，纷纷后退。二营乘势猛追，敌人狼狈逃窜。[92]

教导第二团连长、蒋介石的一个亲戚擅自从火线率队逃跑到数十里外的龙冈去。周恩来率领学生队路过龙冈，正要赶去淡水援助，却看见他们仓促逃遁，十分惊讶，忙问连长：“是否有任务到龙冈?”

连长含糊其词。

周恩来更是怀疑了，又问：“是否有命令退到此地?”

“前方混乱，找不到营长，所以到这里待命。”

这分明是临阵逃跑。周恩来非常气愤，当即面报蒋介石，请他大义灭亲，明正典刑，以张法纪。蒋介石左右为难，犹豫不决。可是，《革命军连坐法》明文规定：“如一班同退，只杀班长。一排同退，只杀排长。一连同退，只杀连长。一营同退，只杀营长。一团同退，只杀团长。一师同退，只杀师长。”蒋介石也不好徇情，只得硬着头皮下令枪决逃兵。[93]

蒋介石也不得不将临阵逃跑的王柏龄撤职。

革命军军纪严明，军心大振。

17 日，蒋介石向孙中山告捷，并说“教导团军纪之肃，战斗之勇，出人意表”。

孙中山得悉捷报，“不胜欣慰”，“精神为之一振”。他着汪精卫“代电奖勉各将士，努力杀贼，以期三民主义之实行”[94]。

经过多方抢救无效，蔡光举在广州公医院逝世。廖仲恺特地将他的遗体安葬于黄埔岛上，以表彰忠烈。并致电蒋介石，提出在军中举行追悼，以激励士气。蒋介石接电后立即发布了“追悼蔡光举通告”。

20 日，右路军在淡水北羊塘围与洪兆麟部遭遇，展开大战。“黄埔军在苏联顾问的指导下采用新战术，即是运用侦探部队代替骑兵在前卫的较远前方搜索前进，求与敌发生接触，以诱使敌人主力过早展开并迷惑其主攻方面，同时便于自己的主力从容地占领有利阵地和选择主攻方面。洪兆麟的部队果然名不虚传，勇敢善战，冲锋的密集队伍像潮水一样，奔腾汹涌，猛烈异常。黄埔军除发挥高度的革命意志和坚毅沉着、有进无退的战斗精神以外，还在火力上加以严密的配备来迎击敌方的‘三冲’。洪兆麟的部队在黄埔军密集火力杀伤之下，死伤虽然惨重，但仍然前仆后继地连续猛冲。有不少官兵从火网空隙中冲到了黄埔军面前，但是当他们发现黄埔军的枪上都上着白晃晃的刺刀，而他们自己没有刺刀的时候，就吓得回头就跑。洪兆麟的所谓三冲法宝遇着劲敌，没有发生效果，没有冲破黄埔军的阵线，只好全线后退。黄埔军乘势进行反击，一举击溃了洪兆麟的主力，立即转为追击战”[95]，攻占白芒花、平山。

右路军乘胜向海陆丰、潮汕地区前进。教导团“所至不扰民间一草一木，老妪妇孺喜而挤观，鸡犬不惊，商市安堵。入夜无公房空房，则扎蓬营露宿，东江人民父老谓民国以来，仅此次所见，乃是真正革命军，真正为国为民之革命军”[96]。

军爱民，民拥军，“军民之间出现了友好和互助的关系”[97]。教导团“所过之处，乡人壶浆以迎”[98]。教导团“还没有到海丰，海丰农军先起来响应”[99]；“到海丰之日，农民不期而集合者三万余人”[100]。由于农民的大力援助，右路军向潮汕地区进军途中，“敌人还没有打仗就败退了”[101]。

右路军的胜利进军，对于身患重病的孙中山来说，是最大的安慰。3 月 5 日，他发出特派廖仲恺往东江慰劳前敌将士令："特派大本营参议廖仲恺驰往东江，慰劳前敌各军。现在敌军屡败，精锐尽失，乘胜穷追，易就殄灭。务各努力前进，扫清余孽，用竟全功。"[102]

廖仲恺奉命赴东江劳军，12 日抵汕头，次日即参加棉湖战役。

右路军击溃洪兆麟部后，陈炯明命令林虎带领六七千兵，向右路军反攻。林虎气焰嚣张，叫嚷要将黄埔"学生军""杀他个片甲不留"[103]。

面对强敌，右路军决定"以教导第一团当正面，向棉湖、红湘、上栅等地进攻；教导第二团为左翼，向鲤湖抄至敌军后方，以成包围之势；建国粤军第七旅为右翼，由汤坑往塔头埠，以攻敌军之左侧背"。13 日上午 9 时，两军在棉湖遭遇。教导第一团以少敌多，迎击"敌军六师之众，敌军死力猛攻，计分兵包围三次，冲锋六次，均为我军击退"[104]。蒋介石、周恩来和加伦都在阵地上指挥战斗，鼓舞官兵坚守阵地。到前线慰劳军队的廖仲恺，也亲自督促民工赶快搬动弹药。

激战八小时，教导第一团死伤惨重，有的连死伤高达三分之二。炮兵连也撤到了团指挥所。他们的大炮打的时间久了，撞针过热变软，连炮也打不响了。蒋介石非常着急地对何应钦说："何团长，千万要站住脚，不能后退；如果退了，恐怕广州也不是我们的了。"他转过头来，看到炮兵连连长陈诚也在那里，又对陈诚说："几门炮你难道都打不响吗？你自己为什么不亲自试验一下呢？"陈诚见说，也鼓起勇气，就在团指挥所架起炮来，亲自瞄准，亲自拉火，有意思的是，"哑炮"停息了一段时间，撞针已经冷却，大炮给陈诚打响了，恰好，一炮又打中了密集的敌阵。刚才还是趾高气扬的敌人突然间变成了飞快逃窜的兔子。炮兵连其他三门大炮也打响了，全在敌人四周开花。敌人全线后退了。第一团官兵向逃敌发起猛烈冲锋。第二团官兵也赶到阵地。教导团和友军配合，转危为安，转败为胜，打败了敌军大师之众，棉湖之战终于胜利了，又一次显示了黄埔军校革命军的神威。蒋介石高兴得合不拢嘴，马上命令提升陈诚为营长。[105]

16 日，廖仲恺在河婆对教导团全体官兵演说，赞扬革命军的神勇：“我们军队，现在已经出光彩来了！此光彩不止照耀一地，普天地都能见着我们光彩。”[106]加伦高度评价棉湖之战：“教导第一团勇敢战斗，在俄国红军中，极好的部队才能见着如此成绩。”“昨天棉湖一战的成绩，不独在中国所少见，即世界上亦是少有的。”[107]

切列潘诺夫在回忆录中也赞扬说：“凭着一团士兵、军士、连排长等军官以及政工人员的无比勇敢、沉着和顽强精神，击溃了数量上超过七八倍的优势敌军。革命思想战胜了军阀反动派。”[108]

右路军乘胜穷追林虎部。教导团采纳苏联顾问的建议，“采取奇袭战法，从速结束战争”。作战部署是：“第一团取捷径奇袭五华而占领之，然后从速向兴宁前进；第二团紧紧尾随溃退之敌，追向兴宁，估计陈铭枢旅可以同时到达兴宁，协同攻击，歼灭敌人，占领兴宁。”[109]

3 月 17 日，第一团“进迫安流，民团千余争为先导”。“不料敌人乘夜遁去，该地壮丁皆助我荷枪杀贼”。次日，第一团“迫近五华，驻该城之敌仍未探觉，其连哨刚出城即被缴械，并利用俘虏假称回城运弹叫开城门，我军遂一拥而入，计缴敌械数百，机枪多挺，子弹辎重无算。因林逆总部行营尚在该地，故也俘虏敌人数百，其参谋长、军需副官十余人皆被擒”[110]。

20 日，第二团和粤军第一师陈铭枢旅同时到达兴宁，击败兴宁城外神光山的敌人，并立即攻城。第一团也从五华赶到，协同作战。经过一番激战，当天深夜破城，“夺得敌人大炮九尊，步枪二千余支，子弹数百万发，辎重无算。林虎、王德庆、刘志陆等几被擒，计俘虏其重要官长十余人，士兵千余人”[111]。

22 日，粤军第二师占领了梅县。至此，右路军击溃了林虎部。

株守惠州的杨坤如，见陈家军主力被打垮，被迫向革命政府输诚，同意接受改编。

这样，第一次东征胜利结束了。

滇、桂系军阀杨希闵、刘震寰进入广东以来，“凡孙先生教令，悉阳奉阴违，日惟为暴于民，以敛财自肥"[112]。孙中山曾经面斥滇军头目："我住在上海，你们打进广州，派人到上海请我回广州主持，说是要实行三民主义，现在你们为所欲为，戴着我的帽子，糟踏我的家乡。"

滇军头目面面相觑，不敢作声。但他们依然"把持政局，鱼肉粤民，苛征暴敛，霸占财权，朋比为奸"[113]。

东征期间，杨希闵同林虎达成协议，采取联合行动反对许崇智率领的部队；刘震寰则同唐继尧进行有关共同反对广州革命政府的谈判。1925 年 4 月初，他们同唐继尧签订了一项"在广州发动政变"的"秘密协议"。5 月中下旬，他们借故到香港，与帝国主义者、军阀、买办策划发动政变，颠覆广州革命政府。返回广州后，他们公然叫嚷要"把广东从共产党人手中解放出来"，并连日调兵，凭险戒严，广州完全处于滇、桂军控制之下。[114]

广州革命政府早在 1925 年 3 月就发现杨希闵、刘震寰有叛乱企图。4 月 24 日，革命政府决定派廖仲恺、蒋介石和加伦到汕头，同许崇智商讨对策。在赴汕头的途中，他们就商讨对策。

蒋介石认为，局势是毫无希望的。唐继尧占领广州以后，将同杨希闵、刘震寰不和，等他们互相厮杀时，采取军事行动的机会就会到来。他建议：把黄埔军校迁到汕头地区。

加伦反对不战而让出广州的意见："失掉广州，哪怕是暂时失掉广州，不仅对广东，而且对全国的革命运动都会带来严重的、难以弥补的损失；必须为保卫广州而战，为此有足够的力量。"

廖仲恺支持加伦的意见。

蒋介石也不得不同意加伦的意见。

他们三人决定：镇压叛乱的唯一办法是武装斗争。

这时，许崇智正在汕头准备进军福建。他听了政府代表提出的计划后，表示不同意见。经过加伦、廖仲恺的努力，他也承认向福建进军是不合时宜的，首先必须集中全部力量粉碎叛乱。

他们四人决定：在反对唐继尧的口号下集结政府军。[115]

5月10日，加伦向革命政府提出一个同杨希闵、刘震寰做斗争的计划。经过研究讨论，确定了《平定杨刘作战计划》。[116]

21日，右路军由潮州、梅州回师广州。

30日，广州革命政府截获了杨希闵同段祺瑞的秘密通信，再一次证明了杨希闵、刘震寰准备叛乱。一味姑息养奸的胡汉民到了这个时刻，才下决心镇压叛乱，巩固政府的地位。这天，大本营命令各军在6月7日前到达指定地点集结。

6月10日，回师的右路军进来广州市郊。加伦指示顾问："敌人被包围了，我们的胜利有了百分之百的保证。行动要更果断一点，为了不让敌人溜掉，指挥部要对监视敌人一事作出应有的安排。"[117]

12日凌晨零时，政府军向叛军发起总攻击。教导团同滇军展开激战，占领龙眼洞、白云山，又在友军配合下，攻占瘦狗岭。

黄埔军校留校学生、入伍生和吴铁城的五百名毛瑟枪手向石牌进攻。按照作战计划，"吴铁城部首先渡河占领对岸；黄埔军校学员在其掩护下进行登陆，占领石牌村，然后视情况行动，或进攻在设防区防御的敌人的后方，或进攻郊区的东山，然后再攻城"。吴铁城部遇到敌军火力后惊惶失措，躲在"中山"舰的后面，不敢渡河。不怕死的学员们"登上舢舨，不顾猛烈的火力向猎德村附近的登陆点冲去。学员们在靠岸时跳下舢舨，没入齐胸深的水中，高喊着'杀——'，不可阻挡地向岸边冲去。然后，他们毫不停顿地向猎德村猛冲并占领了该村"。在他们的带动下，吴铁城部也振作起来了。[118]

海军、学生军与陆军协同作战。苏联顾问在"飞鹰"舰上开炮助战，摧毁了设在石牌车站的滇军前线指挥部，击毙了滇军第一师师长赵成梁，"赵师无人指挥，战线陷入混乱"。黄埔学生军和吴铁城部乘势猛攻，占领了石牌村。接着，又迅速占领了村东北面的哨所。"敌人慌作一团，沿铁路溃逃，部分逃向广州，部分逃向沙河"。学生军追踪敌人，向东山、市内进攻。

中国共产党领导工人罢工，广州市的电话不通，水源断绝，电灯不亮，

"孤王的锣儿也不响了，鼓儿也不响了"，杨希闵、刘震寰不得不遁逃。

滇军溃不成军，纷纷缴械投降，或四散逃窜。滇军被缴械时，"大小军官纷纷换便衣逃走，大部分逃往香港、上海，有些逃不及的就逃往沙面租界地"。"广州市工人居民都手持木棍、铁棍，在街上痛殴溃退下来的士兵，以出怨气。"

学生军进入广州市内，担任维持社会治安、巡查各街道、守卫银行及其仓库等勤务。"学生军为肃清余孽起见，多拍开街门，如涉有嫌疑店铺，皆须搜查，但均有警察带同前往，纪委甚为严肃。"[119]

黄埔军校教导团和学生军在这次平定杨刘叛乱中起了决定性的作用。

黄埔军校的革命军用自己的行动证实了孙中山的至理名言："军队之能不能够革命，是在乎各位将士之有没有革命志气，不是在乎武器之精良不精良。"[120]

注释：

［1］《在国民党中央干部会议第十次会议上的报告》（1923 年 12 月 9 日），《双清文集》上卷，人民出版社 1985 年版，第 583 页。陈，指陈炯明。先生，指孙中山。

［2］《蒋介石秘录》第 6 册，《黄埔军校史料（1924—1927）》，广东人民出版社 1985 年版，第 11 页。

［3］《在陆军军官学校开学典礼的演说》（1924 年 6 月 16 日），《孙中山全集》第 10 卷，中华书局 1986 年版，第 291 ~ 293 页。

［4］《廖仲恺先生殉难周年纪念我们应有的认识》，《犁头》第 13 期。

［5］《在国民政府军委会高级军官会议上的演说》（1925 年 7 月 26 日），《双清文集》上卷，人民出版社 1985 年版，第 826 页。

［6］《廖党代表遗训》，《革命军人》第 4 期。

［7］《对黄埔军校第三期入伍生的演说》（1925 年 3 月下旬），《双清文集》上卷，人民出版社 1985 年版，第 750 页。

［8］（苏）切列潘诺夫：《中国国民革命军的北伐》，中国社会科学出版社 1981 年版，第 50 页。

［9］1924 年 1 月 3 日广州《民国日报》。

[10] 1924 年 3 月 25 日《蒋介石复胡汉民、汪精卫函》。

[11] 徐维诺夫，通译季诺维也夫。季诺维也夫是共产国际主席。第三国际对国民党决议文，指《共产国际执行委员会主席团关于中国民族解放运动和国民党问题的决议》(1923 年 11 月 28 日)。

[12]《双清文集》上卷，人民出版社 1985 年版，第 586～589 页。

[13] [28] 毛思诚：《民国十五年以前之蒋介石先生》。

[14] 蒋介石：《苏俄在中国》。

[15] 覃异之在《黄埔建军》中说："孙中山先生除亲自兼任军校总理外，关于校长的人选，最初决定为程潜，而以蒋介石、李济深为副校长。蒋介石当时无论在党在军，都是后辈，孙中山先生派他为军校副校长，已经是'不次之迁'。但是蒋介石不愿在程潜之下，对这个任命很不满意，就离开广州，跑到上海，表示消极。这时张静江、戴季陶等出来替他撑腰，张还亲自跑到广州找孙中山先生说情。孙中山先生这才改派蒋介石为粤军总司令部参谋长兼黄埔军校校长。"(《文史资料选辑》第 2 辑，中国文史出版社 1986 年版)许德珩、阳翰笙追忆说："最初，孙中山派程潜为校长，蒋介石、李济深为副校长。蒋介石不愿屈居于程潜之下，离开了广州。张静江、戴季陶为他撑腰，最后他担任了校长，并兼粤军总司令部参谋长、长洲要塞司令。"(《黄埔军校回忆录专辑》，广东人民出版社 1982 年版，第 284 页）刘峙回忆说："起初孙中山先生想要粤军总司令许崇智兼军官学校校长，负责筹备，但许崇智力不从心，一切委之于上校参谋陈翰誉，陈是我们保定的同期同学，目空一切，骄纵自私，处事多失公平，致为各方不满……"(《我的回忆》，《双清文集》下卷，人民出版社 1985 年版）这里姑且不论孙中山最初决定黄埔军校校长是大本营军政部长程潜还是粤军总司令许崇智。可以肯定的是，蒋介石并非原定黄埔军校校长。

[16]（苏）切列潘诺夫：《中国国民革命军的北伐》，中国社会科学出版社 1981 年版，第 91 页；叶剑英：《孙中山先生的建军思想和大无畏精神》，《孙中山生平事业追忆录》，人民出版社 1986 年版，第 328 页；《黄埔军校史料（1924—1927)》，广东人民出版社 1985 年版，第 28 页。

[17]《孙中山全集》第 9 卷，中华书局 1986 年版，第 507 页。

[18] 叶剑英：《孙中山先生的建军思想和大无畏的精神》，《孙中山生平事业追忆录》，人民出版社 1986 年版，第 328 页。

[19]《本校筹备之事略》，《黄埔军校史料（1924—1927)》，广东人民出版社 1985 年版，第 27 页。

［20］《双清文集》上卷，人民出版社1985年版，第605页。军官学生，指黄埔军校学生。

［21］《双清文集》上卷，人民出版社1985年版，第612页。

［22］《孙中山全集》第9卷，中华书局1986年版，第526页。

［23］宋平指出："蒋介石往往采取这样的三部曲：首先，陈述自己的被迫去职是受到'小人妒忌'和'排挤'，标榜自己性格刚直，愤世嫉俗，自己参加革命不是为了追求个人的权位，所以在意见不合时决不'恋栈'，一再声言'合则来不合则去'的原则，以博取孙中山的同情和赞赏；然后，又针对时局，向孙中山提出军事方面的种种建议，表示自己虽然去职，但仍然关心'党中大事'，使孙中山更感到他的人才可贵；最后，则表示要勉为其难，把个人一切置之度外，服从孙中山的命令回到军中工作，还表示最好是不担当任何名义，只求得在孙中山的身边'参佐军务'，使孙中山看到蒋介石对他完全是一片忠心。从这次蒋介石在援闽粤军中第一次辞职，到一九二四年四月他正式就任黄埔军校校长的六年之间，在军中以各种借口辞职又复职的来来去去，共达十三次之多。实际在军队中工作的时间总共只有两年半左右，其中最长的工作时间为一年零十天（当中还请了两个月的假）。其次是五个月，多数是一个月左右。最短的只停留了四天便又走了。一次次的辞职、挽留、复出，都一次次地提高了蒋介石在军队中的地位，增加了孙中山对他的信任和重用。"（《蒋介石生平》，吉林人民出版社1987年版，第37页）

［24］宋平：《蒋介石生平》，古林人民出版社1987年版，第75页。

［25］《双清文集》上卷，人民出版社1985年版，第616页。

［26］《双清文集》上卷，人民出版社1985年版，第624页。

［27］《双清文集》上卷，人民出版社1985年版，第633页。

［29］张国焘：《我的回忆》，《双清文集》下卷，人民出版社1985年版。

［30］《孙中山全集》第10卷，中华书局1986年版，第159页。

［31］《孙中山全集》第10卷，中华书局1986年版，第374～375页。

［32］《孙中山全集》第10卷，中华书局1986年版，第292页。

［33］《黄埔军校史料（1924—1927）》，广东人民出版社1985年版，第130～131页。

［34］《作事必须有恒心》（1924年5月15日），《双清文集》上卷，人民出版社1985年版，第642页。

［35］《对黄埔军校第三期入伍生的演说》（1925年3月下旬），《双清文集》上卷，人民出版社1985年版，第749页。

[36]《作事必须有恒心》(1924年5月15日)、《革命党应有的精神》(1924年6月24日),《双清文集》上卷,人民出版社1985年版,第643、653~654页。

[37]《对黄埔军校第三期入伍生的演说》(1925年3月下旬),《双清文集》上卷,人民出版社1985年版,第750页。

[38]《在黄埔军校的政治演说》(1925年1月10日),《双清文集》上卷,人民出版社1985年版,第735页。

[39]《救国的三要件》(1924年5月11日),《双清文集》上卷,人民出版社1985年版,第641页。

[40]《改组国民党的前后回忆》(1941年6月),《双清文集》下卷,人民出版社1985年版,第367页。

[41]张治中:《黄埔精神与国民革命》,《黄埔军校史料(1924—1927)》,广东人民出版社1985年版,第67~68页。

[42]蒋超雄:《我在黄埔军校学习的回忆》,《黄埔军校回忆录专辑》,广东人民出版社1982年版,第43页。

[43]《包惠僧回忆录》,人民出版社1983年版,第150~151页;覃异之:《黄埔建军》,《文史资料选辑》第2辑,中国文史出版社1986年版。

[44]陈适等:《孙中山黄埔建军纪要》,《黄埔军校回忆录专辑》,广东人民出版社1982年版,第8页;(苏)切列潘诺夫:《中国国民革命军的北伐》,中国社会科学出版社1981年版,第110页。

[45]覃异之:《黄埔建军》,《文史资料选辑》第2辑,中国文史出版社1986年版;《包惠僧回忆录》,人民出版社1983年版,第213~232页。

[46]黄伟斌:《从黄埔军校到参加广州起义的回忆》,《黄埔军校回忆录专辑》,广东人民出版社1982年版,第118页。曾,即镇压太平天国的刽子手曾国藩。胡,即镇压太平天国的刽子手胡林翼。

[47]《包惠僧回忆录》,人民出版社1983年版,第232页。

[48]李奇中:《黄埔精神永存》,《黄埔军校回忆录专辑》,广东人民出版社1982年版,第59~60页。

[49](苏)切列潘诺夫:《中国国民革命军的北伐》,中国社会科学出版社1981年版,第109~110页。

[50]《黄埔军校史料(1924—1927)》,广东人民出版社1985年版,第123~124页。

[51]《包惠僧回忆录》，人民出版社1983年版，第151～152页。

[52] 王逸常：《周恩来同志在黄埔军校》，《长江日报》1980年1月6日。

[53] 杨其纲：《本校之概况》，《黄埔军校史料（1924—1927）》，广东人民出版社1985年版，第86、89页。

[54]《黄埔军校史料（1924—1927）》，广东人民出版社1985年版，第143～161页。

[55]（苏）切列潘诺夫：《中国国民革命军的北伐》，中国社会科学出版社1981年版，第110～113页。

[56]《学生当耐受军事训练》（1924年6月28日），《双清文集》上卷，人民出版社1985年版，第657～660页。

[57] 据《黄埔同学总手册》，第一期毕业生645人，第二期毕业生449人，第三期毕业生1 233人，第四期毕业生2 654人。[《黄埔军校史料（1924—1927）》，广东人民出版社1985年版，第93页]

[58] 杨其纲：《本校之概况》，《黄埔军校史料（1924—1927）》，广东人民出版社1985年版，第92页。

[59]《恽代英文集》下卷，人民出版社1984年版，第830页。

[60]《孙中山全集》第10卷，中华书局1986年版，第565页。

[61]《孙中山全集》第11卷，中华书局1986年版，第170页。

[62]《孙中山全集》第11卷，中华书局1986年版，第304页。

[63]《黄埔军校史料（1924—1927）》，广东人民出版社1985年版，第95、99页。

[64]《和英国记者贝特兰的谈话》（1937年10月25日），《毛泽东选集》第2卷，人民出版社1952年版，第370页。

[65]（苏）切列潘诺夫：《中国国民革命军的北伐》，中国社会科学出版社1981年版，第162页。

[66]（苏）切列潘诺夫：《中国国民革命军的北伐》，中国社会科学出版社1981年版，第121页。

[67][79] 蒋先云：《由前敌归来》，《黄埔军校史料（1924—1927）》，广东人民出版社1985年版，第260页。

[68] 蒋超雄：《我在黄埔军校学习的回忆》，《黄埔军校回忆录专辑》，广东人民出版社1982年版，第41页。

[69] 1924年8月21日广州《民国日报》。

[70] 郭一予：《我对黄埔军校的片断回忆》，《黄埔军校回忆录专辑》，广东人民出版社1982年版，第80页。

[71]《中国革命与苏联顾问（1920—1935）》，中国社会科学出版社1981年版，第42页。

[72] 广东省档案馆所藏粤海关档案《各项时事传闻录》，1924年11月8日。

[73] 1924年11月29日《民国日报》。

[74]（苏）切列潘诺夫：《中国国民革命军的北伐》，中国社会科学出版社1981年版，第149页。

[75] 1924年12月24日，廖仲恺、胡汉民、加伦3人小组会议决定成立东征军军事委员会，由廖仲恺、胡汉民、许崇智、蒋介石、杨希闵和加伦组成。

[76]（苏）切列潘诺夫：《中国国民革命军的北伐》，中国社会科学出版社1981年版，第156页。

[77]（苏）卡尔图诺娃：《加伦在中国（1924—1927）》，中国社会科学出版社1983年版，第121页。

[78] 1925年2月14日《民国日报》。

[80]《黄埔军校史料（1924—1927）》，广东人民出版社1985年版，第242～248页；（苏）切列潘诺夫：《中国国民革命军的北伐》，中国社会科学出版社1981年版，第189页。

[81]（苏）切列潘诺夫：《中国国民革命军的北伐》，中国社会科学出版社1981年版，第189页；蒋先云：《由前敌归来》，《黄埔军校史料（1924—1927）》，广东人民出版社1985年版，第261页。

[82]《黄埔军校史料（1924—1927）》，广东人民出版社1985年版，第246页。

[83]（苏）切列潘诺夫：《中国国民革命军的北伐》，中国社会科学出版社1981年版，第165、167页。

[84]（苏）切列潘诺夫：《中国国民革命军的北伐》，中国社会科学出版社1981年版，第175页。

[85] 李奇中：《统一广东革命根据地的战争》，《文史资料选辑》第2辑，中国文史出版社1986年版。

[86][89] 蒋先云：《由前敌归来》，《黄埔军校史料（1924—1927）》，广东人民出版社1985年版，第261页。

[87]（苏）切列潘诺夫：《中国国民革命军的北伐》，中国社会科学出版社 1981 年版，第 175～177 页。

[88] 宋思一：《黄埔军校成立的前后》，《黄埔军校回忆录专辑》，广东人民出版社 1982 年版，第 100 页；蒋先云：《由前敌归来》，《黄埔军校史料（1924—1927）》，广东人民出版社 1985 年版，第 261 页。

[90]（苏）切列潘诺夫：《中国国民革命军的北伐》，中国社会科学出版社 1981 年版，第 178 页。《本部东征日记》二月十五日："接前敌确报：今早八时攻进淡水城，毙敌旅长一名，俘虏千余名，缴械二千支，夺获军用品无算。"［《黄埔军校史料（1924—1927）》，广东人民出版社 1985 年版，第 252 页］

[91] 王逸常：《回忆周恩来同志大革命时期在广东的革命活动》，《黄埔军校回忆录专辑》，广东人民出版社 1982 年版，第 28 页。

[92]（苏）切列潘诺夫：《中国国民革命军的北伐》，中国社会科学出版社 1981 年版，第 178～183 页；李奇中：《统一广东革命根据地的战争》，《文史资料选辑》第 2 辑，中国文史出版社 1986 年版；《黄埔精神永存》，《黄埔军校回忆录专辑》，广东人民出版社 1982 年版，第 63～64 页；《本部东征日记》，《黄埔军校史料（1924—1927）》，广东人民出版社 1985 年版，第 252 页。

[93] 宋思一：《黄埔军校成立的前后》，《黄埔军校回忆录专辑》，广东人民出版社 1982 年版，第 100 页；《黄埔军校史料（1924—1927）》，广东人民出版社 1985 年版，第 170 页。

[94] 陈训正：《第一次东征》。

[95] 李奇中：《统一广东革命根据地的战争》，《文史资料选辑》第 2 辑，中国文史出版社 1986 年版。洪兆麟的战法特点是"三冲"。所谓"三冲"，就是连续举行三次以密集队伍猛烈冲锋把对方冲垮，伤亡多少，在所不顾。黄埔革命军认为只要采取对策，站稳阵脚，打退敌人的冲锋，就可以取胜。

[96] [103] 秋人：《广州的青年革命军》。

[97]（苏）切列潘诺夫：《中国国民革命军的北伐》，中国社会科学出版社 1981 年版，第 221 页。

[98]《在香港对〈中国新闻报〉记者的谈话》（1925 年 3 月 18 日），《双清文集》上卷，人民出版社 1985 年版，第 746 页。

[99] [101]《广东农民运动报告》（1926 年 6 月），《广东农民运动资料选编》，人

民出版社 1986 年版，第 58 页。

[100]《广东第二次全省农民代表大会之经过》(1926 年 10 月)，《广东区党、团研究史料 (1921—1926)》，广东人民出版社 1983 年版，第 328 页。

[102]《孙中山全集》第 11 卷，中华书局 1986 年版，第 631 页。

[104]《在香港对〈中国新闻报〉记者的谈话》(1925 年 3 月 18 日)，《双清文集》上卷，人民出版社 1985 年版，第 744 页。

[105] 李奇中:《统一广东革命根据地的战争》，《文史资料选辑》第 2 辑，中国文史出版社 1986 年版。《黄埔精神永存》，《黄埔军校回忆录专辑》，广东人民出版社 1982 年版，第 64 ~ 65 页;《双清文集》上卷，人民出版社 1985 年版，第 745 页；(苏) 切列潘诺夫:《中国国民革命军的北伐》，中国社会科学出版社 1981 年版，第 196 ~ 209 页。

[106]《双清文集》上卷，人民出版社 1985 年版，第 743 页。

[107]《加伦将军对教导团全体官兵演说》(1925 年 3 月 16 日)，《黄埔军校史料 (1924—1927)》，广东人民出版社 1985 年版，第 162 页。

[108] (苏) 切列潘诺夫:《中国国民革命军的北伐》，中国社会科学出版社 1981 年版，第 208 页。

[109] 李奇中:《统一广东革命根据地的战争》，《文史资料选辑》第 2 辑，中国文史出版社 1986 年版。

[110]《本部东征日记》，《黄埔军校史料 (1924—1927)》，广东人民出版社 1985 年版，第 255 页。

[111] (苏) 切列潘诺夫:《中国国民革命军的北伐》，中国社会科学出版社 1981 年版，第 211 ~ 218 页;《本部东征日记》，《黄埔军校史料 (1924—1927)》，广东人民出版社 1985 年版，第 256 页。

[112]《黄埔潮》第 5 期。

[113] 张适南:《滇桂军杨希闵、刘震寰两部入粤之经过》，《中国国民党"一大"史料专辑》，广东人民出版社 1984 年版，第 238 页;《陆军军官学校讨逆布告》，《黄埔军校史料 (1924—1927)》，广东人民出版社 1985 年版，第 266 页。

[114] (苏) 切列潘诺夫:《中国国民革命军的北伐》，中国社会科学出版社 1981 年版，第 211 ~ 218 页、239 ~ 240 页;《形势严重下之广州革命政府》，《向导》第 118 期。

[115] (苏) 切列潘诺夫:《中国国民革命军的北伐》，中国社会科学出版社 1981 年版，第 221、223 页。

[116]《平定杨刘作战计划》，《黄埔军校史料（1924—1927）》，广东人民出版社1985年版，第263～266页；（苏）切列潘诺夫：《中国国民革命军的北伐》，中国社会科学出版社1981年版，第225～229页；邓演存等：《略记孙中山先生“以俄为师”的决策及苏联顾问在广东的工作》，《中国国民党“一大”史料专辑》，广东人民出版社1984年版，第114页。

[117]（苏）切列潘诺夫：《中国国民革命军的北伐》，中国社会科学出版社1981年版，第241、243、252页。

[118]（苏）切列潘诺夫：《中国国民革命军的北伐》，中国社会科学出版社1981年版，第252～254页。

[119]（苏）切列潘诺夫：《中国国民革命军的北伐》，中国社会科学出版社1981年版，第255～256页；《革命军光复广州详情》，《黄埔军校史料（1924—1927）》，广东人民出版社1985年版，第268～272页；李奇中：《统一广东革命根据地的战争》，《文史资料选辑》第2辑，中国文史出版社1986年版；黄伟斌：《从黄埔军校到参加广州起义的回忆》，《黄埔军校回忆录专辑》，广东人民出版社1982年版，第122～123页；张适南：《滇桂军杨希闵、刘震寰两部入粤之经过》，《中国国民党“一大”史料专辑》，广东人民出版社1984年版，第240～241页。

[120]《在陆军军官学校开学典礼的演说》（1924年6月16日），《孙中山全集》第10卷，中华书局1986年版，第296页。

第九章 平定广州商团叛乱

广州商团是反革命武装组织

广东，自鸦片战争以来，一直是英国的势力范围，“差不多什么都受英国的支配”[1]。

革命势力在广东的发展，“锋芒必然朝向英帝国主义，也就必然侵犯依赖英帝国主义为生的广东买办资产阶级”[2]。

英帝国主义者为了扑灭广东的革命运动，保住自己的势力范围，暗中操纵两股反动势力，内外夹攻广州革命政府。在香港，他们暗输军械给陈炯明，鼓动他寻找机会从外部反攻广州；在广州，他们利用买办资产阶级组织商团军，煽动他们从内部颠覆广州革命政府。英帝国主义者煽动广州商团团长陈廉伯说：“如果你能够运动商团反对政府，我们英国便帮助你组织商人政府，你陈廉伯就是中国的华盛顿。”[3]周恩来曾尖锐地指出：“援助陈炯明援助买办阶级和商团以建设他指挥下的商人政府，这是香港政府得意之笔。”[4]

陈廉伯是广东省南海县（今佛山市南海区）西樵简村人，清末毕业于香港皇仁书院，后加入英籍。他的祖父陈启沅，1872 年在家乡创办了中国第一家民族资本主义近代工业——继昌隆缫丝厂。陈廉伯凭着祖父的余荫，16 岁便到“英帝国主义在华最有势力的机构”——汇丰银行广州支行工作。不久便当上了这家银行的买办。

当了买办后，他大兴土林，广辟园林，建英国式大厦于广州西关，过着荒淫无耻的生活。

“子系中山狼，得志便猖狂。”正是陈廉伯的写照。

趁清末民初政局频频变动的时机，陈廉伯四处活动，主办由汇丰银行给官僚代管产业、契据、黄金、白银的业务，使汇丰银行赚了大钱，得到英帝国主义者的赏识，他从此也打开了进入中国官场的大门。

民国初年，陈廉伯和陈炯明搭上了关系，互相称宗道族。他摸清陈炯明平日好装俭朴，也就投其所好，宴请陈炯明，每席菜金不过十元。

欺世盗名，博取声誉，又是陈廉伯的拿手好戏。他略施财物，钻进广东赈济会之类的慈善团体，捐些钱粮，倡办广东粮食救济总会，由此当上了救济总会的总理。

在龙济光专政广东时，陈廉伯又替袁世凯、龙济光卖力，捞了个袁世凯颁发的二等嘉禾章。过后，桂系军阀盘踞广州，陈廉伯又以宗族关系搭上了陈炳焜，成了督军署的座上客，当上了广州商团团长。从此，他的名声日大，赫然与省长齐名。

1922年，港商陈席儒一度当了广东省省长。这件事，招惹得陈廉伯馋涎欲滴，更激发起他的野心，以为只要有钱有势，便可以执掌政权。英帝国主义者也看中了这只鹰犬，煽动他放胆和广州革命政府对抗，建立“商人政府”[5]。

广州商团，成立于1912年。参加的人大都是资本家、商店老板、少东或高级职员。开始的宗旨，不过是“防御内匪，保全生命财产，维持公安”，而对“其他事项，概不干预”。就是捉到小偷、劫匪，也只是扭送到公安局处理。在“广州历次变乱”中，“商团总是守中立”[6]。

陈廉伯于1919年当上广州商团团长后，商团的性质逐渐起了变化。1923年，广州商团“向加拿大购买步枪千数百支，由北洋军阀曹锟、吴佩孚窃踞大权下的北京陆军部发给入口护照，海关又为英人所把持，上下一气”[7]。到了广州商团叛乱前夕，广州商团共有十团，七八千人[8]，陈廉伯自任总团团长，他的党羽分别把持着各个分团。这样，广州商团就成了由陈廉伯控制的反革命武装组织。

竭力制造颠覆广州革命政府的反革命舆论，是陈廉伯一伙重要的一手。陈廉伯通过他的“军师”关楚璞，收买广州一些报刊发表文章反对政府，咒骂孙中山联俄是“引蛇入宅”，又说孙中山要“实行共产”，商人不能存在。[9]英帝国主义者也遥相呼应，在香港报刊大肆散布“国民党赤化”，“广州共产在即”的一类鬼话，“以图怂恿广东的买办阶级与地主，使之急速地法西蒂化”[10]。

单靠商团武装还不足以对抗政府军队，陈廉伯很明白这一点。他派遣亲信四出活动，“北通曹吴，东连陈炯明”[11]。陈炯明的亲信马育航“往返于香港汕头间，联络两陈勾结事宜”[12]。陈炯明的部下军人，“曾拟议有出兵进攻广州，与商团采取外攻内应的办法”。“有以刘焕为广东省长，陈廉伯为民政厅长兼广州市长，金章为财政厅长，如陈廉伯不赞成时，则以刘焕之省长缺与陈廉伯对调，并预出一个厅长位置，由陈廉伯支配等拟议”[13]。陈廉伯还勾结厕身革命营垒的滇军第二军军长范石生、第二师师长廖行超，讨贼第三军军长李福林，勾结“乡村中富豪鱼肉平民的所谓‘民团’”[14]，勾结各属商团。

当时，佛山商团近两千人，加上与佛山近郊莲华的四十六个乡联团，组成莲华佛山四十七个乡镇联团保卫局，大地主陈恭受任团长。陈廉伯认为佛山是广州外围，佛山商团不但本身力量强大，而且和四十六个乡团联防，可以与广州商团互为犄角，作为他叛乱的资本，因此对佛山商团特别倚重，和陈恭受结成了死党。[15]

利令智昏者总是过高地估计自己的力量。陈廉伯一伙做了这些准备后，自以为“大事”可以“成功”，便公开与广州革命政府对抗，准备发动叛乱了。“军师”关楚璞就曾经毫不掩饰地吹嘘过：“陈廉伯、陈恭受等早有计划的，一是有老番替他撑腰；一是陈恭受在佛山以山大王自居；再则广州有些驻军，早已联络陈炯明的队伍，也准备响应；他们认为暴动可以十拿九稳的成功。”[16]

从1924年5月开始，广州商团公开与广州革命政府对抗。

5月下旬，广州市政厅公布“统一马路两旁铺业权办法”。陈廉伯趁机唆使商人向广东革命政府“请愿”，反对抽收铺底捐，声言如果达不到目的，立即实行罢市。他唯恐天下不乱，乘机联络广州附近的商团和乡团，煽动罢市。“商团、乡团亦即纷纷向广州集中”，数达九十八团。[17]5月26日，广东省省长、广州市市长被迫分别布告，将“统一马路两旁铺业权办法”取消。翌日，陈廉伯擅自召开有一百零八埠商团代表三百余人参加的广东省商团代表大会，决定成立广东全省商团联防总部，8月13日举行成立“庆典”，陈廉伯任总长，邓介石、陈恭受为副总长；决定购置武装巡舰、筹设商团军制弹厂、设立军事参议处。联防总部是“广东全省商团最高命令统率机关”，“此后救粤责任由商团负起”，总长有代表联防总部“对内对外处置一切”之权，要“以平民武力革除不良政府”。各商团对于联防总部，须用“呈文”，而联防总部对于各商团，则用“命令”。这样，联防总部实际上成了“军司令部”[18]。

陈廉伯当上了联防总部总长，“欲步意国墨素连呢之后尘；期于八月十四日起事，推翻政府，自为督军”[19]。

为了购买大批军火，充实广州商团军装备，陈廉伯以广州商团名义向广州市商号借款二百万元[20]；以广东全省商团联防总部海外部名义“印了很多宣传品劝导海外同胞加入商团”，内容有捐一万元以上者为永远名誉总团董，并发金质证章，悬相片留念，等等。[21]

陈廉伯以广州商团的名义，由汇丰银行拨款，向香港南利洋行订购步枪、驳壳手枪、大小手枪九千八百四十一支，各种子弹三百三十七万四千二百发，计划由悬挂挪威旗的丹麦商船“哈佛”号潜运广州。

“哈佛”号抵达印度哥林波港的时候，因为这批军火没有领取护照，违反了国际惯例，被印度海关扣留。香港当局向印度当局疏通，才给放行。

孙中山得密报后，马上“令杨希闵、刘震寰等预为防范，而杨、刘均与陈廉伯另有关系，别具险心，奉令而不照行”[22]。孙中山又吩咐蒋介石：“注意来往商船及一切船只，查缉军火的私运。”[23]

8月8日，“哈佛”号驶抵虎门。翌日，又偷偷进泊白鹅潭。

9日晚，孙中山致函廖仲恺、汪精卫、胡汉民、蒋介石：“截缉挪威商船私运军械事，今晚着邓彦华率同‘江固’舰来长洲之后，更约英国兵船来黄埔协助。如遇有事，可协商共同一致行动可也。”[24]

参加工团军的理发工人发现了私运军火的商船，立即报告谭平山，由他转告廖仲恺。

廖仲恺于6月12日接替杨庶堪再次出任广东省省长[25]后，为争取广州商团与政府合作而努力。29日上午，驻防广州的各支武装部队，在广州北较场举行大会操。廖仲恺出席检阅，并代表孙中山发表演说：“现欲达到本党的三民主义，使国基巩固，民生乐利，全国得享革命成功后之幸福，固须由全国人民奋起协助，但仍要穿军服者本其本领与人民合作，方能迅速收其效果。”“将来结果之良否，当视乎军队之能否努力革命，及警察、商团之能否捍卫地方为断。”[26]廖仲恺还走访陈廉伯，劝告他与政府合作。陈廉伯利令智昏，坚决拒绝。[27]因此，廖仲恺知道陈廉伯有野心。他得悉私运军械的商船抵白鹅潭的消息，立刻报告孙中山，并主张扣留商团私运枪械。

孙中山赞同廖仲恺的主张，当即命令“永丰”“江固”两舰将“哈佛”号押至黄埔，将这批军火封存在黄埔军校，同时指示廖仲恺发布扣械布告：“现据粤海关监督署报告，挪威商轮运有枪械九千余杆，子弹甚伙，到省请核示办法等情。查枪、弹为违禁物品，照章必须呈准领照，方得购运，本署查无核准购运此项大宗枪、弹之案。嗣查军政部于本月四日，曾准商团领照购枪。惟原案声明四十日后运到，现距四号，计仅六日，时日不符，究竟该挪威商轮所运枪、弹，与商团所购是一是二，自非详晰查明，不足以昭慎重。现奉帅令，除饬由海关扣留，一面查明此外有无他种危险物品运载到省外，并饬该挪威商轮，移泊黄埔，听候查明核办。如实系安分商人，购为自卫之用，自必验明核发。现值军事时期，枪、弹关系治安甚重。此项处置，实为维持全省治安起见，合行出示布告，俾众周知。”[28]

扣械事件成了广州商团叛乱的导火线。

扣械潮

扣械事件打得陈廉伯措手不及。他慌忙召开紧急会议，企图胁迫政府发还军火：“如政府不恤违法，悍然扣留，激动公愤，则其对待办法，当尽其力之所能至，以保存其自卫之用具。”这还不够，陈廉伯、邓介石、李颂韶还虚张声势地宣布辞去广州商团正、副团长的职务，声言“自八月十一日起，所有粤商团一切行动，鄙人等决不负责”，以此作为“损毁政府威信的第一步工作”[29]。

廖仲恺不理睬这一套。他奉孙中山命令，又发布扣留商团私运枪械布告，揭露陈廉伯“私运大帮军械进口”的“黑幕”，声明政府扣械查究的“七项理由”，要求“各商民务宜安分营业，静候查明处置，万勿受人煽惑，自生纷扰”。事后，香港《华字日报》编辑说：“以内幕言，廖……为主张扣械最力之人；以公事言，则省长衙门为奉命办理扣械之主要机关。”[30]

陈廉伯一伙又逼进一步，派遣商团代表八人和商团军一千多人[31]，穿起军服，整队到大本营“请愿”，要求发还枪支，“若是不发还枪枝，第二日便罢市”[32]。

扣械事件发生前，孙中山还以为陈廉伯是“没有什么野心”“安分的商人”[33]，以为广州商团是自卫性质的“人民的机关”[34]。扣留了“哈佛”号运来的军火，他派人调查，才知道这船军火是广州商团偷运进来的。不错，在“哈佛”号进入广州前五天，即8月4日，陈廉伯是曾经以广州商团的名义，向军政部领取了一张购买自卫武器的护照。不过，陈廉伯领取这张护照的时候，声明是在四十天之后才生效。陈廉伯之所以这样声明，就是他对“哈佛”号偷运军火，以为有十分的把握。他领取的护照，是预备第二批军火到达的时候才用的。孙中山又查知“有几个英国人不喜欢国民党，不愿意国民党政府的发展”，煽动陈廉伯反对国民党政府，另立“商人政府”，陈廉伯受了英国人的鼓动，野心勃勃，正准备大动干戈。[35]而且，还查知陈廉伯密商李福林代任起卸，许以二百枪驳壳枪作为酬劳。李福林没有答应，“乃转而密请于滇军”，用“宝璧”兵舰起卸。[36]

孙中山这才如梦初醒，大吃一惊。他接见前来“请愿”的商团代表，说明政府扣留商团枪械的原因，劝告商团代表应当谨慎，不可受人煽动，上人家的当，并表示政府的态度：“这件疑案，经政府查明之后，如果知道你们不是要利用这些枪来打政府，政府一定把枪交还你们。如果知道你们利用这些枪枝来打政府，那么，政府为自卫计，便不能把枪枝交还你们，只有和你们决一场胜负了。”“如果不等政府查明，现在便去罢市，那便是居心要反对政府，政府便不能随便了事。”[37]

广州商团无视广东省省长廖仲恺发布的禁止成立商团联防总部的命令和布告[38]，8月13日举行联防总部成立“庆典”，四处张贴“广东全省商团军联防总部成立，于13日就职”布告，第九分团在牌楼门前张贴反动对联：“联团为自治机关，拯众生于火热水深，责无旁贷；武装即和平保障，举全粤之妖气毒雾，一扫而空。”[39]8月18日，陈廉伯一伙煽动广州银钱业罢市，拒收中央银行[40]纸币。

8月19日，孙中山派林直勉、连声海、邓彦华三人为政府代表，携他的亲笔信到商团总所接洽，并派邓彦华为常驻商团总所委员，协助整顿商团内部。孙中山在信中劝告广州商团不要附和叛逆：“陈廉伯所私运之军火，其一部分为诸君集资而购者，政府已可承认，行当令省长按照民团条例，交给诸君，故对于诸君之枪枝问题，已可作为解决矣。”“近日由商团本体及各方面发现出陈廉伯有极大阴谋，欲藉商团之力，以倾覆政府……政府宽大为怀，不忍株连，故除廉伯一人外，分作两层办法：其一，其知情而悔悟者，能自行检举，政府当宥其既往，不事深究。其二，尚有执迷不悟，仍欲图谋不轨者，则责成诸君自行指出，送交政府惩办。”“望诸君切实协助政府，淘汰商团内奸，使商团与政府能联成一气，捍卫乡邦，剪除残暴。”[41]

陈廉伯一伙野心不死，为了达到卑鄙的目的，不择手段。8月20日，商团联防总部移至佛山，渐次集中全省商团军，以实行“公夫公妻主义”等谰言，诬诋革命政府，准备发动叛乱。24日，广州商团以广东商团全体团军名义致电大本营、内政部部长、军政部部长、广东省省长、滇湘桂粤豫军各总司令，宣称“此项团械，政府一日不发还，即全省商民一日不得安居乐业，正不独职团团军为然也”。并威胁说：“全省商团，众情汹汹，万一激成意外，固非职团之力所能制止，亦恐政府乏术，以善其后，千钧一发，利害所关，势难再事缄默。”[42]从21日开始，商团联防总部煽动广东各地举行大罢市。至25日，广东各地罢市一百多次。商团联防总部通电各县商团，驱逐县长，宣布独立。

廖仲恺坚决主张严惩陈廉伯、陈恭受一伙，劝告广东各县商民“慎勿误信谣惑，致生乱阶”。

8月21日，他发出复旅沪粤商团体电：“现定团军先已缴价领有商团公所正式收据者，仍予承认，准其补价领枪，实已特示体恤。一般商人，均已恍然大悟。至陈廉伯谋为不轨，业查有确据。政府为维持治安计，在所必惩。正当商团，本系良善分子，亦已明白布告，断不牵涉。”[43]又在准许商团缴款领械布告中揭露陈廉伯的反革命行径：“陈廉伯鼓动风潮，不惜以全市商民生命资产为投北希荣之代价，谋乱有据，害马必除，政府复何顾惜。”“近日商团迭发诬诋政府之宣言，遍贴通衢，何异作乱。正当报纸，横遭掠弃，派报工人，又被截击，尤属横蛮无理。此种举动，必系有人煽惑，各商民良心具在，试思政府爱护商团，无微不至，苟非立心谋乱，何以破坏手段百出不穷。”[44]

22、23、24日，他三次致电广东各县商会商团：“陈廉伯包藏祸心，私运军火，幸早发觉，不致糜烂地方。殊廉伯野心不死，潜遣党羽，煽动各埠商民罢市，并纠匪抵抗。陈恭受自称攻城总司令，又以实行‘公夫公妻主义’等谰言，诬诋政府。复声言陈廉伯助款百万，推倒现政府，自充省长。似此逆迹昭著，实属罪不容诛。”“各商会商团，大义深明，断不为其摇惑。仍望联络地方军警，共除败类，力保公安。”[45]

22、23 日，他两次发布布告，劝告商民不要误信陈廉伯、陈恭受散布的谣言，停业罢市，“徒供两陈之牺牲”[46]。

23 日，他发出通缉陈廉伯、陈恭受电，“务将陈廉伯、陈恭受拿获归案究办”[47]。

24 日，他在广州市民大会上揭露陈廉伯私运军火的罪状，指出陈廉伯一伙“与政府捣蛋之法在罢市，而政府对待之法，亦在打消罢市”；号召大家开展“大宣传运动”，“使全市商民不听商团指挥”[48]。

广州商团派人“四出运动罢市”，“胁迫罢市”[49]。8 月 25 日，广州“第一次大罢市实现”。廖仲恺为保持省城治安计，实行全市戒严。他命令广州商团副团长“速劝谕停业商店，大开门户，照常贸易”[50]。他与广州卫戍总司令杨希闵联衔布告，命令“所有本市大小商店，限二十七日午前八时以前，一律大开门户，照常贸易。渝（逾）限仍不遵办，即属甘受运动，扰乱治安”，将“置于军事处分之下”[51]。他发布布告，表彰拒绝罢市商民，并饬“公安局加派干员，切实梭巡，保护至周，不虞骚扰”[52]。

26 日，孙中山在大本营向广州各社团调停代表表示自己对广州商团实行大罢市的态度：“罢市之事突然发生，经再三劝告亦不复业，是明明与政府对抗。目下枪械一支亦难先发还，须明日开市始有商量之余地。倘仍恃顽弗恤，我当遣派大队军队折毁西关街闸，强制商店开市。如有一泥一石伤及军队，我即开炮轰击西关，立使之变成墨粉。我言出必行，勿谓言之不预也。”[53]

可是，“劝者自劝，罢者自罢”。27 日中午，鉴于罢市继续，形势紧张，廖仲恺在省署召集紧急会议，讨论军事处置办法。[54]当日，他发出开市令和布告，令商民“立即开市复业，毋负大元帅爱护商民之厚意”。“如罢市商店，仍复执迷不悟，闭门停业，则军事处置，断不容缓。附乱商店，必难幸免，本省长亦断难为若辈保护矣。”[55]

28 日下午，广州公安局逮捕了散发反动传单的广州商团第九分团中队长邹竞先，从他“身上搜出军队驻扎住址及驻兵人数手册一本，又在其鞋底搜出陈廉伯告商团团友传单一纸……劝商团抵抗政府”。廖仲恺认为邹竞先“在戒严区域内调查军队驻址及驻军人数，显系逆党受人运动，希图扰乱，实属罪无可赦”，立即命令公安局将邹竞先枪决。广州商团竟策划派武装和巡逻车，在惠爱西路劫走邹竞先。这个阴谋让政府获悉，提前枪决了邹竞先。广州商团又大做文章，召开“追悼大会”，邓介石在会上叫嚷：“邹竞先为国而死，为商人利益而死，设使商人屈服，献械倾家，亦不能满足孙文野心，为着阻止实行共产，商人如不猛省，以后无立足生存之地，亡团即亡家亡省。”[56]

此刻，英帝国主义者也按捺不住了，从幕后跳到前台，公开支持广州商团。

领事团派人气势汹汹质问广东省省长廖仲恺：“是否政府要开炮轰击商民，果有此事，外国决不能袖手旁观，当以实力制止。”[57]

果然，九艘英舰集中白鹅潭，脱去炮衣，炮口对准中国军舰和大元帅府。

英国驻广州总领事干脆向大元帅府发出“哀的美敦书”：“奉香港海军司令之令，如果中国当局向城内开火，则所有可动用的英国海军部队将立即采取行动来对付他们。”[58]

广州革命政府与广州商团的矛盾是这样的尖锐，“想藉此与商人接近，见好商人，然后从中剥夺”[59]的滇军军长范石生、师长廖行超，自恃军权在握，决定出面“调停”了。8 月 29 日下午，他们与广州商团代表签订了“调停”条件：一、陈廉伯、陈恭受通电拥护大元帅，服从政府，然后政府即下取消通缉令并发还财产。二、范石生、廖行超担任照军政部所发护照所载枪械数目完全发还。三、广州商团联防改组，应受省长节制，其细则则于 7 日内公布。但呈请立案，有不完备被驳之点，由范石生、廖行超出面主持公道，要求立案。四、各商店一律于 29 日复业，军队于商店复业后立即解严。其在扣械风潮发生后回省军队，一律请帅令各回原防。五、广州商团报效军费五十万元，于领械时缴纳。六、广州商团联防改组完毕后，由范石生、廖行超担任全部枪械点交商团总所。

范石生、廖行超心怀鬼胎，生怕孙中山和国民党左派不肯接受这六项“调停”条件，便对革命政府和广大民众大肆威吓一番：“市面危机四伏，险象环生，万一变故发生，全局皆坏，所谓小不忍则乱大谋，在此两三日内，无论如何，必要解决，否则我撒手不理，将全军调回，竭力保护市内治安，无论何方部队，如有骚扰商场，糜烂地方，我当派队迎头痛击”[60]。

实际上，这是“以五十万将中山卖了”[61]。

廖仲恺坚决反对，禁止各报登载“调停”条件[62]；致函廖行超，指出对于“殊属刁顽已极”的广州商团罢市，“若不制止，必至酿成大祸。似此今日之事，不能不以快刀断麻之法处之，否则滋蔓难图矣”[63]。可惜的是，当时的广东革命政府受滇、桂军阀和国民党右派挟持，作为广东省省长的廖仲恺“救时有心，回天无力”[64]，只得向孙中山辞职。9 月 12 日，孙中山批准廖仲恺辞职，改由胡汉民接任。

以胡汉民为代表的国民党中派，对广州商团事件主张“犹夷妥协，居中取巧”[65]。他们提出“最好暂时瞒住真消息，与商团之最接近政府者联络，再设法使商团‘就范’改组，使实际上得着同样的结果，而表面上不露痕迹”[66]。

这个“暗渡陈仓”的方法，实际上是行不通的。它“无异间接做了反革命与帝国主义的工具而引起群众深深愤激的反感”[67]。孙中山越是意识到自己被范石生、廖行超以五十万出卖了，越是“气愤不过”，而中派却“竭力怂恿他忍气吞声地接受范、廖等私定和约”。

此刻的孙中山“虽非心愿，亦无可如何”，只得“答应”下来。[68]

平定广州商团叛乱

国民党右派范石生、廖行超诸军阀“武装调停”，廉价拍卖革命政府；国民党中派用“暗渡陈仓”的方法，回避革命，结果是助长了广州商团的反革命气焰。

陈廉伯之流“看见政府一步让一步，很容易欺负”，就“预备了在国庆日收回枪枝之后便造反”[69]。他们在佛山召集有广东全省一百三十八埠商团头目出席的会议，策划反革命武装叛乱。他们又纠集了两三千土匪，假充商团，筹组“中华靖国军”，陈廉伯充当“中华靖国军”军长。

10 月 10 日晨，李福林等赴黄埔，将长短枪四千支、子弹十二万四千五百五十二发运回广州长堤天字码头发还广州商团。[70]广州商团头目认为这是“商团已获第一步胜利”[71]，反革命气焰更加嚣张。他们领了枪械，不但不按照协定缴纳款项，而且借口所领到的枪械不及半数，竟然举行武装示威。下午 3 时，庆祝“双十”节的民众游行队伍路过太平南路，早有准备的商团军在楼上鸣枪为号，街上的商团军立即向游行队伍连放排枪，当场打死二十多人，受伤和被商团军拘捕的竟达数百人。工团军黄驹被枪杀了，还被他们毫无人性地开胸剖腹割阴囊。

这就是震惊中外的“双十惨案”。

广州商团军的“得手”，使他们更加横行无忌。他们占据西关一带，把全市商团的枪支集中起来，以太平桥、普济桥、白糖桥和西门口为重要据点，堆置沙包，撬起街石，筑成街头堡垒，架设天桥，用铁栅门封锁各街道，把广州俨然分成了两个部分：城内属于政府范围，西关属于商团范围。凡是商团范围的地方，都由商团发号施令。西关和城内，完全成了一个交战区域。[72]

他们还以西关为据点，步哨从西关一直伸展到东山区。在广州全城，遍贴了“驱逐孙文”“打倒孙文”的标语。

这时候，连英帝国主义者也以为广州商团胜利在握，大局已定。他们在香港英文报纸上狂叫：“广州的实在势力已经到了商团之手，政府没有力量行使职权，政府人员马上便要逃走。”[73]

对革命者来说，这是一个多么可悲的局势。

不错，国民党的中派以至右派，并不愿商人政府取代现在的广州当局。但他们在此险境下还在继续不断地奔走调停。不过，此刻广州商团根本拒绝调停，回答得也很干脆：“请你们站开，我们来。”[74]

广州商团的反革命面目暴露无遗了，国民党的中派、右派却又是如此软弱无力，这样下去，广州势必陷于一片火海之中。

广州民众义愤填膺，决不肯坐以待毙。

李福林企图折中一下矛盾。他以广东民团统率处处长名义广贴布告，把“双十惨案”说成“误会”，劝告工农团军与广州商团“互相谅解”，为广州商团开脱罪责。

广州民众对李福林的态度自然不满。广州商团也根本不买他的账，继续罢市，四处张贴布告：“本团派商团军巡街，如有不法之徒，扰乱治安，准予痛剿。”[75]而且决定“十五日拂晓开始行动，收复省署、公安局及各财政机关”[76]。

广东，大有是广州商团的天下之势了。

可悲的是，面对着广州商团的不断进攻，广州当局仍是一再退让，造成了“屠杀后四日中的广州状况，完全是商团和军阀横行的反动局势”[77]。

时至今日，结局是明摆着的：“一是政府塌台，一是商团解散，绝对没有妥协的余地。”[78]

敌人已经举起屠刀，时间已经刻不容缓。

以廖仲恺为代表的国民党左派、中国共产党人和广大工农群众在关键时刻挺身而出，决心做最后的死战。

“双十惨案”发生后，廖仲恺将广州商团叛乱的情况电告在韶关的孙中山。10 月 12 日，他与工团军团长施卜等到了韶关，请孙中山回省戡乱。[79]

在革命的紧要关头，孙中山接受了国民党左派、共产党人和广大民众的要求，觉悟到以往实行的“曲予优容”的政策，实际上是一种“自杀”的政策，“宁弃广州”这块“革命地盘”是一种错误的主张；[79]他“看出了这个姑息养奸的反动局势除进攻外无别道”[80]。

孙中山的态度明朗了。他下决心采取一系列紧急措施平定广州商团的叛乱。

孙中山获悉“双十惨案”的消息后，立即命令广东省省长、粤军总司令、广东民团统率处处长“严行查办”[81]，并将这个命令分电广州工人代表会、工团军、农民自卫军、警卫军等四十多个团体。[82]

10 月 11 日，孙中山组织革命委员会，自任会长，指派许崇智、蒋介石、汪精卫、廖仲恺、陈友仁、谭平山六人为委员；聘任鲍罗廷为顾问，“遏本会长缺席时得有表决权”[83]。

12 日，孙中山致电胡汉民：“刻仲恺到，并接电知省中已有非常之变。我以北伐重要，不能回省戡乱。请兄即宣布戒严，并将政府全权付托于革命委员会，以对付此非常之变，由之便宜行事以戡乱，则小丑不足平也。”[84]

14 日，孙中山下达手令：“兹为应付广州临时事变，未平定期内，所有黄埔陆军军官学校、飞机队、甲车队、工团军、农民自卫军、陆军讲武学校、滇军干部学校、兵工厂卫队、警卫军统归蒋中正指挥，以廖仲恺为监察，谭平山副之。”[85]

根据孙中山的战略部署，14 日，革命委员会免去李朗如广州市公安局局长职，由吴铁城继任；由广东省省长布告责成各军解散广州商团；派廖仲恺等向范石生、廖行超指出镇压广州商团的理由，说明由粤军负责解决广州商团叛乱，他们可守中立。

这时候的范石生、廖行超也害怕自己的地盘被广州商团夺去，“不能不暂时改变态度，与政府合作”[86]。

双方交战是不可避免的了，广州商团军剑拔弩张，凡是广东革命政府各个机关附近的当铺高楼，都埋伏着数十名商团兵，他们居高临下，不断向广东革命政府挑衅。

革命委员会命令各军按照计划，分路包围西关。

15 日凌晨，商团军首先向警卫军开枪。

第一枪打响了，革命派与反革命派的决战开始了。

4 时，革命委员会下达总攻击令，各军分路进攻，商团军凭借高楼和铁竹木栅顽抗，扫射政府军。政府军迫不得已，用炮火摧毁商团军据点，用消防车载煤油引火焚烧竹木栅，打开缺口，冲入西关，和商团军展开巷战。

虽说商团军平日身穿黄斜布军服、脚穿皮鞋、扎脚绑、头戴硬边军帽，肩上还斜挂着一条绣上“粤商团军”的黄色布带，加上驳壳、曲尺枪支随身携带，显得神气活现，威风十足，以致市民们给他们起了个“洋兵”的诨号。但就战斗力来说，他们毕竟是只纸老虎，表面上张牙舞爪，实则外强中干，虚弱得很。早在他们耀武扬威的时候，广州的市民就戳穿了“财主佬揸（拿）枪，睇（看）得唔（不）打得”的本质，给予他们一个“大光灯”的外号，讥诮他们是“外边声势威猛，里面实在无胆”。果然，那些平时不可一世的少爷兵，枪声一响，大半龟缩在家里，不敢出面。有的见四面火光，街闸冲破，马上抛弃枪支，除掉军服，躲在亲友家里，然后逃出市外。被雇佣的土匪、流氓一见情势不好，也溃散逃命。

眼看大势不好，陈廉伯一伙连忙给商团兵打气，胡吹东江陈炯明的援兵就要到了，白鹅潭的英国兵舰马上就要开炮打退政府军，只要多坚持几个小时，我们便可以胜利了。

可是，陈炯明集团内部矛盾重重，叶举手中只有数千疲惫不堪的士兵，自顾不暇，更不敢贸贸然去“救”商团军。正是孙中山的严正态度和国际舆论的谴责，英帝国主义者也不敢公然干预，他们的兵舰只得裹上炮衣，调转炮位。

反革命的商团军完全处于孤立无援、被动挨打的境地了。经过几个小时的战斗，商团军大部被歼，小部逃到市郊，也都被缴了械。

开战之际，何香凝率领救护队赴西关救伤，救出受伤人员三十多人，分送各医院治理。[87]

平定广州商团叛乱，“是朝着在广东建立巩固的革命根据地的目标迈出的重要一步”[88]。

注释：

［1］《星星之火，可以燎原》（1930 年 1 月 5 日），《毛泽东选集》第 1 卷，人民出版社 1952 年版，第 110 页。

［2］《关于一九二四至二六年党对国民党的关系》（1943 年春），《周恩来选集》上卷，人民出版社 1980 年版，第 113 页。

［3］《在神户欢迎会的演说》（1924 年 11 月 25 日），《孙中山全集》第 11 卷，中华书局 1986 年版，第 381 页。

［4］［59］［61］［80］周恩来：《最近二月广州政象之概观》，《向导》第 92 期。

［5］王昌、罗秉严：《陈廉伯其人与商团事变》，潘陆朋：《汇丰银行与陈廉伯操纵银业的活动》，植梓卿等：《工商界老人回忆商团事变》，《广州文史资料》第 7 辑；陈天杰：《我所知道陈廉伯的几件事》，《广州文史资料》第 10 辑；陈果：《广州商团叛变后的陈廉伯》，《广东文史资料》第 19 辑。

［6］《广东扣械潮》卷一，香港华字日报 1924 年版，第 73 页；《粤商商团议草》，1911 年 5 月 6 日《民立报》；《在广州商团及警察联欢会的演说》（1924 年 1 月 14 日），《孙中山全集》第 9 卷，中华书局 1986 年版，第 61 页。

［7］李朗如等：《一九二四年的广州商团事变见闻》，《文史资料选辑》第 15 辑，中国文史出版社 1986 年版。

［8］［27］《广东扣械潮》卷一，香港华字日报 1924 年版，第 4 页。

［9］［12］［20］植梓卿等：《工商界老人回忆商团事变》，《广州文史资料》第 7 辑。

［10］述之：《广东商团事变之根本原因及其对中国国民革命上所与之教训》，《向导》第 88 期。

［11］［66］巨缘：《帝国主义与反革命压迫下的孙中山政府》，《向导》第 85 期。

［13］林志钧：《商团事变知闻忆述》，《广州文史资料》第 7 辑。

［14］［77］双林：《孙中山辛亥革命后之第二功绩》，《向导》第 107 期。

［15］陈骏千、陈果：《佛山商团见闻》，《广东文史资料》第 19 辑。

［16］陆丹林：《记关楚璞的一段谈话》，《广州文史资料》第 8 辑。老番，指英帝国主义。

［17］《广州总罢市的解决与商团的联防》，《东方杂志》第 21 卷第 12 号。

［18］《广东扣械潮》卷一，香港华字日报 1924 年版，第 2 页；《广东扣械潮》卷四，香港华字日报 1924 年版，第 12、16 页；《双清文集》上卷，人民出版社 1985 年版，第 671 ~ 672 页；卫恭：《商团事变前后见闻杂记》，《广州文史资料》第 7 辑。

［19］《双清文集》上卷，人民出版社 1985 年版，第 681 ~ 682 页。墨素连呢，今译墨索里尼。

［21］文琛：《商团主要人物的言论及与康有为的关系》，《广州文史资料》第 7 辑；《广东扣械潮》卷一，香港华字日报 1924 年版，第 73 ~ 75 页。

［22］胡去非：《总理事略》，商务印书馆 1937 年版，第 292 页。

［23］《黄埔军校史料（1924—1927）》，广东人民出版社 1985 年版，第 241 页。

［24］《孙中山全集》第 10 卷，中华书局 1986 年版，第 507 ~ 508 页。

［25］1924 年 1 月 29 日，孙中山免去廖仲恺广东省省长职，特任他为大本营秘书长。6 月 12 日，孙中山准杨庶堪辞去广东省省长职，特任廖仲恺为广东省省长。（《孙中山全集》第 9 卷，中华书局 1986 年版，第 170 页；《孙中山全集》第 10 卷，中华书局 1986 年版，第 270 ~ 271 页）

［26］《双清文集》上卷，人民出版社 1985 年版，第 661 页。

［28］《扣留商团私运枪械布告》（1924 年 8 月 10 日），《双清文集》上卷，人民出版社 1985 年版，第 670 页。

［29］《广东扣械潮》卷一，香港华字日报 1924 年版，第 10 ~ 12 页；《广东扣械潮》卷四，香港华字日报 1924 年版，第 36 页；谭廷甫：《请求发还扣械代表的各种态度》，《广州文史资料》第 8 辑。

［30］《第二次扣留商团私运枪械布告》（1924 年 8 月 12 日），《双清文集》上卷，人民出版社 1985 年版，第 675 ~ 677 页；《广东扣械潮》卷一，香港华字日报 1924 年版，第 58 页。

［31］《在神户欢迎会的演说》（1924 年 11 月 25 日），《孙中山全集》第 11 卷，中华书局 1986 年版，第 382 页；（苏）切列潘诺夫：《中国国民革命军的北伐》，中国社会科学出版社 1981 年版，第 128 页。《广东扣械潮》卷一“事实”则说是两千余人。

［32］《孙中山全集》第 10 卷，中华书局 1986 年版，第 521 ~ 522 页；《孙中山全集》第 11 卷，中华书局 1986 年版，第 382 页。

［33］《孙中山全集》第 11 卷，中华书局 1986 年版，第 381 页。

［34］《在广州商团及警察联欢会的演说》（1924 年 1 月 14 日），《孙中山全集》第 9 卷，中华书局 1986 年版，第 61 页。

［35］《孙中山全集》第 11 卷，中华书局 1986 年版，第 381 ~ 382 页。

［36］《对广州商团代表的演说》（1924 年 8 月 12 日），《孙中山全集》第 10 卷，中华书局 1986 年版，第 522 页；《第二次扣留商团私运枪械布告》（1924 年 8 月 12 日），《双清文集》上卷，人民出版社 1985 年版，第 676 页。

[37]《对广州商团代表的演说》(1924 年 8 月 12 日),《孙中山全集》第 10 卷,中华书局 1986 年版,第 521 ~ 526 页。

[38]《双清文集》上卷,人民出版社 1985 年版,第 671 ~ 674 页。

[39] 卫恭:《商团事变前后见闻杂记》,《广州文史资料》第 7 辑;《广东扣械潮》卷四,香港华字日报 1924 年版,第 17 ~ 19 页。

[40] 广东革命政府于 1924 年 8 月 1 日设立中央银行。8 月 15 日,孙中山给广东省署的命令:"中央银行定于本月十五日始业。所有发行纸币,应饬征收各机关及布告各商民一体通用。"又饬纯用中央银行纸币令:"中央银行今日开始营业。所有省署辖属各机关之出纳,应严令纯用中央银行纸币。收支一切存款,应转存中央银行。倘有不遵,以违令论。"(《孙中山全集》第 10 卷,中华书局 1986 年版,第 544 页)

[41]《告广州商团书》(1924 年 8 月 19 日),《孙中山全集》第 10 卷,中华书局 1986 年版,第 550 ~ 551 页。

[42]《广东商团全体团军致大本营等电》(1924 年 8 月 24 日),《历史档案》1982 年第 1 期。

[43]《双清文集》上卷,人民出版社 1985 年版,第 678 页。

[44]《双清文集》上卷,人民出版社 1985 年版,第 689 ~ 690 页。

[45]《双清文集》上卷,人民出版社 1985 年版,第 679、685 ~ 686 页。

[46]《双清文集》上卷,人民出版社 1985 年版,第 680、683 ~ 684 页。

[47]《双清文集》上卷,人民出版社 1985 年版,第 681 ~ 682 页。

[48] [52]《广东扣械潮》卷一,香港华字日报 1924 年版,第 18 页。

[49]《双清文集》上卷,人民出版社 1985 年版,第 688、692 页。

[50]《双清文集》上卷,人民出版社 1985 年版,第 692 页。

[51]《双清文集》上卷,人民出版社 1985 年版,第 693 页。

[53]《孙中山全集》第 10 卷,中华书局 1986 年版,第 578 页。

[54]《广东扣械潮》卷一,香港华字日报 1924 年版,第 44 页。

[55]《双清文集》上卷,人民出版社 1985 年版,第 694 ~ 695 页。

[56]《枪决谋乱奸徒详情》,1924 年 8 月 30 日广州《民国日报》;植梓卿等:《工商界老人回忆商团事变》,文琛:《商团主要人物的言论及与康有为的关系》,《广州文史资料》第 7 辑;《广东扣械潮》卷一,香港华字日报 1924 年版,第 54 ~ 56 页;《广东扣械潮》卷四,香港华字日报 1924 年版,第 21 ~ 22 页。

［57］公侠：《帝国主义军阀买办右派共同宰割之下的广州革命政府》，《向导》第82期。

［58］《为广州商团事件对外宣言》（1924年9月1日），《孙中山全集》第11卷，中华书局1986年版，第1页。哀的美敦书，拉丁文的音译，即最后通牒。

［60］公侠：《帝国主义军阀买办右派共同宰割之下的广州革命政府》，《向导》第82期；《广东扣械潮》卷一，香港华字日报1924年版，第49～51页；《广东扣械潮》卷二，香港华字日报1924年版，第85页。

［62］《广东扣械潮》卷一，香港华字日报1924年版，第59页。

［63］《双清文集》上卷，人民出版社1985年版，第697页。

［64］《双清文集》上卷，人民出版社1985年版，第724页。

［65］［67］蔡和森：《警告国民党中派诸领袖》，《向导》第85期。

［68］公侠：《帝国主义军阀买办右派共同宰割之下的广州革命政府》，《向导》第82期；周恩来：《最近二月广州政象之概观》，《向导》第92期。

［69］《在神户欢迎会的演说》（1924年11月25日），《孙中山全集》第11卷，中华书局1986年版，第383页。

［70］（苏）切列潘诺夫：《中国国民革命军的北伐》，中国社会科学出版社1981年版，第129页；谭礼庭：《发还扣械的经过及其他》，《广州文史资料》第7辑；《广东扣械潮》卷一，香港华字日报1924年版，第81～82页。

［71］谭廷甫：《对〈发还扣械的经过及其他〉一文的质疑》，《广州文史资料》第8辑。

［72］《在神户欢迎会的演说》（1924年11月25日），《孙中山全集》第11卷，中华书局1986年版，第383～384页。

［73］《孙中山全集》第11卷，中华书局1986年版，第384页。

［74］［78］惠仙：《广州革命派与反革命派的大激战》，《向导》第89期。

［75］莫雄等：《广州商团叛变事件见闻》，《广东文史资料》第2辑。

［76］1924年10月21日香港《中国新闻报》。

［79］《复蒋中正电》（1924年10月9日）、《致胡汉民等电》（1924年10月10日），《孙中山全集》第11卷，中华书局1986年版，第146、167页。

［81］《蒋介石致孙中山密电》（1924年10月10日），《谭延闿致胡汉民密电》（1924年10月1日），《历史档案》1982年第1期。

［82］《致广州各公团电》（1924 年 10 月 11 日），《孙中山全集》第 11 卷，中华书局 1986 年版，第 170 ~ 171 页。

［83］《孙中山全集》第 11 卷，中华书局 1986 年版，第 172 页。

［84］《孙中山全集》第 11 卷，中华书局 1986 年版，第 175 页。

［85］《黄埔军校史料（1924—1927）》，广东人民出版社 1985 年版，第 239 页。

［86］惠仙：《广州革命派与反革命派的大激战》，《向导》第 89 期；莫雄等：《广州商团叛变事件见闻》，《广东文史资料》第 2 辑。

［87］《自传初稿》（1937 年上半年），《双清文集》下卷，人民出版社 1985 年版，第 200 页；《中央党部应付商团事件之经过》，1924 年 10 月 27 日广州《民国日报》。

［88］（苏）切列潘诺夫：《中国国民革命军的北伐》，中国社会科学出版社 1981 年版，第 132 页。

第十章　孙中山遗嘱的忠实见证人

北上

1924年10月23日，冯玉祥发动北京政变，囚禁了贿选总统曹锟，推翻了直系军阀控制的北京政府。

为了与冯玉祥、段祺瑞、张作霖“共筹统一建设之方略”[1]，继续实行“中央革命”[2]，孙中山决定即日北上。11月10日，他发表《北上宣言》，重申反对帝国主义和反对军阀的政治立场，“主张召集国民会议，以谋中国之统一与建设”[3]。

13日，孙中山偕夫人宋庆龄和随员20多人乘永丰舰到香港，转乘日本邮船“春阳丸”北上上海。行前，他对广东的工作进行了部署，在人事上做了安排：“除仍由大本营总参议胡汉民留守广州代行大元帅职权外，所有大本营关于北伐事宜，着由建国军北伐总司令谭延闿全权办理，北伐各军概归其节制调遣。”[4]“所有党军及各军官学校讲武堂，以廖仲恺为党代表。”[5]“现在中央执行委员在广州人数甚少，如开会不足法定人数时，应以常务委员会代行各事，将来提交中央执行委员会追认。”[6]

孙中山的政治立场和时局主张，使帝国主义者感到恐慌。“春阳丸”抵达上海的前夕，英国的《字林西报》发表评论，居然提出：孙中山“系广州大本营之大元帅，一举一动，俱负政治上任务。在上海租界之内，完全为商务性质，以负有政治任务之大元帅而居此，是否相宜？”[7]《大陆报》更叫嚷“要驱逐孙中山出上海”，“绝不要理睬孙中山所提出的废除不平等条约要求”[8]。

世界上既然没有无缘无故的恨，当然也没有无缘无故的爱。帝国主义者仇视孙中山，这自然不假。可是，中国需要孙中山，中国人民热爱孙中山。这更是历史的必然。17 日上午，孙中山抵达上海，各界人民汇集码头，齐声高呼“打倒帝国主义！”“打倒军阀！”的口号，热烈欢迎孙中山。

一位日本记者问孙中山：英国想抵制先生在上海登岸，你的态度如何？

孙中山坦然答道：“上海是我们中国的领土，我是这个领土的主人，他们都是客人。主人行使职权，在这个领土之内，想要怎么样便可以怎么样。我登岸之后，住在租界之内，只要不犯租界中的普通条例，无论什么政治运动我都可以做。”

《大陆报》又发表了一篇《条约神圣》的文章，再次攻击孙中山。

孙中山针锋相对，在上海莫利爱路寓所招待新闻记者，宣传召集国民会议和废除不平等条约的主张：“中国现在祸乱的根本，就是在军阀和那援助军阀的帝国。我们这次来解决中国问题，在国民会议席上，第一点就要打破军阀，第二点就要打破援助军阀的帝国。打破了这两个东西，中国才可以和平统一，才可以长治久安。”“我这次到北京去，讲到对外问题，一定要主张废除中外一切不平等条约，收回海关、租界和领带裁判权。”[9]

段祺瑞得知孙中山于 11 月 22 日由沪启程，绕道日本赴京的消息，立即由天津入京，24 日就任“中华民国临时执政之职，组织临时政府”。他用“善后会议”对抗“国民会议”，用“外崇国信”（即承认一切不平等条约）对抗“废除一切不平等条约”。

12 月 4 日正午，孙中山从神户乘日轮“北岭丸”抵达天津，两万多群众闻讯自动汇集码头迎接。天津街头悬灯结彩，燃放鞭炮，像过盛大节日似的隆重欢迎孙中山。

事过五十七年了，邓颖超在 1981 年悼念宋庆龄的文章中，还以诗一般的语言追述孙中山夫妇抵达天津时候的情景：

> 你们出现在轮船的甲板上，同欢迎的群众见面。我在欢迎行列中，看到为推翻清朝帝制，为中国独立、自由、民主而奋斗不息的伟大的革命先行者——孙中山先生，坚定沉着，虽显得年迈，面带病容，仍然热情地向欢迎的人群挥帽致意，同时看到亭亭玉立在孙先生右侧的你。你那样年轻、美貌、端庄、安详而又有明确的革命信念。你，一位青年革命女战士的形象，从那时就深深印入我的脑际，至今仍然清晰如初。[10]

北上时候，孙中山就觉得身体不大舒服，沿途劳顿，面色变得更是黝黑。到达天津那天，正是朔风呼啸，天寒地冻，孙中山长时间站在船头上，脱帽向欢呼群众致意，受了风寒，身体发冷发热，很不舒服。当天下午，又是带病到曹家花园访问“关外大帅”张作霖，往返途中，更是浑身颤抖，冷得难受。

当晚，孙中山肝病发作了。

翌日，张作霖动用二十辆汽车，带领一百多名卫士，派头十足地到张园回访孙中山。

孙中山需要静卧休息，随从人员表示谢绝会客。张作霖却昂然而入，边走边说：“今天我来向孙先生说话，孙先生可以睡在床上，不必开口回答。”

卧室内，孙中山接见了张作霖。张作霖向孙中山表示：我决心追随先生，愿做先生的卫士队长。不过，醉翁之意不在酒，说着说着，却又劝孙中山不要反对外国列强，因为外国列强都是不好惹的；而且各国公使非常反对联俄政策，只要孙中山放弃这个政策，他愿意代替孙中山向各国公使疏通感情。他保证，只要孙中山答应，“这件事情包在我张作霖一个人的身上，一定可以成功”[11]。

这番话，使得孙中山哭笑不得。毕竟，志不同，道不合！

走出卧室，张作霖又做汪精卫的工作：“我从前以为孙先生是个什么难说话的人，今日才知道他是一个温厚君子。只是北京各国公使都不赞成孙先生，大概因为孙先生联俄的缘故。你可否请孙先生放弃他联俄的主张，我张作霖身上，包管叫各国公使都要和孙先生要好的。”[12]

孙中山对张作霖失望了。

北京各界纷纷派代表到达天津，敦请孙中山入京主议国家大计。

1924 年除夕，孙中山不负民意，扶病入京。

在北京，孙中山一边请西医诊治，一边继续救国救民的斗争。

孙中山北上前，廖仲恺曾经对胡汉民说过：“总理的身体、精神，现在不如从前了。大家应格外努力，对于党务须积极整理，对于革命工作须加紧推进，以期总理及身能够看到革命的成功。”[13]

孙中山患病的消息传到广东，廖仲恺非常焦虑，特地向孙中山发电致意，并且要求入京侍疾。

孙中山接到电报，立即复电制止：“广东不可一日无仲恺。”[14]

廖仲恺不能赴京，便对夫人说，孙先生的病恐怕难治了，孙夫人很忙，我现在因党务、政事、军需又都不得脱身，东征军事行动，都要我亲自料理，不如你到北京去帮忙一下吧。[15]

孙中山的病，何香凝也焦急得很，经丈夫这么一说，就匆匆整装北上。到了北京，立即帮助宋庆龄护理孙中山。孙中山临终前几日，她提议让廖仲恺前来一趟。孙中山还是说：“广东现时十分重要，仲恺万不能离开广东。”[16]

1925 年 3 月 11 日中午，孙中山在遗嘱上签字。

签了字，孙中山喘息片刻，神情自若地对身边的人慢慢说道：“余此次来京，以放弃地盘谋和平统一，以国民会议建设新国家，务使三民主义、五权宪法实现。乃为痼疾所累，行将不起。死生常事，本无足虑，但数十年为国奔走，所抱主义终未完全实现，希望诸同志努力奋斗，使国民会议早日成立，达到三民、五权之主张，则本人死亦瞑目。”[17]

下午，孙中山常常陷入昏迷，呼吸更是浅促，连说话也困难了。突然，他用僵硬的舌头喊道：“廖仲恺夫人……廖仲恺夫人……”喊了这两声，便作声不得，但又像是还有什么吩咐。

往昔，孙中山都是用日本话亲热地把何香凝叫作“巴桑”，意即老太婆。此刻，何香凝一听到他那样郑重而又沉痛的叫唤，迅即掩泪和宋庆龄一起走到孙中山跟前。何香凝理解孙中山的心思，虔诚地对他说：“我虽然没有什么能力，但孙先生改组国民党的苦心，我是知道的，此后我誓必拥护孙先生改组国民党的精神。孙先生的一切主张，我也誓必遵守。至于孙夫人，我也当然尽我的力量来爱护。”

孙中山潸然泪下：“廖仲恺夫人，我感谢你……”紧紧握着何香凝的手，迟迟没有放开。[18]

深夜，孙中山又从昏迷中醒来，呻吟中梦呓般呢喃着：“同志啊！继续我的主义！以俄为师！”[19]嘶哑的声音又断断续续反复呼喊着：“和平，奋斗，救中国！”

12 日上午 9 时 30 分，孙中山灰暗的眼睛凝住了，奔放的热情冷却了，生命的火焰熄灭了。他终于长眠了。

孙中山遗嘱的忠实见证人

1925 年 1 月 20 日以后，孙中山的病势加重了，体温有时高达 41 ℃。到了 25 日，孙中山已经不能进食了。

医生们建议立即迁居医院，马上手术治疗。26 日下午 3 时，孙中山被送入协和医院。孙科、孔祥熙、宋子文和鲍罗廷四人在手术室内守候。孙中山神态自若，对医生们说：“不怕痛，开刀吧！”[20]6 时，开始手术。打开腹腔，呈现在医生们眼前的肝脏，坚硬如木，显然是晚期肝癌，已经无法手术了。医生仅从肝脏上取出少许组织，立刻又把腹腔缝合。化验结果证实：孙中山患的果然是晚期肝癌。

2 月 24 日下午，孙中山见汪精卫、孙科、宋子文、邹鲁进入病房，便问：“你们有什么话说？”

汪精卫说：“我们一直到现在，还是抱着最大希望，要帮助先生战胜疾病。只是中西医生屡次通知我们说，最好是在先生平安无事的时候，和先生说几句话，我们以为先生吩咐我们的话，不知何时才用得着，或是十年、八年后，或是二三十年后用得着都未定。再（者），我们一面抱着希望帮助先生战胜病魔，一面仍然想得先生吩咐我们几句话。”

孙中山回答道：“我以为没有话可说，因为病好，还有话说，死了还有什么话说呢？”

汪精卫解释说：“同志要本着先生所定的宗旨来做事的，如果先生吩咐同志几句话，可以增加同志无数的勇气。现时先生抱病，好了之后，至少要静养一年、半年，在这时间，先生吩咐同志几句话，也是必要的。”

孙中山问道：“你们想我说什么话呢？”

“我们把先生常说的话，写出来了。”汪精卫从衣袋里拿出一稿，读着：

> 余致力国民革命凡四十年，其目的在求中国之自由平等。积四十年之经验，深知欲达到此目的，必须唤起民众及联合世界上以平等待我之民族，共同奋斗。现在革命尚未成功，凡我同志，务须依照余所著《建国方略》、《建国大纲》、《三民主义》及《第一次全国代表大会宣言》，继续努力，以求贯彻。最近主张开国民会议及废除不平等条约，尤须于最短期间促其实现。是所至嘱！

“赞成。”孙中山说，“你们如此显明是很危险的，因为政治的敌人，现已预备着等我死后，便来软化你们，你们如此强硬坚定，必然有危险的。”

汪精卫表示：“我们不怕危险，我们一定要照宗旨做去。”

孙中山说：“我赞成。”

“夫人侍奉先生病如此尽心，我们同志很敬重她，又很感激她。万一先生有什么意外，我们同志定然要尽力保护她的安全，只是先生也要安慰她几句；还有先生的儿女，我们也已拟了一篇说话。”汪精卫又拿出一稿，读了一遍：

> 余因尽瘁国事，不治家产。其所遗之书籍、衣物、住宅等，一切均付吾妻宋庆龄，以为纪念。余之儿女已长成，能自立，望各自

爱，以继余志。此嘱。

孙中山闭目点头："赞成。"

汪精卫问孙中山："先生可否签字？"

站在孙中山卧室门外的宋庆龄，尽管是以坚强的意志抑制着自己，但那令人心碎欲绝的泪水还是沿着双颊涌流出来，以至不可控制的低泣还是传进卧室里来。夫人的悲怆深深刺痛了孙中山，他吩咐："现在还用不着，等几日以后，你拿来我签字。"[21]

死神像一片密密实实的黑云，一步紧似一步逼近孙中山，把他团团围住了。这把曾经照耀着祖国大地的火炬，将要熄灭了。3 月 11 日早晨，何香凝进入孙中山的卧室慰问，只见孙中山的瞳孔变大，神志昏迷，眼看情况不妙，她赶紧走出卧室，找同志们商量："今天再不给孙先生签字，恐怕来不及了。"

大家估计到，孙中山深深爱着宋庆龄，如果听到她的哭泣，决然不肯签字。何香凝便找宋庆龄商量。宋庆龄强忍着巨大的哀伤，冷静地说："到了这个时候，我不特不愿意阻止你们，我还要帮助你们。"

此刻，孙中山头脑清醒。他那凹隐的双颊，他那乌黑的嘴唇所构成的微笑，有点像是即将回归故里的神态。他巡视着一张张悲伤、呆滞、慌乱的脸孔，伤感地说道："现在要分别你们了。"

在场的人都恸哭起来了。宋庆龄更是泪如雨下。这时，孙中山使用毛笔签字已经很困难。在场的宋子文便立即取下了孙中山女婿戴恩赛的褐铜色的钢笔，递给了宋庆龄。由宋庆龄扶着，孙中山用这支笔颤巍巍地在两份遗嘱上签了名。

《致苏俄遗书》，由宋子文读了一遍：

苏维埃社会主义共和国大联合中央执行委员会亲爱的同志：

我在此身患不治之症，我的心念此时转向于你们，转向于我党及我国的将来。

你们是自由的共和国大联合之首领。此自由的共和国大联合，是不朽的列宁遗与被压迫民族的世界之真遗产。帝国主义下的难民，将藉此以保卫其自由，从以古代奴役战争偏私为基础之国际制度中谋解放。

我遗下的是国民党。我希望国民党在完成其由帝国主义制度解放中国及其他被侵略国之历史的工作中，与你们合力共作。命运使我必须放下我未竟之业，移交与彼谨守国民党主义与教训而组织我真正同志之人。故我已嘱咐国民党进行民族革命运动之工作，俾中国可免帝国主义加诸中国的半殖民地状况之羁缚。为达到此项目的起见，我已命国民党长此继续与你们提携。我深信，你们政府亦必继续前此予我国之援助。

亲爱的同志，当此与你们诀别之际，我愿表示我热烈的希望，希望不久即将破晓，斯时苏联以良友及盟国而欣迎强盛独立之中国，两国在争世界被压迫民族自由之大战中，携手并进，以取得胜利。

谨以兄弟之谊，祝你们平安！

孙中山听过后，用英文签字。[22]

何香凝作为孙中山遗嘱的见证人，反复地向人们陈述孙中山立遗嘱的经过，号召人们继承孙中山的遗志，奋斗到底。

1925 年 4 月 13 日，何香凝在上海国民党执行部孙中山先生追悼大会上说："先生病笃时，汪精卫、宋子文、孙哲生与余环问有何遗言，先生乃以两项遗嘱授吾等，并言中国国民务须力御外侮，防列强之侵略。综先生一生之行，可云富贵不能淫，贫贱不能移，威武不能屈。呜呼！多难可以兴邦，今值此风雨飘摇之秋，同志尤当磨砺精神，奋斗到底也。"[23]

1944 年 11 月 12 日，何香凝在《纪念总理诞辰要遵行总理遗嘱》中说："总理当日的遗言，到今天更形切要了。中国和苏联同是大陆国家，苏联陆军的强大，已为众所公认，假如这两个国家，能切实合作，断不至为敌所迫，至于今日的田地吧？我们当不会丧失如许锦绣河山，演出这么多悲惨流离的场面。我是总理遗嘱的见证人，每一提及，便觉万分遗憾，且觉得无以对总理。我们党员和国民，怎么忽视他的卓见。今后，对于总理每一句遗言，都应该切实遵行，作为我们的指南针。”[24]

1945 年 3 月 11 日，何香凝在谈到怎样纪念孙中山先生时又说：“二十年前孙中山先生签字在他的遗嘱上的时候，我是见证人之一。二十年来，人人每天读着这个遗嘱，可是有几个人能照着他的吩咐去做？纪念孙中山先生主要的不是天天读他的遗嘱，而是要照着他遗嘱所指示的原则去进行革命工作。”[25]

何香凝，不愧是孙中山遗嘱忠实的见证人。

注释：

［1］《孙中山全集》第 11 卷，中华书局 1986 年版，第 251 ~ 252、277 ~ 279、290 页。

［2］《孙中山全集》第 11 卷，中华书局 1986 年版，第 264 ~ 266、307 ~ 309 页。

［3］《孙中山全集》第 11 卷，中华书局 1986 年版，第 294 ~ 298 页。

［4］《着谭延闿全权办理北伐事宜令》（1924 年 11 月 4 日），《孙中山全集》第 11 卷，中华书局 1986 年版，第 279 页。

［5］《任命廖仲恺等职务令》（1924 年 11 月 11 日），《孙中山全集》第 11 卷，中华书局 1986 年版，第 304 页。

［6］《给广州中央执行委员的命令》（1924 年 11 月 11 日），《孙中山全集》第 11 卷，中华书局 1986 年版，第 305 页。

［7］胡去非：《总理事略》，商务印书馆 1937 年版，第 303 页。

［8］王耿雄：《孙中山在上海的革命活动（1894—1924 年）》，《上海文史资料选辑》第 49 辑，上海人民出版社 1985 年版。

［9］《在上海招待新闻记者的演说》（1924 年 11 月 19 日），《孙中山全集》第 11 卷，中华书局 1986 年版，第 331 ~ 341 页。

［10］邓颖超：《向宋庆龄同志致崇高的敬礼!》（1981 年 5 月 27 日），1981 年 5 月 29 日《人民日报》。

［11］马湘：《跟随孙中山先生十余年的回忆》，《孙中山生平事业追忆录》，人民出版社 1986 年版，第 158 页；陶菊隐：《北洋军阀统治时期史话》第 7 册，三联书店 1959

年版，第 111～112 页。

[12]《汪精卫先生在第二次全国代表大会之政治报告》，《政治周报》第 5 期。

[13] 胡汉民：《廖仲恺先生精神不死》（1929 年 8 月 20 日）。

[14] 魏天青：《纪念廖仲恺先生》。

[15]《我的回忆》（1961 年 10 月），《双清文集》下卷，人民出版社 1985 年版，第 942 页。

[16]《孙中山先生逝世二周年纪念日数日前的感想》（1927 年 3 月上旬），《双清文集》下卷，人民出版社 1985 年版，第 56 页。何香凝 1925 年 3 月 26 日致电廖仲恺："惟总理临终尚有遗言：仲恺不可离广东，请勿来京。"（《双清文集》下卷，人民出版社 1985 年版，第 7 页）

[17]《孙中山全集》第 11 卷，中华书局 1986 年版，第 638 页。

[18]《我的回忆》（1961 年 10 月），《双清文集》下卷，人民出版社 1985 年版，第 945 页。

[19] 马湘：《跟随孙中山先生十余年的回忆》，《孙中山生平事业追忆录》，人民出版社 1986 年版，第 160 页。

[20] 马湘：《跟随孙中山先生十余年的回忆》，《孙中山生平事业追忆录》，人民出版社 1986 年版，第 159 页。

[21]《与汪精卫等的谈话》（1925 年 2 月 24 日），《孙中山集外集》，上海人民出版社 1990 年版，第 325～326 页；《国事遗嘱》（1925 年 3 月 11 日）、《家事遗嘱》（1925 年 3 月 11 日），《孙中山全集》第 11 卷，中华书局 1986 年版，第 639～640 页。

[22]《孙中山全集》第 11 卷，中华书局 1986 年版，第 641 页。汪精卫回忆说：《致苏俄遗书》是由孙中山英文秘书陈友仁起草的。（《中国国民党第二次全国代表大会会议记录》第 2 号）何香凝则说《致苏俄遗书》是由孙中山用英语讲述，陈友仁、宋子文、孙科、鲍罗廷笔记。孙中山三个遗嘱在 2 月 24 日就统统预备好了。（《双清文集》下卷，人民出版社 1985 年版，第 178、943 页）

[23]《双清文集》下卷，人民出版社 1985 年版，第 9 页。

[24]《双清文集》下卷，人民出版社 1985 年版，第 403～404 页。

[25]《双清文集》下卷，人民出版社 1985 年版，第 406 页。

第十一章 为国民革命而死

发展中苏友好关系

国民党“一大”确定了“联俄、联共、扶助农工三大政策”[1]。“一大”以后，廖仲恺为贯彻执行“三大政策”而奋斗。

廖仲恺贯彻执行“联俄”政策，发展中苏友好关系。

1924年2月24日，中国国民党举行追悼列宁大会，广州各界民众六万人参加。国民党中央执行委员会常务委员廖仲恺主持大会，发表演说，指出追悼列宁的意义：

> “列宁先生是打破帝国主义的实行革命家。”“现俄国已有地位，均是由奋斗得来。若止靠他人做便饭，是要饿死的。所以今日在此追悼，我们应受此最大的教训。”“列宁是一个革命党首领……他所做的事都是为被压迫民族奋斗，为无产阶级而奋斗。”“俄国列宁主义，现在却还继续进行为世界主义奋斗，为无产阶级奋斗。今天追悼他，可惜死了一个为主义奋斗的人。同时我们还要知道，我们须切实做去才对。但是我们要得人提携，奋斗的力量才大。”“将来中国解放就在此。”[2]

廖仲恺高度评价列宁对世界革命事业的贡献，号召革命的人们要“以俄为师”，与俄提携，“切实做去”，实现国民革命，解放全中国。可是，蒋介石却大唱反调，反对“联俄”政策。1924 年 3 月 14 日，他在给廖仲恺的信中写道：“以弟观察，俄党殊无诚意可言。即弟对兄言，俄人之言，只有三分可信者。亦以兄过信俄人，而不能尽扫兄之兴趣也。”“彼之所谓国际主义与世界革命者，皆不外凯撒之帝国主义，不过改易名称，使人迷惑于其间而已。所谓俄与英、法、美、日者，以弟视之，其利于本国而损害他国之心，则五十步与百步之分耳。”“吾兄如仍以弟言为不足信，而毫不省察，则将来恐亦不免堕落耳。”

廖仲恺“十分了解”“国友人师”[3]列宁和“俄国对东方被压迫民族之态度与俄国何以想和中国携手之原因”，所以，他仍然“专意顺从”孙中山，坚决实行“联俄”政策。

他在黄埔军校发表演说，指出“苏俄自有组织、有计划的共产党握了政权以后，国家改造的一切事业，都能够表现出有统一的组织、统一的意志和统一的精神来，所以成为苏维埃共和国的新生命”。而“中国目前顶大的缺点，不是没有人才，实在是没有统一的组织、没有统一的意志、没有统一的精神，所以许多毛病都发现出来了”。因此，“想救中国”，就得学习苏俄的经验，做到有“统一的组织、统一的意志、统一的精神”[4]。

他在广州各界庆祝十月革命七周年大会上勉励群众“步武苏俄后尘，努力向革命事业奋斗，务期以迅速之时间，达到中国革命完全成功之目的”[5]。

根据孙中山的请求，苏俄除了在政治上支持、财政上援助孙中山国民党外，还选派各种顾问来广东工作，运来大批军械武装革命军。

苏俄真诚的帮助，“密切了俄中两国的关系，使国民党更加坚定地把为争取民族自决的斗争进行到最后胜利”[6]。

廖仲恺热情接待苏俄顾问，随时帮助他们解决各种困难，和他们合力共作，建立了真挚的友谊。鲍罗廷夫人在《悼廖仲恺先生》一文中写道：“当我辈初抵广州时，觉百凡皆异，颇为困难。”“所幸得遇知己，数人志同道合，此数人中廖君乃其一。彼此意气相投，深信可以共患难安乐，以做吾辈之事于中国。”“每有难事，以询廖君，无不立决”，“故余等乐在此工作。

凡余等有所请求，廖君必亲为之，鲜委下属，故我诸同志，均为所感，乐于共事”[7]。

既然世界上有压迫者和被压迫者两种人，形成“帝国主义联合战线”和“反帝国主义联合战线”两个世界[8]，那么，不是联俄反帝，便是联帝反俄，没有第三条道路可走。国民党“一大”以后，廖仲恺实行联俄反帝政策。他认为：“欧美各国……为维持其资本主义之生产，不能不尽力向外找殖民地，不能不尽力在内谋握政权以行其侵略政策，帝国主义于是乎起。帝国主义一出，全世界弱小民族与国家，无不被其侵略。”“帝国资本主义之侵略实为万恶之源。”[9]“中国不乱，外国无利益。”[10]“军阀可以作恶横行，他们背后就靠列强帝国主义者来扶持。”[11]他的结论是：“在殖民地半殖民地的国民革命运动，对内要打倒官僚军阀及一切反动力量，对外要抵抗帝国主义者的重重压迫。”[12]“吾人其不欲解决吾人之痛苦及谋国家人民之丰富则已，否则必须与帝国资本主义者战！吾人其不欲打退帝国资本主义者则已，否则必先与国内军阀战！”[13]因此，他提出“打倒利用军阀侵略中国的列强”、“打倒勾结列强来压人民的军阀”、“打倒官僚及一切反动力量”的主张。

廖仲恺认为，全世界只有苏俄解决了社会制度问题[14]。“中国在这时代，自己经济的基础这样薄弱，而所受国际经济的压迫这样深重，若能够有所树立，除非是建一社会主义的国家，依科学的组织用集合的方法，解决生产问题不可。”[15]在廖仲恺看来，社会主义优越于资本主义，中国革命的出路是走苏俄的道路。当然，廖仲恺所说的“社会主义国家”，实质上是“人人有平等之机会，社会无偏枯之病”[16]的社会主义“民主国家”[17]，而不是后来斯大林式的专政的国家。

巩固国共合作

孙中山在国民党“一大”闭幕词中说：“以后要我们革命事业完全成功，便要大家一致行动，固结精神。自根本上讲起来，革命事业是大家的事，不是一个人的事，既是大家的事，必要大家同心协力才可以实行；如果不能同心协力，便永远不能实行。”[18]

大会一闭幕，孙中山主持召开了一中全会，推举廖仲恺、戴季陶、谭平山为中央执行委员会常务委员。中央执行委员会设秘书处和组织、宣传、工人、农民、青年、妇女、调查、军事八部。廖仲恺兼任工人部部长，谭平山兼任组织部部长，林伯渠任农民部部长。1924 年 11 月 11 日，廖仲恺兼任农民部部长。

廖仲恺遵照孙中山的指示，“信任共产党员”[19]，“始终和他们真诚合作”，共同奋斗。何香凝回忆说：“当时在广东或到过广东的中国共产党员李大钊、彭湃、苏兆征、杨匏安、周恩来、董必武、蔡畅、邓颖超、林伯渠、吴玉章、聂荣臻、萧楚女、熊雄、熊锐等，仲恺始终和他们真诚合作。谭平山当时也是中共的负责人之一，他和仲恺关系是很密切的。中国共产党员对开展农工部的工作，是给了很大的支持和帮助的。”[20]

就拿周恩来来说吧。廖仲恺以黄埔军校党代表的身份，亲自迎接周恩来到军校担任政治部主任。他常与周恩来研究军校的政治教育工作，纵论天下大事，称赞周恩来是“共产党的大将”[21]。

廖仲恺遵照孙中山的指示，与加入国民党的共产党员同心协力，“竭力造党”[22]。

“为求本党同志与国民党能圆满的合作，以督促国民党切实执行此次全国国民党代表大会议定之章程及其他决议案”，中国共产党第二次中央执行委员会于 1924 年 2 月通过了《同志们在国民党工作及态度决议案》。决议案指出：第一，“我们在国民党改组以后更加以努力扶持他们，不可因他们以往的缺点，预存嫌恶藐视的心理。”“对于国民党比较不接近我们的分子，应多方加以联络，以逐渐改变他们的态度。”“即对他们中间极腐败的分子，亦宜取敬而远之的态度，须尽力避免不必要的冲突。”第二，“国民党开会时，我们的同志均应按期到会，在国民党的各种工作中，我们的同志均应努力工作。这可以表示我们对国民党忠诚的合作，亦可以因我们的努力，使国民党改组的计划，得以圆满的实践出来。”“本党同志在国民党能尽所职，引起国民党员都能尽职，使其成为一个有组织能行动的党，我们加入国民党之目的才算达到。”第三，“我们的同志，加入国民党各种机关内，以扶助督促其党务之进行，自为应尽之职务。”第四，“本党以后一切宣传、出版、人民组织及其他实际运动，凡关于国民革命的，均应用国民党名义，归为国民党的工作。此因一可减省人力财力，二可使国民党易于发展，三可使各种努力的声势与功效比较扩大，而且集中。但对于我们所认为必要事项，而国民党不愿用其名义活动的，仍作为本党独立的活动。”第五，“在发展国民党组织之时，关于本党组织之发展，当然不能停止，但介绍新分子入本党时，须十分慎重选择，凡非对于本党主义、策略及党之纪律充分明了并恳切的愿意服务本党者，不必轻率加入。轻率加入多数不健全的分子，不但国民党误会我们有意拉去他们的党员，且使本党的组织日渐松懈紊乱。”[23]

由于国共两党革命同志的共同努力，尤其是共产党人的努力，“全国的革命分子逐渐集中起来，革命的力量一天澎涨（膨胀）一天，革命的进行亦一天发展一天”[24]。国民党党务迅速发展，党部组织几乎遍及全国。至1925年11月，国民党员人数“最少在三十万以上”[25]。党员成分也发生了很大的变化，工人、农民占了多数。

国民党组织的发达和全国革命运动的发展，是同孙中山、廖仲恺和国共两党革命同志反对国民党右派破坏国共合作，坚持革命统一战线政策分不开的。

除了沙漠，凡有人群的地方，都有左、中、右之分。改组后的国民党“是各阶级联合组织的政党。因各阶级底经济背景不同，故其阶级性也必然不同，所以党内分出派别是必然的现象。这并不是各阶级主观上故意分出来的”[26]。

国民党分成左、中、右三派。国民党左派以孙中山、廖仲恺、谭平山等为代表；中派以汪精卫、胡汉民等为代表；右派以张继、冯自由、谢英伯等为代表。

国民党右派是反共反革命派。他们惯以“护党”自命，实际上是要

“亡党”。因此，只有反对右派，才能巩固国共合作，促进革命运动的发展。

国民党“一大”刚刚闭幕，国民党右派冯自由、刘成禺、谢英伯等违背“一大”决议，造谣生事，炮制所谓“警告李大钊等不得利用跨党机会以攘窃国民党党统案”，妄图兴风作浪，破坏国共合作。廖仲恺、李大钊、鲍罗廷获知事，立即向孙中山控告冯自由、刘成禺、谢英伯、徐清和四人“不守党员纪律及挑拨国共恶感”[27]。

孙中山十分恼怒，将冯自由等人叫到大本营，当面斥责他们：“反对中国共产党即是反对共产主义，反对共产主义即是反对本党之民生主义，便即是破坏纪律，照党章应当革除党籍及枪毙。”[28]

冯自由他们理屈词穷，只好做检讨。

1924 年 3 月 1 日，孙中山致函国民党中央执行委员会：“通告各同志：刘成禺、冯自由、徐清和、谢英伯四人之解释，本总理已甚满足，此事当作了息。但望同志以后不得再起暗潮。如有怀疑，当来直问总理为是。”[29]

翌日，孙中山又致书全党同志，解释国民党改组的原因和联合共产党的意义，批判造谣生事者的谰言：“顾有好造谣生事者，谓本党改组后，已变为共产党。此种谰言，非出诸敌人破坏之行为，即属于毫无意识之疑虑。欲明真象（相），则本党之宣言、政纲具在，覆按可知。本党之民生主义，早以平均地权、节制资本两方案著于党纲。自始至终，未尝增减。至若进行之有缓急，分量之有重轻，此则时势之推迁，而非根本之改变。故为上说者，不特不知本党之主义，并未识本党之历史，亦徒见其谬妄而已。”[30]

国民党右派辜负了孙中山的“厚望”。他们仍然坚持反共的立场，发动所谓“救党救国之运动”。

6 月 1 日，国民党广州市党部执行委员黄季陆等向国民党中央执行委员会提出制裁共产党活动的“检举案”[31]。

18 日，国民党中央监察委员邓泽如、张继、谢持向国民党中央执行委员会提出“弹劾共产党案”，要求中央执行委员会“从速严重处分，俾本党根本不致动摇”[32]。

25日，谢持、张继“以中央监察委员资格”与鲍罗廷“谈话”，重谈弹劾书的调子，说：“中国共产党加入国民党，自今春以来，只见有害，不见有利。”并公然提出：“共产党全体既加入国民党，实行国民党革命主义，又何必另挂中国共产党招牌，保留共产党组织耶。”[33]

弹劾案一出笼，汉口、北京、上海、广州、港澳等地的国民党右派纷纷上书攻击“跨党分子”。何世桢等人要求孙中山“命令共产党员全数退出本党，并予倾向共产党者以严重制裁”[34]。

7月3日，国民党中央执行委员会开会审议弹劾案，决议请孙中山召开中央执行委员会全体会议讨论并发表宣言。同时，会议指出：“以大会发表之政纲、宣言为准。凡入党者，如具有革命决心及信仰三民主义之诚意者，不问其从前属于何派，均照党员待遇。有违反大会宣言及政纲者，均得以党之纪律绳之。党中同志不必怀疑，仍须依前奋斗。”[35]

7日，国民党中央执行委员会发表党务宣言：“数月以来，党内党外间多误会，以为已加入本党之共产党人，其言论行动尚有分道而驰之倾向，于是反对派得藉此肆其挑拨，同志间遂由怀疑而发生隔阂。”“中央执行委员会负有指导党务及解释党义之责任，兹为解免党内外之误会及隔阂起见，不能不再为郑重之声明：即本党既负有中国革命之使命，即有集中全国革命分子之必要。故对于规范党员，不问其平日属何派别，惟以其言论行动能否一依本党之主义、政纲及党章为断。如有违背者，本党必予以严重之制裁，以整肃纪律。同时又为谋慎重的及周密的解决起见，特呈请总理在短时期内召集中央执行委员会全体委员会议，以期讨论周详，妥筹解决。”[36]

国民党右派是顽固分子，他们还是进行反共活动。7月15日，冯自由写信给孙中山，胡说道：“汉民、仲恺、精卫等以身跨两党之故，仍首鼠两端，多方为共产党袒护，致令此关系本党命运之大案作无形的消灭，而亦漠然置之，殊属令人大惑不解。弟以为，今日挽救之方法只有二事：一请公毅然向党员引咎道歉，以平多数党员之公愤；二应将共产党员一律除名，以为循私害公者戒。”[37]

8月15日至25日，国民党一届二中全会在广州举行。会议的一个重要议题，是有关弹劾案问题。19日，张继在会上重述弹劾案，公然主张国共"分立"。覃振发言支持张继。瞿秋白当即发言，阐述国共两党合作的必要性和可能性，驳斥右派的谬论。他说："既准跨党，便不能无党团之嫌疑。国民党外，既然有一个共产党存在，则国民党内便不能使共产派无一致之行动。况既谓之派，思想言论必有相类之处；既有党外之党，则其一致行动，更无可疑，何待《团刊》之发现乎？""若其行动有违反宣言及章程之处，则彼辈既以个人资格加入本党，尽可视为本党党员，不论其属于共产派与否，即以本党之纪律绳之。""若此次会议决分立，大可谓共产派之发展足以侵蚀国民党，若不分立，则共产党之发展，即系国民党中一部分之发展，何用疑忌？"[38]

20日，国民党中央政治委员会在大本营举行第六次会议，出席者有孙中山、廖仲恺、胡汉民、伍朝枢、瞿秋白、鲍罗廷六人。会议通过《国民党内之共产派问题》和《国民党与世界革命运动之联络问题》两个草案，作为中央政治委员会的意见，向二中全会提出讨论。

21日，二中全会通过了这两个草案。会后，国民党中央执行委员会根据这两个决议案，发表了《中国国民党中央执委会颁发有关容纳共产分子问题之训令》。训令重申国民党"一大"的精神，说明国共合作的必要，并严肃指出："谓本党因有共产党员之加入，而本党主义遂以变更者，匡谬极戾，无待于辩。即谓本党因有共产党员之加入，而本党团体将以分裂者，亦有类于杞忧，证之本党改组以后发展情形，益可以无疑。""凡我党员当知所负革命责任之重大，与同志间之感情固结，为团体生命所不可缺之条件，前此争议，付之澹（淡）忘，惟相与努力于将来，以完成国民革命的工作。"[39]

9月10日，廖仲恺以省长名义，发表辟谣布告："近日有人散布谣言，谓政府将实行共产。查共产主义，虽以俄国革命成功以后，尚不能实行，而以新经济政策为救时要剂。可知谋国之道，端在按切时宜，对症发药。况中国现处产业落后之境遇，方当为国民谋发达实业之不暇，而欲主张共产，此其人非愚即狂。本省长为国民党党人，非共产党党人，对于国民党之宗旨、主义，二十年来未之有改。伏读大元帅手著《建国方略》，于实业计划条列至详。依实业之性质，分为国家经营与个人经营两种。对于个人企业，由国家奖励，兼以法律保护之。且近数月来，由中国国民党中央执行委员会公布，与机关报之言论，及中央执行委员会之讲演，彰彰在人耳目，无可疑者。”“对于此等谣言，切勿轻信，如再有造谣生事者，定行严惩不贷。”[40]

由于共产党人和国民党左派坚决执行国共合作政策，国民党右派掀起的破坏国共合作的浪潮被平息下去。但是，由于孙中山、廖仲恺没有认识到右派的反共本质及其对国民革命事业的极大危害，偏于就事论事，没有从理论上、政治上、组织上彻底解决右派问题，因此，右派分子还是继续进行反共活动。

促进工农运动的发展

廖仲恺在国民党改组时指出：“改组是求吾党主义之实现，是必要的，改组以后还须完成两件事情，就是建立军校及扶植农工。”[41]国民党“一大”以后，廖仲恺贯彻执行扶助农工政策，促进工农运动的发展。

在贯彻执行扶助工人政策方面，廖仲恺做了三件大事。

第一件是宣传工人在国民革命中的地位和作用。

廖仲恺认为，“以理想来结合群众——工农商学阶级——使他们自家去武装起来扫清障碍，这就叫做国民革命”[42]。“我国农工占全民十分之九，以这十分之九之大多数农工阶级，来做反帝国主义反军阀的中心势力，当得到胜利。”[43]因此，他在工人群众中宣传工人在国民革命中的地位和作用，希望他们投身国民革命运动。

1924 年 3 月，廖仲恺在石井兵工厂青年工人学校开学典礼上说：“我中国想希望产生多几个圣人来救中国的危亡，这是不能救中国的。中国不用求圣人，要求工友们大家一致去想，大家一致去想一个方法来救国。”“大家想的实际方法，才能救国。”[44]

1925 年 5 月 1 日，廖仲恺在第二次全国劳动大会和广东农民代表大会开幕式上说："工农利益与革命是不可分的，但是革命是工农为主才行。革命要成功，第一是要工农大联合共奋斗，若是分离，革命便不能成功。"[45]

8 月 14 日，廖仲恺在省港罢工委员会招待各界会上又说："罢工的力量，比什么枪炮战舰的力量都大。""我很希望在座诸君，一齐努力向前奋斗。"[46]

第二件是提倡工人结成团体，成立工团军，为自己争利益。

1924 年 2 月上旬，廖仲恺两次出席广州工人大会，发表演说，指出工人只有团结起来，"打倒军阀，打倒国际帝国主义，方能争得集会、结社等自由、与民族独立，解除外国经济的压迫"[47]。3 月 16 日，廖仲恺主持召开国民党工人党员大会，并做题为《工人对于国家的责任及团结之利益》的演说。三四月间，廖仲恺"发起'劳工统一运动'，组织代表大会"。

5 月 1 日，广州工人代表大会暨广州工人庆祝国际劳动节大会在广州西瓜园太平戏院隆重举行。廖仲恺主持大会。孙中山亲自到会表示祝贺，鼓励工人"立一个志愿，组织一个工人大团体"，"做全国人的指导，作国民的先锋，在最前的阵线上去奋斗"[48]。廖仲恺也指出："今日是世界劳工运动成功的纪念日，但现在在中国半殖民地状况下的工人，则尚未得享受此种利益。工友们应该为自身利益去努力奋斗"，"应该有联合团结的觉悟"，"有共同努力的方向"[49]。

广州工人代表大会通过了统一工会组织等二十个决议案，成立了广州工人代表会议执行委员会。广州工人代表大会的召开，标志着广东工人阶级从分散走向联合，有利于工人运动的开展。

10 月 1 日，孙中山公布由廖仲恺主持拟定的《工会条例》。[50]这是中国第一个承认工人有言论、出版、结社、集会、罢工自由的工会法，对全国工人运动的发展产生了很大影响。

廖仲恺对成立工团军也十分关注。1924 年 5 月 9 日，廖仲恺"电请国民革命政府保护工人，成立工团军，以保工人行动之自由"[51]。8 月 27 日，广州工团军正式成立。“工团军的职务，为辅助革命政府，镇压反革命行动，尤其注意保护工人”[52]。

第三件是支持工人的政治、经济斗争。

1924年5月1日，江门商团枪杀、拷打油业工人，围困工会。廖仲恺以工人代表会主席的名义发出支援工人的通电，谴责江门商团的行为“直同野兽”，实为“吾辈工人之大毒”；要求革命政府“限制商团不得干涉工人行动”，“依法严惩江门油业东行及商团，以为惨杀劳工者戒”[53]。

6月30日，广州沙面租界英法工部局借口法国驻安南总督遇刺，公布新警律，规定自8月1日起，沙面华工、巡捕等出入租界，须持贴有雇主相片的护照，但外国人却可自由通行。这种侮辱中国人民的做法，引起了沙面同胞的极大愤慨。在共产党的指导下，沙面工会组织二十一人的取消沙面苛例委员会，与沙面领事团交涉，结果无效。

7月15日，沙面华工、巡捕等八百多人举行大罢工。次日，广州工代会召开紧急会议，“讨论反对沙面苛例方法及援助罢工问题”，并发出通电，请求国民党中央工人部和各工会声援罢工。17日，广州各界发起召集反对沙面苛例大会，致电孙中山和通电全国，重申英法工部局不取消新警律，沙面罢工工人“誓不回沙面复业，以争我国体，以全我人格”，请求各方“加以援手”[54]。

法国领事致函广东省政府，要求制止罢工。廖仲恺复函拒绝他的要求：“现接大函，于沙面发生罢工风潮，嘱设法制止等由。查罢工之举，亦各国所恒有，非政府所制止，证以欧美各邦之情形及中国现在之民气，可以知之矣。且地属沙面租界，工部局之华人，系沙面洋人所雇用，在沙面时仍处英、法管辖范围之下。今因愤激而起风潮，本省政府实无从预为防范。乃来函所言，粤官不先预防，殊不近理。此次沙面工人罢工，全由沙面英法工部局颁布新律所激动而成，倘若辈于广州市内有越轨行为，本省官厅自当力为制止，本省长早经饬令市公安局派遣警兵前往弹压矣。抑尤有言者，沙面租界在本国辖权之外，如贵领事官嗣后允许本省武装警察随时进沙面协助，或可防患于未然也。”[55]

沙面大罢工使沙面各银行、洋行的商务陷于停顿，帝国主义在经济上受到很大损失。英法工部局害怕罢工继续扩大，局势更是难以收拾，不得不向罢工者让步，于 8 月 12 日答应取消新警律，补发罢工期间的薪金。坚持了二十多天的沙面大罢工终于取得了胜利。13 日，国民党中央工人部在广东大学礼堂召开欢送罢工工友返工大会。何香凝主持大会。廖仲恺发表演说，指出“被助者与助者，皆须有相当之能力与了解，否则误己误人，以证明工人与国民党合作之必要”[56]。

沙面大罢工是中国工人为中华民族争自由、平等的政治大罢工，表现了中国人民反抗帝国主义的英雄气概。此次罢工“给了帝国主义相当打击，不消说给了中国人以劳动运动在民族解放运动中的重要意义，而为后来省港罢工有力的启示了。此次罢工确哄动了广州与香港，并且影响还及于中部与北方”[57]。

沙面大罢工打破了“二七”惨案以来中国工人运动的沉寂局面，成了工人运动从低潮走向高潮的起点。

在沙面大罢工期间，工人“签名加入国民党者，有九百余人之多”[58]。这对廖仲恺来说，是很大的鼓舞。

1925 年 5 月 1 日，第二次全国劳动大会在广州举行。廖仲恺出席大会并发表演说，指出只有工农大联合一致奋斗，“才能达到革命的成功，得到我们胜利的保证”[59]。大会决定成立以林伟民为委员长、刘少奇为副委员长的中华全国总工会，通过工农兵大联合、加入赤色职工国际、铲除工贼等决议案。

大会以后，爆发了“五卅”运动和省港大罢工，形成了中国历史上空前未有的大革命风暴。

省港大罢工发生后，廖仲恺“尽其力之所及以援助罢工工人”[60]。

他“以工人部名义，封闭全市赌馆、烟馆、公产、敌产，作为罢工工人的宿舍；以财政部名义，每日拨给罢工委员会一万元为经费，并于七月份在广州征集捐租半月（后改一月），在各县征收殷实绅富捐，拍卖所有没收英帝货物，用以支持罢工工人。故罢工工人的食宿问题，基本都获得解决”[61]，罢工斗争得以持续进行下去。

廖仲恺反复向各界人士宣传省港大罢工的意义和作用：此次“罢工运动与广东政治上、经济上，有非常重大的意义”。“其目的就在取消一切不平等条约，为国家政治上、经济上谋独立的运动。这是为中华民族上最大的事……如果能够成功，不只是工人和商人某一部分的胜利，而是全民族的胜利”[62]。“此次奋斗，比倒清、倒袁、倒段、倒曹、倒吴什么都大”[63]。

他担任省港罢工委员会顾问，为罢工委员会出谋划策：“作战要有统一的作战计划与统一的命令……罢工犹如打仗，更要有统一的计划与号令，才可以得到胜利。”“我们罢工，所要打破的第一阵线，就是香港。”“（一）不要为香港打工。（二）断绝他们的粮食。（三）凡香港的轮船皆不准进口。”[64]在廖仲恺的支持下，罢工委员会改变“全面封锁”的策略，实行“特许证”制度，单独对英货实行抵制，孤立和打击了英帝国主义，争取了工商界人士的同情和支持。

在贯彻执行扶助农民政策方面，廖仲恺也做了三件大事：宣传农民在国民革命中的地位和作用；提倡农民结成团体，成立农民自卫军，为自己争利益；支持农民的政治、经济斗争，号召农民参加反帝反军阀的国民革命运动。

廖仲恺指出：“本党负有国民革命历史上的使命，责任既然如此重大，但应怎样方能使其完成呢？吾人须知，国民革命之主要分子为国民，国民中最多者莫如农民，故国民革命之唯一要件为须得农民大多数了解与集中本党旗帜之下。如农民不了解与不集中本党旗帜之下，则革命断无成功之可言。故我国国民革命之成功与否，全在乎农民之了解革命与否一问题。”因此，“吾人其不欲国民革命成功则已，否则必先去干农民运动！”[65]

1924 年 6 月 24 日，孙中山批准廖仲恺参与制订的《农民协会章程》。章程规定：“农民协会为本三民主义解放劳动阶级之意旨，集合全国受压迫之贫苦农民而组织之。其目的在谋农民之自卫，并实行改良农村组织，增进农人生活。”[66]

7月，广州革命政府发表赞助农民运动的宣言，宣言指出：“中国农民目前应努力之点，亦为农民运动所应注意之点”，就是“应即时组织农民协会”和“在一定计划之下，组织农民自卫军”。“农民协会之性质，为不受任何拘束完全独立之团体。”“农民协会对于横暴官吏，有请求罢免之特权。”农民自卫军组织的办法是：“（1）得按照军队纪律及义务军办法组织之。（2）非农民协会会员不得加入为农民自卫军。（3）农民自卫军得解除村中非会员之武装。（4）农民自卫军当受政府之绝对的监督，但政府不得以农民自卫军充作别种攻击或非本村直接防御行动之用。”[67]

廖仲恺以省长名义给广东各县印发革命政府宣言和《农民协会章程》各一份，命令各县“诱掖当地农民，根据章程及宣言组织农民协会及农团军，实行自卫。如有中国国民党中央执行委员会或各属地方党部委员，前来照章组织时，应竭力援助进行”[68]。

他还深入农村考察和宣传，号召农民团结起来，组织农民协会和农民自卫军。他说：“人民没有组织，就没有力量，好象一支小竹，一手便可打断了。如果把他捆成一大把组织起来，那就任你用刀来斩也难斩断呵！所以组织就是力量。力量是从团结得来的。”“农民协会是救苦救难的，能够救苦救难的不是观世音，就是农民协会！你们大家努力去团结起来，组织农民协会去罢！”[69]

为了适应农民运动发展的需要，培养从事农民运动的干部，国民党中央执行委员会采纳国民党中央农民部秘书彭湃的建议，决定在广州开办农民运动讲习所。广州农讲所从1924年7月3日至1926年9月11日，共举办六届，培养了七百七十二名毕业生和二十五名旁听生。其中，一至五届毕业生四百五十四人，“三分之一由中央农民部分派为广东各地特派员，从事工作，三分之二则分遣回籍，从事地方农民运动”[70]。

廖仲恺不仅为广州农讲所解决经费、校舍诸问题，而且亲自给学员讲授

《农民运动所当注意之要点》[71]。

农民既有了组织，便开始行动起来，进行经济斗争和政治斗争，触及军阀、官僚、土豪劣绅的利益。于是，“一切反动势力，凭借余威，横肆毒害，故凡有农民协会组织之区，即有当地豪绅仇视摧残之事，捣掠会所，杀害会员之案屡见”[72]。“农会是土匪”，“农会要解散”，“农会是儿子，国民党是父亲”，“农会是抬轿的，国民党是坐轿的”，农民运动是“共产”“共妻”“赤化”，种种破坏农民运动的口号，盛行于农村。[73]

孙中山、廖仲恺坚决支持农民运动，以革命政府名义发表赞助农民运动的第二次宣言：“本政府为实行历史上之使命，谋最大多数人民之最大幸福起见，对于农民利益，自当竭力拥护。”“农民协会组织，在植乡村自治之基础，且以互相扶助，救济失耕；使农民自觉，或不为地主土豪所喜，然重田兴业，为政府职责所关，苟再有从事仇视及摧残者，政府必从严办，不稍轻贷。”“更有应为服务于政府之军人官吏告者：农民协会之性质，为完全独立之法定团体，乃根据政府对农民运动第一次宣言，及中央党部颁发之章程而设，与商人组织商会，工人之组织工会无殊。近日反对者故作谣言，谓为实行共产，实为中伤政府之一种手段，自应厉行禁绝，并须在各该辖属地方，善为解释，毋行妖言焚惑，妨碍本党政策施行。如有不遵奉党纲保卫农民利益者，政府即应褫压官职，永不叙用。”[74]

广东省广宁县农民协会领导农民进行减租斗争，土豪劣绅依恃民团对抗，武装进攻农会，污蔑农会“纵匪围村，抢谷拿人”，要求农会“迅赐解散，以遏乱萌”。廖仲恺坚决支持广宁农民的武装斗争，派遣大本营铁甲车队前往广宁“保护农会，剿办匪徒”；命令粤军第三师师长郑润琦派兵一营到广宁“协同动作”，“护卫农民，清除土恶，务使横霸乡曲、损人肥己者，绝迹销声，不为农害”；特委广宁县县长蔡鹤朋与共产党人彭湃、廖乾五等“组织委员会，办理该地方绥辑善后事宜”[75]。随后，又派大元帅府卫士队一连赴广宁增援。由于受了地主拉拢，蔡鹤朋袒护地主；粤军表面守中立，实则站在地主方面；卫士队长卢振柳主张农会同地主调和。[76]廖仲恺撤换卫士队长；“叫县长到农民部，责骂其违背党纲压迫农民，并直斥其为升官发财之贪官污吏”[77]；致电郑润琦：“许总司令巧（十八日）电已令尊处严办，勿任土豪劣绅狡逞，淆乱黑白。良以恶草不锄，将来滋蔓，必为吾党之害。请兄立下刚断，切勿游移。”[78]结果，政府军和农民击败了地主武装，减租斗争取得了胜利。

广州市郊第一区农民协会执行委员长林宝宸在招村被民团包围枪杀。民团首领彭础立是廖仲恺的亲戚。廖仲恺得知这事，立即写信给当时任广东省省长兼代大元帅职务的胡汉民，请政府严办，“以为白昼任意杀人、阻碍农民运动者戒”。经过几次催促，广东省政府终于将彭础立扣押。[79]

孙中山、廖仲恺积极支持农民运动的事实，使广东农民“渐次认识国民党确能为农民群众努力”，因而他们“切实与国民党合作。故全省农民运动，渐入于发展时期”。“自一九二四年之始，至一九二五年五月，全省有农民组织之县，共二十二处；有组织之农民，二十一万以上。”[80]1925 年“五一”节，广东省第一次农民代表大会在广州召开，成立了广东省农民协会，共产党员彭湃、阮啸仙、罗绮园当选为广东省农民协会执行委员会常务委员，彭湃任委员长。廖仲恺担任广东省农民协会顾问。

有组织的农民，响应革命政府的号召，“跑上国民革命的战线”[81]，援助革命政府打击国内外敌人。在革命政府统一广东、出师北伐的过程中，“无役而不有农民参加”[82]。如“东江之役，政府讨陈令下，各县农会纷纷起而援助东征军，或断绝陈逆与香港之交通，或阻碍其党羽之行动，故政府能于最短期间肃清逆党”[83]。杨刘之役，“海陆丰一带的农友，西江广宁、佛山一带的农友，北江清远、花县一带的农友，南路东莞、宝安一带的农友，统一在省农民协会的指挥底下，一致行动起来，或武装来省预备参战，或出农军截断滇桂军逃窜之后路，或收缴广三路线滇军枪械，或为党军侦探、运输、向导，皆不惜牺牲性命，站在革命的联合战线上，一鼓而荡平刘杨”[84]。

通过接近工农群众，下乡看看“耕田兄弟痛苦成怎么样，艰难成怎么样，受什么压迫，要怎么样救济”[85]，廖仲恺更加了解和熟悉工农群众，思想感情发生了变化，成了他们的好朋友。何香凝说过：“廖先生平居廉洁勤谨，有一次在家里常餐，厨子宰鸡进食，廖先生问：现在一只鸡要用多少钱买？家人答以约一元余。廖先生即吩咐道：一元之数在工农之家，可以用作数餐，我家不应如此耗费，此后常餐不可再要。”[86]廖梦醒也说过：“父亲原来是个美国华侨，十七岁时才从旧金山回国。他有一种洁癖，看见哪里有蜘蛛网就嫌脏。可是自从他接受了新的革命思想，当了大革命时期国民党中央党部的工人部长和农民部长以后，他却经常主动地接近工农群众，到他们住的地方去。”“有一次，父亲刚从外面回到家里，我看到他的帽子上挂了些蜘蛛网，就惊讶地问：‘爹爹，您到哪儿去啦？看谁把您的帽子弄得这么脏。’不料父亲竟以责备的口气回答说：‘你不要学那些先看罗衣后看人的坏习气；有时外表看来很脏的人，而且住在很脏的地方，却有好些罗衣肉食者所不及的地方。’”[87]

当然，廖仲恺是三民主义者，而不是共产主义者。1924 年 6 月 18 日，廖仲恺在宣誓就任广东省省长职后，明确表示自己的立场观点：“余国民党也，当以服从大元帅，尽力实现国民党主义、政策于广东为职志，此外余无特别政见可言。”[88]1925 年 7 月，他在黄埔军校讲授“帝国主义侵略史”时又说：“我党主张三民主义，并不是闭户造车。我们所定出的党纲，更不是欺人的东西。”“三民主义实是救我们中国的良药，而且那药还能起死回生的。”[89]

血染中央党部

廖仲恺追随孙中山 20 多年，对孙中山的“性格思想，知之最详”[90]。他十分崇敬孙中山，认为孙中山是“国民革命的首领”，中国国民党的“导师”“指导者”；孙中山“对于某事判断，其精确非吾辈所能及”，“通常看透十年以后所需要做的事情”[91]。

孙中山逝世的讣告传来，廖仲恺极其悲痛。1925 年 3 月下旬，他对黄埔军校第三期入伍生说："现在总理逝世了，我们党内失去了一个导师、一个指导者，这不但我们五十万党员悲痛，即是全世界弱小民族，被压迫阶级，亦都为之悲痛！受莫大的损失！""我们要继承总理未竟之志"，"要把总理遗留的三民主义作为国民革命的唯一南针"、"救国唯一的方针"。[92]5 月 21 日，他在广州国民党员大会上说："总理无遗产，主义遗嘱，就是遗产。各同志今日听读遗嘱后，当各宣誓必遵守，努力奋斗。总理之遗产不单是中国之遗产，实为东方民族之遗产，全世界弱小被压迫民族共有之遗产。吾人当发扬光大之，有以慰总理在天之灵，否则不特负总理，且负从前为革命奋斗而死之同志。且吾人之为国为党而努力、而奋斗、而牺牲，亦人类应有天职，愿各同志牢记遵守之。"[93]

廖仲恺是这样说的，他自己也是这样做的。

孙中山逝世以后，廖仲恺把悲痛转化成为力量，"革命精神比较从前还猛进百倍"。"日常工作除睡六小时外，直无片刻休息，即食饭之时，亦左手提羹，右手执笔"[94]，辛勤地为革命工作。正如何香凝后来所说："孙先生逝世了，他领着一般同志，分外努力奉行遗教。不到半年多的时间，树起党军声势，肃清东江群贼，平定刘、杨之乱，创立国民政府，领导省港大罢工。努力革命各方面的工作，一直到他流尽最后一滴血，停止最后的一口呼吸。"[95]

廖仲恺"高举孙中山的旗帜，不顾右派势力的诽谤和攻击，坚持三大革命政策，领导国民党左派继续进行国民革命"[96]，"为党最能负责、最能工作而又勇敢于革命运动、工农运动及反帝国主义运动的积极领袖"[97]。

孙中山去世后，革命派和反革命派的斗争日益尖锐了。

还在孙中山病危的时候，冯自由等就在北京组织"国民党海内外同志卫党同盟会"，提出反共反革命主张；邹鲁、谢持等组织"国民党护党同志驻京办事处"，发表反共反革命宣言。1925 年3 月8 日，"国民党海内外同志卫党同盟会"和"国民党护党同志驻京办事处"合并为"国民党同志俱乐部"，并发表排斥共产党宣言。

廖仲恺挺身而出，与冯自由之流做斗争。国民党中央执行委员会发表声明，宣布国民党中央与“同志俱乐部”没有任何关系，决议将冯自由等三百二十名“不惜变节卖身”的叛徒开除出党。

在广州，国民党内部左右派之间的斗争，也日益加剧。“原来处于中派地位的党员便逐渐地转到右派一边，只有少数人转到左派一边”[98]。“中派”胡汉民实际上成为右派的首领。“所谓右派之中委，如居正、邹鲁、谢持、丁惟汾、王法勤、覃振、石青阳、邓家彦、茅祖权辈（彼等后来多成为西山会议派之骨干），每为胡之马首是瞻”[99]。

面对反革命派猖獗的进攻，廖仲恺发表《革命派与反革命派》一文予以反击。首先，分析国民党内产生反革命派的必然性：“国内的反动势力与国外的压迫与侵略的力量，因利害的一致，常常互相勾结。所以在殖民地与半殖民地的国民革命运动，在殖民地与半殖民地的国民党中，必然发生革命派与反革命派。我们中国既然处在一个半殖民地的地位，所以我们的中国国民党亦不能有例外。反革命派之所以发生，是因为他们为军阀官僚及帝国主义者所利用，他们或竟亲自去勾结军阀官僚与帝国主义者以谋打倒革命派的势力。这种压迫阶级的联合战线，是国民革命进程中必不能免的病症。”“冯自由之捣乱，便是这条定律下的例证。”接着，指出军阀官僚口中的国民党稳健派就是反革命派。“现在吾党中所有反革命者皆自诩为老革命党，摆出革命的老招牌……不知革命派不是一个虚名，那个人无论从前于何时、何地立过何种功绩，苟一时不续行革命，便不是革命派。反而言之，何时有反革命的行动，便立刻变为反革命派。”最后，提出判断革命派和反革命派的标准：“官僚军阀与帝国主义者，是我们全国人的公敌，那一派人代表民众来打销这两种力量便是革命派。占我国人口最多的是农工阶级，那一派人替农工阶级打销压迫他们的力量，便是革命派。反而言之，凡与军阀帝国主义者妥协，并压抑农工的人们，便是反革命派。”[100]

廖仲恺嘲笑那些“反共产”的英雄们：“世间有一种鸟，叫做鹦鹉，其伎俩便是别人说一句，他来学一句。现在也有一种人，是和这种鸟差不多的，其本色就在没有意志，没有灵魂，只会拾别人的唾沫。比如帝国主义说，中国应实行民族独立就是共产，他于是赶快来应一句，大叫共产了就怎样不好之类。若果做鹦鹉都要替外国人做才甘心，那真太没有知识了。"[101]

1925年7月1日，廖仲恺等在共产党人支持下改组大元帅府为国民政府。国民政府由十六名委员组成，汪精卫任主席，胡汉民任外交部部长，廖仲恺任财政部部长。实际上，国民政府是由廖仲恺领导的。[102]

国民政府成立后，担任国民政府委员、财政部部长、军事委员会常务委员、广东省财政厅厅长的廖仲恺，"极力谋求军政统一、民政统一、财政统一"。他以财政厅厅长名义发出训令："从七月十五日起，所有财政收入，应一切由法定征收机关征收管理，无论何项文武官吏人等，概不得巧立名目，擅自征收或截留，违者认为违反法令，按照军法严重治罪。"[103]"自本年七月十六日起，所有各军饷需，均由军需局分配开支。"各县"收入一切正杂粮税各款，务须按月清解到厅，无论何处军队，一概不得就近截支，倘该县误行支拨，定予严重处分"[104]。他在国民政府军事委员会会议上重申财政统一的重要性和办法："财政不统一，实为政治混乱之大因。现财政不统一之障碍既除，自宜将财政与军政分离。政府现已筹有相当之办法：一、所有各军截留之税饷，交回财政厅；二、向由县征收之粮税，由县长征收之；三、各军军饷，根据战事未发生前之额定支拨，各军非得命令，不得提取，财厅则计算各军军饷若干，交由军需官支付之。如此则财政统一或可成功，然后国民政府政治方有可言。"[105]廖仲恺的财政统一措施，大招军阀、政客的忌恨。

廖仲恺坚持三大政策，尽力援助省港大罢工，又引起了香港的英帝国主义者对他的特别强烈的仇恨。英帝国主义者采取"以华制华"的策略，用金钱资助右派军人、政客魏邦平、胡毅生、林树巍、林直勉、赵士觐之流进行反叛活动。他们组织一个名叫"文华堂"的俱乐部，开办以"反共产"为宗旨的《国民新闻》，极尽攻击共产党、国民政府和廖仲恺之能事。[106]

这样，廖仲恺就成了帝国主义者、国民党右派、军阀、官僚、政客的眼中钉、肉中刺，非倒他的台不可。

国民政府成立后，国民党右派、政客在胡汉民家里连续开会，密谋“倒廖”的办法。英帝国主义者直接布置了对廖仲恺的暗杀活动。这些，右派首领胡汉民“是知情的”[107]。

国民党左派对反革命派的暗杀密谋已有所闻，但没有立下坚决反击的决心。8 月 11 日，共产党人领导省港罢工工人和广州市民举行肃清内奸的大示威运动，为国民党左派壮胆，但他们仍然犹豫不决，凛然不动手。[108]

反革命派预感到刺杀廖仲恺必定会惹得天怨人怒，在动手之前，又故意透露出他们的行刺计划，企图威胁廖仲恺妥协退让。消息传到廖仲恺那里，他还拿来当笑话和朋友说：“听说他们的暗杀的家伙，不是用手枪，是用盒子枪，手提式机关枪。我倒要尝尝它的滋味呢。”

威吓遭到了嘲弄，反革命派再没有什么可做凭借，穷形露相，就收买凶手实行暗杀。

何香凝和廖仲恺商量：“既然有人谋算行刺，你也该多加两个卫兵防备一下才是。”

廖仲恺很不以为然：“增加卫兵，只好捉拿刺客，并不能挡住他们行凶。我是天天到工会农会学生会各团体去开会或演说，而且一天到晚要跑几个地方，他们要想谋刺我，很可以装扮着工人、农民或学生模样，混入群众中间下手的。我生平为人作事，凭良心，自问没有对不起党、国和民众的地方，他们如果安心想来暗杀，防备那也是没有用的。总之，生死由他去，革命我总是不能松懈一步的。”[109]

话虽有理，但总是防备一下为好，何香凝还是加派了一个便衣卫士随从他。

遇害前两天，在国民政府的一次会议上，汪精卫向廖仲恺递过一张条子，说听到有人对他不利，请他注意。廖仲恺看罢，耸耸肩膀，笑着说：“我们都是预备随时死的，那有什么关系！”[110]

遇害前一天，又有人把刺客行刺廖仲恺的确切消息报告廖仲恺。廖仲恺听了慨然说道："际兹党国多难之秋，个人生死早置度外，所终日不能忘怀者，为罢工运动及统一广东运动两问题尚未解决！"[111]

1925 年 8 月 20 日上午 9 点，廖仲恺夫妇带着两个便衣卫士坐车赶赴中央党部，出席国民党中央执行委员会第一〇六次会议。

汽车向着中央党部所在地惠州会馆开去，途中遇着国民政府监察委员陈秋霖，廖仲恺就招呼他："你是找我的吗？"

"是的。"陈秋霖随口应答。

"那就请上车一同到中央党部去吧。"

汽车开到中央党部门前，廖仲恺和陈秋霖先下车。廖仲恺刚刚登上第三级石阶，晒台下突然跳出两个刺客朝他射击；大门铁栅内隐藏的刺客也同时向他开枪。廖仲恺身中四弹，仰面倒下。陈秋霖也身中一弹。随行的卫士一个中弹，一个举枪还击，射中一个刺客，其他刺客仓皇逃窜。

何香凝刚一下车，抬头看见一位女同志，便止住脚步向她说："停 20 分钟，我就到妇女部，有事和你商量，请等着我。"正说着话，何香凝听到"啪啪，啪啪，啪啪"的响声，好像是燃烧爆竹，还以为是谁家在办庆贺的事。可是，一转过脸来，看见丈夫已经倒在地上，方知道有人行刺，就一面连呼"救命！抓人！"一面赶快俯身扶着丈夫，问他："伤在什么地方，觉得身上那点儿难过？"

廖仲恺已经不能说话，只是"唉"地长叹一声。

又是一阵枪声。枪弹飕飕地从她头上、身旁擦过，连她的衣服也烫焦了。何香凝和赶来援助的人把廖仲恺架了起来。这时，才见满地殷红，廖仲恺的衣服也是一片片的鲜血，还一滴一滴地往下直流。何香凝说不清是悲痛还是愤恨，迅速地把廖仲恺抬进汽车，吩咐司机直向广州公立医院开去。在车上，悲哀才啃住了何香凝的心，她只觉得眼前昏黑，天旋地转，好像太阳也暗淡无光了。

到了医院，廖仲恺已经身亡，年仅 48 岁。[112]

凶手陈顺当场被捉获了。根据他的口供、凶器和实物罪证，很快查明：

主持暗杀的凶犯是朱卓文、胡毅生、魏帮平等人。“他们刺死廖仲恺先生的目的，决不单是要刺死他一个人而已，而是要推翻国民政府，颠覆为民族民众利益而奋斗的政府。”[113]

的确，“廖先生之死是死于改组国民党，联俄政策，扶助农工，创办黄埔军校，援助罢工，统一军政财政，打倒帝国主义，打倒军阀!”[114]

为国民革命而死的廖仲恺，“成为努力奉行孙先生遗教而流血的第一人!”[115]

8 月 25 日，廖仲恺出殡时，广州各界群众二十多万人送葬。他的遗体暂厝在朱执信墓左侧；1935 年 9 月 1 日，安葬于南京紫金山孙中山陵园西侧。

廖仲恺，这位伟大的爱国主义者和杰出的资产阶级民主革命家，永远活在中国人民的心中。

注释：

[1] 在孙中山著作和中国国民党第一次全国代表大会文件中，都没有“三大政策”一词。“三大政策”一词是黄埔军校学生提出来的。1926 年 10 月 3 日出版的《黄埔潮》第 11 期刊登的吴善珍文章《我们对总理的联俄联共政策怀疑吗?》就提出了“三大政策”一词：“自总理决定‘联俄’‘联共’‘农工’三大政策以后，党内新旧的右派……如西山会议、上海伪中央、孙文主义学会……他们的宣言议决案，完全以反对此三大政策为骨干。”“但是黄埔学生有始终拥护此三大政策的精神，并且以之作评判革命反革命的根据。”“三大政策”一词提出后，共产党人、国民党人和各界人士都普遍使用。如：1926 年 12 月 11 日，周恩来在《现时政治斗争中之我们》中说：“国民革命是各阶级联合的革命，不同的阶级性反映到国民党内自也形成了各派。过去，右派很显然地做了许多反共、反俄、反工农以及勾结旧势力的工作，而左派很坚决地努力于国民革命和民主政治之实现，实行联俄、联共和拥护工农利益的三大革命政策。”(《周恩来选集》上卷，人民出版社 1980 年版，第 3 ~4 页）1927 年 3 月 12 日，国共两党领导人出席的武汉百万人参加的孙中山逝世两周年纪念大会通过“厉行总理联俄、联共、扶助农工三大政策”决议案。4 月 17 日，汉口《民国日报》刊登汪精卫的题词：“总理所定联俄容共农工三大政策是整个的，破坏一个政策即是破坏整个政策，即是将改组本党的精神意义根本取消，一切革命同志应该起来，拥护此整个的政策。”邹鲁在《中国国民党史稿》中说：“中国国民党十

三年的改组，在中国革命史上具有划时代的伟大意义。这是谁也不能否认的。伴着改组的成功，产生了党的三个政策，就是联俄、容共、扶植农工。这都是本党总理中山先生亲自决定的，实具有不可动摇的时代意义。”“国父定下这三大政策的伟大用意，仲恺是最清楚的，所以他拥护最力，奉行也最力。”（《廖仲恺传》）有人说：“三大政策”是“鲍罗廷及中共所捏造”。这是违背历史实际的说法。

[2]《双清文集》上卷，人民出版社 1985 年版，第 609～610 页。胡汉民说：“廖仲恺先生说过，‘列宁谈不到主义。列宁不是一个政治家、革命家，他简直是一个纵横家。他的共产主义不是一种主义，是一种政策。’”（《廖仲恺先生精神不死》）这是胡汉民捏造的。

[3]《列宁追悼会祭帐》（1924 年 2 月 24 日），《孙中山全集》第 9 卷，中华书局 1986 年版，第 509 页。

[4]《救国的三要件》（1924 年 5 月 11 日），《双清文集》上卷，人民出版社 1985 年版，第 640～641 页。

[5] 1924 年 11 月 8 日广州《民国日报》。

[6]《致苏联政府唁电》（1924 年 7 月），《孙中山全集》第 10 卷，中华书局 1986 年版，第 479 页。

[7]《廖仲恺先生哀思录》，三民出版部 1926 年版，第 11 页。

[8]《关于建立反帝联合战线宣言》（1924 年 1 月 6 日），《孙中山全集》第 9 卷，中华书局 1986 年版，第 23～24 页。

[9]《农民运动所当注意之要点》（1924 年 7、8 月间），《双清文集》上卷，人民出版社 1985 年版，第 699～700 页。

[10]《在广州中国国民党追悼列宁大会的演说》（1924 年 2 月 24 日），《双清文集》上卷，人民出版社 1985 年版，第 609 页。

[11]《在石井兵工厂青年工人学校的演说》（1924 年 3 月），《双清文集》上卷，人民出版社 1985 年版，第 628 页。

[12]《革命派与反革命派》（1925 年 5 月），《双清文集》上卷，人民出版社 1985 年版，第 757 页。

[13]《农民运动所当注意之要点》（1924 年 7、8 月间），《双清文集》上卷，人民出版社 1985 年版，第 703 页。

[14]《双清文集》上卷，人民出版社 1985 年版，第 630 页。

[15] [16]《〈各派社会主义与中国〉序》(1925 年 3 月 2 日),《双清文集》上卷,人民出版社 1985 年版,第 741 页。

[17]《在石井兵工厂青年工人学校的演说》(1924 年 3 月),《双清文集》上卷,人民出版社 1985 年版,第 626 ~ 627 页。

[18]《孙中山全集》第 9 卷,中华书局 1986 年版,第 178 页。

[19] 邹鲁:《中国国民党史稿》,中华书局 1960 年版,第 407 页。

[20]《我的回忆》(1961 年 10 月),《双清文集》下卷,人民出版社 1985 年版,第 939 ~ 940 页。

[21] 廖梦醒:《恩情》,《人民文学》1980 年第 1 期;廖承志:《教诲铭记心,恩情重如山——纪念敬爱的周总理八十诞辰》,1978 年 3 月 21 日《人民日报》。

[22]《与国闻通讯社记者的谈话》(1924 年 2 月 18 日),《孙中山全集》第 9 卷,中华书局 1986 年版,第 474 页。

[23]《"二大"和"三大"》,中国社会科学出版社 1985 年版,第 263 ~ 266 页。

[24]《为廖仲恺先生之死敬告一般革命的民众》(1925 年 9 月),《谭平山文集》,人民出版社 1986 年版,第 295 页。

[25]《中国国民党全国党务概况》(1925 年 11 月),《谭平山文集》,人民出版社 1986 年版,第 317 ~ 319 页。

[26] 陈潭秋:《国民党底分析》(1924 年 12 月 27 日),《"二大"和"三大"》,中国社会科学出版社 1985 年版,第 463 页。

[27] 冯自由:《革命逸史》第 3 集,中华书局 1981 年版,第 216 页。

[28]《冯自由致孙中山先生函稿》,《档案与历史》1986 年第 1 期。

[29]《孙中山全集》第 9 卷,中华书局 1986 年版,第 538 页。

[30]《孙中山全集》第 9 卷,中华书局 1986 年版,第 540 ~ 542 页。

[31]《国父年谱》增订本下册,台湾 1985 年版,第 1 193 ~ 1 194 页。

[32] 邹鲁:《中国国民党史稿》,中华书局 1960 年版,第 413 页。

[33]《谢张两监察委员与鲍罗廷问答纪要》,《共产国际与中国革命资料选辑(1919—1924)》,人民出版社 1985 年版,第 309 ~ 313 页。

[34] 王功安等:《国共两党关系史》,武汉出版社 1988 年版,第 108 页。

[35]《孙中山年谱》,中华书局 1980 年版,第 342 ~ 343 页。大会,指中国国民党第一次全国代表大会。

[36]《中国国民党关于党务宣言》(1924 年 7 月 7 日),《孙中山集外集》,上海人民出版社 1990 年版,第 520~521 页。

[37]《档案与历史》1986 年第 1 期。

[38] 瞿秋白:《对于监察委员弹劾案之答辩词》。《团刊》,指刊载《同志们在国民党工作及态度决议案》的《团刊》第 7 期。

[39]《共产国际与中国革命资料选辑(1919—1924)》,人民出版社 1985 年版,第 324~327 页。

[40]《双清文集》上卷,人民出版社 1985 年版,第 721 页。

[41]《廖仲恺殉国周年纪念日敬告民众书》(1926 年 8 月 20 日),《双清文集》下卷,人民出版社 1985 年版,第 46 页。

[42]《对黄埔军校第三期入伍生的演说》(1925 年 3 月下旬),《双清文集》上卷,人民出版社 1985 年版,第 749 页。

[43] 1925 年 9 月 4 日《国民新报》。

[44]《双清文集》上卷,人民出版社 1985 年版,第 629 页。

[45] [59]《双清文集》上卷,人民出版社 1985 年版,第 754 页。

[46]《双清文集》上卷,人民出版社 1985 年版,第 907~908 页。

[47] 1924 年 2 月 13 日《民国日报》。

[48]《孙中山全集》第 10 卷,中华书局 1986 年版,第 145、149 页。

[49] 1924 年 5 月 7 日《民国日报》。

[50]《孙中山全集》第 11 卷,中华书局 1986 年版,第 125~129 页。

[51]《支援江门油业工人通电》(1924 年 5 月 9 日),《双清文集》上卷,人民出版社 1985 年版,第 639 页。

[52] 1924 年 8 月 9 日广州《民国日报》。

[53]《双清文集》上卷,人民出版社 1985 年版,第 638~639 页。

[54] 1924 年 7 月 18 日广州《民国日报》。

[55]《为沙面罢工复法领事函》(1924 年 7 月 19 日),《双清文集》上卷,人民出版社 1985 年版,第 667 页。

[56] 1924 年 8 月 14 日广州《民国日报》。

[57]《中国职工运动简史(1919—1926)》,《邓中夏文集》,人民出版社 1983 年版,第 526 页。

［58］1924年8月19日广州《民国日报》。

［60］《呜呼廖仲恺先生之死!》（1925年8月22日），《邓中夏文集》，人民出版社1983年版，第156页。

［61］罗大明等:《大革命时期广东工运情况的回忆》，《中国国民党“一大”史料专辑》，广东人民出版社1984年版，第166页。

［62］《在省港罢工委员会代表大会上的演说》（1925年8月14日），《双清文集》上卷，人民出版社1985年版，第906页。

［63］《在省港罢工委员会代表大会上的演说》（1925年7月15日），《双清文集》上卷，人民出版社1985年版，第772页。

［64］《在省港罢工工人第七次代表大会上的报告》（1925年8月1日），《双清文集》上卷，人民出版社1985年版，第861~862页。

［65］《农民运动所当注意之要点》（1924年7、8月间），《双清文集》上卷，人民出版社1985年版，第698、703页。

［66］《农民运动丛刊》。

［67］《革命政府对于农民运动第一次宣言》（1924年7月），《广东农民运动资料选编》，人民出版社1986年版，第146~147页。

［68］《双清文集》上卷，人民出版社1985年版，第668页。

［69］《农民解放的方法》（1924年8月），《双清文集》上卷，人民出版社1985年版，第706~708页。

［70］《全国农民运动概观》，《第一次国内革命战争时期的农民运动资料》，人民出版社1983年版，第6页。

［71］《双清文集》上卷，人民出版社1985年版，第698~703页。

［72］《革命政府对于农民运动第二次宣言》（1924年），《广东农民运动资料选编》，人民出版社1986年版，第148页。

［73］《全国农民运动概观》，《第一次国内革命战争时期的农民运动资料》，人民出版社1983年版，第12~13页。

［74］《革命政府对于农民运动第二次宣言》（1924年），《广东农民运动资料选编》，人民出版社1986年版，第150~151页。

［75］《为孙中山草拟的致郑润琦等令》（1924年12月16日），《双清文集》上卷，人民出版社1985年版，第729页。

[76]《广东农民运动报告》(1926年6月),《广东农民运动资料选编》,人民出版社1986年版,第68~69、73页。

[77]《廖仲恺先生殉难一周年纪念与农民》(1926年8月15日),《阮啸仙文集》,广东人民出版社1984年版,第272页。

[78]《致郑润琦电》(1924年12月23日),《双清文集》上卷,人民出版社1985年版,第732页。许总司令,即粤军总司令许崇智。

[79]《致胡汉民函》(1924年12月14日),《双清文集》上卷,人民出版社1985年版,第728页。

[80]《广东农民运动概况》,《第一次国内革命战争时期的农民运动资料》,人民出版社1983年版,第132页。

[81]《本部特派员大会之决议案》(1925年10月27—28日),《广东农民运动资料选编》,人民出版社1986年版,第166页。

[82]《广东农民运动概况》,《第一次国内革命战争时期的农民运动资料》,人民出版社1983年版,第133页。

[83]《国民政府对农民运动第三次宣言》,《第一次国内革命战争时期的农民运动资料》,人民出版社1983年版,第40页。

[84]《广东省第二次农民代表大会宣言》(1926年5月),《第一次国内革命战争时期的农民运动资料》,人民出版社1983年版,第282页。

[85]《农民解放的方法》(1924年8月),《双清文集》上卷,人民出版社1985年版,第704页。

[86]《在广东工农商各界公祭廖仲恺陈秋霖大会上的讲话》(1925年9月11日),《双清文集》下卷,人民出版社1985年版,第17页。

[87]廖梦醒:《回忆我亲爱的父亲——廖仲恺》,《中国工人》1957年第16期。

[88]《双清文集》上卷,人民出版社1985年版,第646页。

[89]《双清文集》上卷,人民出版社1985年版,第837~838页。

[90]《作事必须有恒心》(1924年5月15日),《双清文集》上卷,人民出版社1985年版,第643页。

[91]《双清文集》上卷,人民出版社1985年版,第643、748页。

[92]《双清文集》上卷,人民出版社1985年版,第748~749页。

[93]《双清文集》上卷,人民出版社1985年版,第756页。

［94］《在粤军追悼廖仲恺陈秋霖大会上的演说》（1925 年 8 月），《双清文集》下卷，人民出版社 1985 年版，第 14 页。邹鲁《廖仲恺传》：“他平日为革命工作，每每超过了常人所能忍耐的程度。尤其在（民国）十三年以后，一身兼党政数要职，每天办公少则十二三小时，多至十六七小时，全没现出一点倦容。”

［95］《八月二十日廖仲恺身殉革命记》（1937 年 8 月 16 日），《双清文集》下卷，人民出版社 1985 年版，第 239 页。

［96］邓颖超：《在缅怀廖仲恺先生、纪念何香凝先生逝世十周年大会上的讲话》（1982 年 8 月 29 日），1982 年 8 月 30 日《人民日报》。

［97］周恩来：《勿忘党仇》，《廖仲恺先生哀思录》，三民出版部 1926 年版，第 29 页。

［98］卡尔图诺娃：《加伦在中国（1924—1927）》，中国社会科学出版社 1983 年版，第 160 页。

［99］罗翼群：《廖案感旧录》，《广州文史资料》第 7 辑。

［100］1925 年 5 月 20 日《民国日报》。

［101］《八月二十之回忆》（1938 年 8 月 18 日），《双清文集》下卷，人民出版社 1985 年版，第 286 页。

［102］达林：《中国回忆录（1921—1927）》，中国社会科学出版社 1981 年版，第 179 页。

［103］《命各征收机关统一管理征收令》（1925 年 7 月 18 日），《双清文集》上卷，人民出版社 1985 年版，第 788 页。

［104］《命广东各县县长维护财政统一令》（1925 年 7 月 18 日），《双清文集》上卷，人民出版社 1985 年版，第 799 页。

［105］《双清文集》上卷，人民出版社 1985 年版，第 826 页。

［106］《中国国民党第二次全国代表大会会议记录》第 17 号；亦农：《廖仲恺遇刺前后的广州政局》，《向导》第 130 期。

［107］《双清文集》下卷，人民出版社 1985 年版，第 947 页；《周恩来选集》上卷，人民出版社 1980 年版，第 177 页。

［108］《中国职工运动简史（1919—1926）》，《邓中夏文集》，人民出版社 1983 年版，第 620 页。

［109］《八月二十日廖仲恺身殉革命记》（1937 年 8 月 16 日），《双清文集》下卷，

人民出版社 1985 年版，第 235 ~ 236 页。

［110］陈公博：《苦笑录》。

［111］《廖仲恺》，《革命人物志》第 7 集。

［112］《八月二十日廖仲恺身殉革命记》（1937 年 8 月 16 日），《双清文集》下卷，人民出版社 1985 年版，第 237 ~ 238 页。

［113］《中国共产党为廖仲恺遇刺唁国民党》（1925 年 8 月 31 日），《向导》第 127 期。胡汉民说廖仲恺的性命是被共产党送掉的，是自欺欺人的谎言。（《廖仲恺先生精神不死》）

［114］《廖仲恺之死因》（1927 年 4 月 21 日），《双清文集》下卷，人民出版社 1985 年版，第 70 页。

［115］《八月二十日廖仲恺身殉革命记》（1937 年 8 月 16 日），《双清文集》下卷，人民出版社 1985 年版，第 235 页。

第十二章 “哀思惟奋酬君愿”

弃职赴欧

廖仲恺和何香凝有“二三十年师友之谊，夫妇之情，同志之爱”[1]。廖仲恺被“党里同志”暗杀，给何香凝打击最大。更令她痛心的，还是党、国和国民革命的损失。

廖仲恺被刺身亡后，坚强不屈的何香凝发表谈话：“吾人做革命事业，生死本置诸度外。今廖先生被人狙击逝世，吾家属损失犹小，所难堪者吾党矣。”[2]

在粤军追悼廖仲恺、陈秋霖大会上，何香凝向同志们表露自己的心声：“余敢掬其哀伤痛布诸同志，竭其心命为革命奋斗，毋稍存私见，毋稍念私利，固结团体，一致进行，苟利于国，则吾举家以殉亦所不惜。”[3]

在挽廖仲恺联中，何香凝表示自己的决心：“致命本预期，只国难党纷，赞理正需人，一瞑能无遗痛憾！先灵应勉慰，使完功继事，同魂齐奋力，举家何惜供牺牲。”[4]

何香凝以自己的实际行动，实践了自己立下的誓言。

何香凝继承孙中山和廖仲恺的遗志，贯彻执行“联俄”政策，反对帝国主义侵略。1925 年 12 月 3 日，她在欢送留俄学生大会上发表演说，指出俄国十月革命后，“廖先生与孙先生极力主张联俄，以抵抗帝国主义”。希望留俄学生“切勿忘孙先生之志，依照遗嘱，继续努力”。“他日回国领导中国青年，努力革命工作”，完成孙先生、廖先生未竟之志。[5]1926年1月8日，她在国民党“二大”上强调“联俄”的必要性：“我们联合共产党是要联合世界弱小民族；共产党联合我们，是因为我中国人口占弱小民族三分之一数。”“帝国主义者不打倒，我们决不能成为国家。还要赶快联合世界弱小民族，共同奋斗。”[6]她与苏俄顾问团的家属鲍罗廷夫人等保持着友好合作关系，邀请她们指导妇女部的工作和参加广州妇女界各项活动。[7]她主持召开广东各界妇女纪念“三八”节大会，致电共产国际妇女书记部，希望不断得到共产国际妇女书记部的指导，“与全世界妇女联合参加世界革命的战线”，“以达到全世界妇女解放的目的”[8]。

何香凝继承孙中山和廖仲恺的遗志，贯彻执行国共合作政策，从事国民革命。1925年8月27日，她在省港罢工工人第十八次代表大会上指出国共两党“有携手的必要”：“本党是主张打倒帝国主义，共产党的主张也是打倒帝国主义……共产党的主旨，是要使一般无产阶级得到解放，不可谓不公平，实胜于不顾民众艰苦自私自利的资本家万倍！”[9]1926年1月8日，她在国民党“二大”上指出：“我们与共产党必要合作，共同奋斗，打倒帝国主义，达到我们革命成功，进而世界大同。”[10]6月27日，她在黄埔同学会第一次恳亲会上又指出：“我承认总理容纳共产党加入国民党，共产党即是我们的朋友。”“我希望大家不要歧视共产党，我们要同他们共同奋斗，向敌人进攻，完成国民革命。”[11]在国民党中央妇女部和广东省党部妇女部里，她信任共产党员蔡畅、邓颖超等人。在她们的大力协助下，妇女部“提出制定男女平等的法律；女子财产继承权；根据结婚离婚自由原则制定婚姻法；根据同工同酬及保护母性及童工原则，制定妇女劳动法的四点要求”[12]。

何香凝继承孙中山和廖仲恺的遗志，贯彻执行“扶助农工”政策，号召妇女参加国民革命运动。1925年8月27日，她在省港罢工工人第十八次代表大会上说：“孙先生主张国民革命，就特别注意于工农阶级，因为工农阶级所受之痛苦最深，而革命的力量亦最大。廖先生秉承孙先生之志，依照国民党党纲，力谋扶助工农，使之同向国民革命路上走，以打倒帝国主义，而达吾民自由平等之目的。国内民众，十分之九，既是工农，不求工农解放，焉能有巩固之国家？没有巩固之国家，安能把帝国主义之压迫根本推翻？”[13]1926年5月2日，她在廖仲恺纪念碑奠基典礼上又说：“廖先生生前帮助工农运动，彼固知工农群众受帝国主义压迫甚深，又占人数之大多数，欲求革命成功，打倒帝国主义，非先帮助工农不可。”[14]“若要中国强，必须提高农工地位，引导他有政治知识，方有希望。”“挽救农工即所以挽救中国。”[15]大革命时期，她和妇女部为挽救农工，提高农工地位，发展妇女运动，开展了各项工作：

> ①为收容求学妇女，使得有就学机会，筹款在广州贫民住宅区设立劳工学校二所。②与工人部合办顺德县女工补习学校二所。③当时因民众运动蓬勃发展，妇女运动亦随之日益高涨，但干部人材异常缺乏，妇女部设立妇运讲习所。④一九二六年二月起，派工作人员定期向各处工厂活动宣传反对帝国主义之要义。⑤为帮助贫苦产妇解决困难，特于广州设立小规模贫民生产医院，经费来源，一部是向海外华侨劝募，另一部分是请国内热心公益人士捐助解决的。凡赤贫产妇，可住院生产，膳宿接生医药费用全部免收。后来沙基惨案之后，省港罢工，就扩大业务范围，为广大罢工男女工人服务。⑥举办军人家属妇女救护员传习所，训练救护人材，以备北伐随军出发担任救护工作。⑦组织民间剧社及出版《妇女之声》月刊，宣传反帝反封建，指导各地妇运情况，以发展妇女运动。[16]

担任国民党第二届中央执行委员、中央妇女部部长、广东省党部妇女部部长的何香凝，认识到国民革命还要占全国国民二分之一的妇女参加，“始能说是完成”[17]。因此，她号召广大妇女“努力国民革命工作”，以求自身解放。[18]

对违反孙中山的革命原则和三大政策的国民党新右派，何香凝进行了无情的斗争。

1926 年 3 月 20 日，蒋介石制造了“中山舰事件”，派兵包围苏联顾问住宅。何香凝冲过重重阻挠找到蒋介石，当面指责他：“总理死后，骨尚未寒，仲恺死后，血也未干，你不想想，苏联对我们的帮助很大，只有苏联，才可以帮助打通中国将来革命的出路前途，你昨夜那样对待苏联人，太背信弃义了。以怨报德，违背了孙先生的主张，使革命前途衰落，你将何以对孙先生?”[19]23 日，她作诗一首，表达自己悲愤的心情：

辗转兰床独抱衾，起来重读柏舟吟。
月明霜冷人何处？影薄灯残夜自深。
入梦相逢知不易，返魂无术恨难禁。
哀思惟奋酬君愿，报国何时尽此心?[20]

1927 年 4 月 12 日，蒋介石在上海发动反革命政变。翌日，何香凝在湖北发起讨蒋运动：“而今蒋介石之所行，全与廖先生意旨相反。”“我们怎样对付呢？就只有照廖先生说的话，打倒这些反革命派。”[21]

22 日，何香凝与宋庆龄等通电讨伐蒋介石，号召全党同志“依照中央命令，去此总理之叛徒、本党之败类、民众之蟊贼”[22]。

7 月 15 日，汪精卫在武汉公开叛变革命，“宁汉合流”。何香凝怒不可遏，把武汉当局责骂一顿，然后赴庐山。

11 月，何香凝又当面对蒋介石晓以大义，劝他停止反共。蒋介石坚持反共立场，何香凝怒斥蒋介石，拒绝做他与宋美龄的证婚人。[23]

“四一二”反革命政变后，何香凝写了一百多封信，抗议蒋介石屠杀革命志士和人民的罪行。蒋介石置之不理。[24]何香凝“不愿再与彼等为伍，摒弃一切职守”，“以画笔栖迟，维持清苦的生活”。

1929 年 6 月 1 日，何香凝由上海赴南京参加孙中山国葬典礼。翌日，她作诗悼念被反革命派杀害的友人，坚信革命一定会胜利：

紫金山上中山月，照彻金陵烈士血。
烈士之血为谁流？如斯代价空磨灭。
月也无光一息间，新鬼烦冤旧鬼泣。

啾啾唧唧动江海，波涛沸震河山裂。
我向阴魂慰一词，君等冤仇必能雪。
填海移山大有人，誓抱头颅为国掷。
众志成城莫可摧，恶之逆之终自绝。
回头忽见月重明，波涛声沓鬼声歇。[25]

“先开早具冲天志，后放犹存傲雪心。独向天涯寻画本，不知人世几升沉。”[26]何香凝为表明不与反革命同流合污，并为仲恺农工学校[27]筹募经费，离上海经香港出国。先赴南洋，后到欧洲，寄居巴黎市郊的里拉顿岛，“以写画自遣”[28]。

回国参加抗日

1929年，何香凝在前往法国途中，愁肠百结，不由赋诗表达自己的苦衷：“我岂忍心离故国？舟行万里物华清。鸟飞有意传音讯，云出无心碍月明。几载兴衰如一梦，卅年惨史待谁鸣？停舟我亦凄凉日，忍听夷歌奏凯声！”[29]

日寇发动“九一八”事变，不到一个星期，就占据辽宁和吉林两省的广大领土，激起了全国人民的无比愤慨，掀起了抗日救亡的高潮。消息传到巴黎，何香凝悲愤填膺，匆匆整装，搭“麦新格将军”号轮船回国，“参加全国反日救护死伤工作，以尽个人责任”[30]。行前，在法国的一些中国留学生举行了一次送别会。出席这次送别会的，有黄埔军校的军人，也有大革命时期曾供军职的人。大家都向何香凝说：“一路平安。”

何香凝问他们：“你们究竟什么时候回国？”

他们说：“我们打算不久之后也回去。”

何香凝激动地对他们说：“拯救国家危机，正是爱国军人的职责所在。但是你们没有想到祖国的安危，还逗留在异国，把保卫祖国的责任诿诸他人。我对你们感到失望。”[31]

何香凝回到上海，立即接见记者，发表谈话：“国联实为一各大国宰割小国及分赃之集团。吾除自救外，别无他策。”[32]“余以一个国民资格，凡有利国家人民及余个人力量所能办到，即牺牲任何一切亦所愿也。余拟日内开一书画展览会，将会中所售得之款全数捐助给红十字会。此亦系余个人为国尽一些责任。”[33]

1931 年 12 月 19 日，何香凝发表《对时局之意见》一文，痛斥新军阀、假革命者连年内战，“动摇国本，虚耗民财”的罪行，要求政府释放政治犯，对日宣战。并郑重宣布：“此后坚决辞去中央委员职守，专心办理社会慈善事业，以尽国民一分责任。”[34]

何香凝把新加坡爱国华侨为支持抗日运动而捐献的款项设法输回祖国，组织了援助义勇军的医疗队，把医疗器材和药品送到东北前线，救助义勇军伤兵。[35]同时，在上海先施公司举办“救济国难书画展览会”，以售得之款，“在上海设立短期妇女救护班，学习速成救护工作，以培养战时救护人才，为抗日救伤服务”[36]。

由于蒋介石严令东北军对日军的“寻衅”，“绝对抱不抵抗主义”，“缴械则任其缴械，入占营房即听其侵入”，“以待国际公理之判决”，仅仅三个多月，东北三省全部沦陷。1932 年 1 月 28 日，日寇又在上海制造事变，十九路军被迫奋起自卫，揭开了淞沪抗战的序幕。

战争爆发的当夜，何香凝用电话通知各界人士，约定 29 日下午开会商量慰劳、救护、救济事宜。30 日上午，何香凝率领慰劳队到太阳庙慰问翁照垣旅官兵。一支由复旦大学学生组成的宣传队来到太阳庙，请何香凝“训话”。何香凝站在台阶上，亲切地叫了一声：“孩子们！”便老泪纵横，再也说不下去了。过了一会儿，才说：“我们要打败日本侵略军！你们是国家的主人翁，要为国家争气，要向十九路军学习！”

从 31 日起，何香凝在海关监督公署成立办事处，领导慰劳队、救护队、救济队开展工作。何香凝以身作则，每天提前上班。她对各项工作抓得很紧，嘱告工作人员必须做到“细心、耐心、认真、负责”八个字。她与宋庆龄等人联合发起募捐，设立四间伤兵医院，收容抗日受伤战士一千多人。一天，孔祥熙问何香凝："廖夫人办伤兵医院办得很好，你愿意到南京去办吗?"何香凝断然拒绝："我愿意闻抗日伤兵的血腥臭味，不愿闻腐化官僚的臭味！"[37]

何香凝在家门上贴着大幅的字条："此处接受热心的援助。"爱国的市民们争相把捐款和物资送上门来。黄雯医生上门拜会，对何香凝说："我是医生，我愿尽义务在伤兵医院工作。"归国华侨陈乙明把自己的汽车开来对何香凝说："我可以开车，您到哪里去，我都可以伴随，运货物也行。"[38]

何香凝与陈铭枢、蒋光鼐同赴南京要求蒋介石支援孤军奋战的十九路军。蒋介石设宴招待何香凝，援助的事一句话也没有讲，只是不断地向她的盘里夹菜，嘴里连声说："请吃，请吃。"何香凝见蒋介石没有回答援助的问题，对筵席的菜都没有动，愤然返沪。[39]

由于操劳过度，何香凝患病了。她身边的工作人员恳切地请她在家疗养，得到的回答是："前方战士在浴血抗敌，在为保家卫国牺牲生命，教我回去闲在家里享福?你们说得出，我可做不到！"[40]

对于蒋介石的不抵抗政策，何香凝感到无比的气愤，给他送去一套女人服装并附加一首诗：

枉自称男儿，甘受倭奴气。
不战送山河，万世同羞耻。
吾侪妇女们，愿赴沙场死。
将我巾帼裳，换你征衣去！[41]

对于抗日受伤战士，何香凝赋诗勉励：

君流血，我流泪，锦绣江山被人取。
增你勇气，快到沙场去，恢复我们土地。
好男儿，救国不怕死。
死！留名于万世。[42]

勇哉好男儿，不怕沙场死。
忍痛与吞声，为图雪国耻。

民族不独立，流血不休止。

眼看国将亡，抚创痛洒泪。

伤好去冲锋，夺回我失地。

与其忍辱生，毋宁报国死！[43]

对于中国共产党的抗日主张，何香凝表示赞同。1934 年 4 月 20 日，何香凝与宋庆龄等一千七百七十九人在中共中央以“中国民族武装自卫委员会筹备会”名义发表的《中华人民对日作战基本纲领》上签名，拥护“一切海陆空军立刻开赴前线对日作战，立刻停止屠杀中国同胞的战争”，“全体人民总动员”等主张。[44]

1935 年 8 月 1 日，中共中央发表《为抗日救国告全体同胞书》（即“八一宣言”），号召全国各个政治集团停止内战，集中一切国力去为抗日救国的神圣事业而奋斗。何香凝与宋庆龄、柳亚子、孙科等率先响应，影响巨大。[45]

1936 年，中共中央多次通电和致公开信给国民党，提出国共再度合作，联合抵抗日本侵略者。次年 2 月，何香凝与宋庆龄、冯玉祥等联名向国民党五届三中全会提出恢复孙中山先生联俄、联共、扶助农工三大政策的建议，“以帮助克服目前非常的民族危机”[46]。

蒋介石国民党坚持反共内战、“攘外必先安内”的反动立场。1936 年 5 月，“全国各界救国联合会”在上海成立，宋庆龄、何香凝、沈钧儒、邹韬奋、章乃器、史良、王造时、李公朴、沙千里等为该会理事。11 月 22 日深夜，国民党当局以“危害民国”罪逮捕沈、邹、章、史、王、李、沙“七君子”。为营救“七君子”，何香凝与宋庆龄等发起“救国入狱运动”。经过斗争，国民党政府被迫于 1937 年 7 月释放“七君子”[47]。

中国共产党人高度评价何香凝的爱国思想行动。1937 年 6 月 25 日，毛泽东给何香凝写了一封表扬信。信中说：“先生的画，充满斗争之意，我虽不知画，也觉得好。今日之事，惟有斗争乃能胜利。先生一流人继承孙先生传统，苦斗不屈，为中华民族树立模范，景仰奋兴者有全国民众，不独泽东等少数人而已。”[48]

1937年7月7日晚，日本帝国主义发动“卢沟桥事变”，企图以武力吞并全中国。中国军队奋起抵抗，抗日战争爆发。第二天，中共中央向全国发出号召抗战的宣言，号召全国同胞团结起来，“驱逐日寇出中国”，“为保卫国土流最后一滴血！”并且指出：“只有全民族实行抗战，才是我们的出路。”[49]15日，中国共产党向国民党提出了《中国共产党为公布国共合作宣言》文件。

8月13日，日寇大举进攻上海，蒋介石国民党在东南的统治地位已无法维持，才被迫实行抗战。9月间，蒋介石国民党承认中国共产党的合法地位和接受国共两党合作抗日的主张。这样，抗日民族统一战线正式形成了。

抗日战争的序幕一拉开，何香凝以抱病之躯，尽力做后援工作。她在上海发起组织“中国妇女抗敌后援会”“中国妇女慰劳自卫抗战将士会上海分会”“上海劳动妇女战地服务团”，动员妇女参加抗日救亡运动。

为支援前线抗日将士，何香凝发起缝棉衣运动，并作诗勉励他们：“前者牺牲后者师，家家儿女送寒衣；感君勇敢沙场去，留得忠名万古垂。”[50]“家家儿女做征衣，收复河山定有期。众志成城何畏敌，同心同德励戎衣。”[51]

上海劳动妇女战地服务团奔赴前线的时候，何香凝语重心长地教导团员：“到前方去是为国尽忠，要克服个人感情，决不能在军队中谈恋爱。”她们保证：“决不在军中谈恋爱！”战地服务团在抗日战争的烽火线上整整工作了三年，是当时所有战地服务团中坚持最久、成绩最显著的。[52]

国共再度合作，何香凝很是高兴。她驰电在延安的廖承志，勉其努力奋斗：“国共团结抗战，对于汝父十三年改组国民党，执行三大政策之主张实现，为之安慰。汝须努力奋斗御敌，勉为政府抗战后援，以竟汝父遗志。”[53]

1937年11月，上海沦陷。次月，何香凝由上海迁居香港。

1938年上半年，何香凝总结过去抗日的经验教训，提出“国民党要回复（民国）十三年改组时代的精神”，“要彻底联合各党各派去实现抗战最后胜利”的主张。[54]她与宋庆龄等一起组织“保卫中国同盟”，致力于战时医药工作和儿童保育工作。“这个机构的总部设在香港，它一方面向国外和华侨宣传抗日运动，宣传中国共产党领导下的抗日武装力量和抗日根据地，一方面向全世界募集医药和其他援助物资。有很多国际友人组织医疗队，由‘保卫中国同盟’介绍到八路军和新四军所创造的抗日根据地参加战时救护工作。白求恩大夫所建立的国际和平医院就是这些医疗队工作之一。”[55]

武汉失守以后，日本帝国主义改变了自“卢沟桥事变”以来的全面进攻中国的方针，把进攻中国的主要矛头指向敌后解放区战场，对国民党则改为以政治诱降为主、军事进攻为辅，目的是挑拨国共关系，破坏抗日民族统一战线。而国民党也采取了积极反共、消极抗日的反动方针。何香凝为“坚持抗战、反对投降”，“坚持团结、反对分裂”，“坚持进步、反对倒退”，进行了不懈的斗争。

1938 年 12 月 29 日，从重庆乘飞机逃到河内的汪精卫，发表响应日本近卫首相声明的“艳电”，公开投敌。

何香凝立即撰写《斥汪精卫》一文，痛斥这个“不特民族气味全无，连做人的良心都已丧尽”的大汉奸：“我很希望这篇通电是他坐机时北风吹昏了头，或是肝里的瓜子虫扒进了心坎的胡里胡涂，而不是神志清楚确经‘熟虑’后的老实话：因为太不象中国人讲的话了。总理遗嘱还是汪氏亲笔所记录的，事过十余年，言犹在耳，如今汪氏竟腼颜事敌，不知何以对总理及殉国诸烈士，及数十万抗战之军士与被残杀同胞？倘我一片婆心假定也是病得发狂的是真的话，那么汪氏应该立即重发声明，取消一切前所胡说的不入耳之谈，重回四川，闭门思过，以谢国人，并求祖宗之宽谅。否则汪先生自己还讲过哩，做帝国主义走狗不是‘反共产’三字所能掩饰得过去的哩……”[56]

1941 年 1 月上旬，蒋介石发动“皖南事变”，掀起第二次反共高潮。

何香凝与宋庆龄等挺身而出，电斥蒋介石：“弹压共产党则中国有发生内战之危险。今后必须绝对停止以武力攻击共产党，必须停止弹压共产党的行动。”[57]

12 月，日本帝国主义发动太平洋战争，占领了香港。

1942 年 2 月，何香凝带了一只小皮包，和柳亚子一起，坐共产党地下组织准备的船只前往东江。这船原是机帆船，但因当时敌人要没收一切机器，船主就无奈地拆下了机器，将之沉入海底。因此，这条船只得依靠两张布帆，借风力行驶。可是出海之后，偏偏海面一点风也没有。原本两天可以到达东江的，却在香港海面漂浮了多日。船上的淡水和粮食都已告罄，乘客都很焦虑。船主下船到岸上去取淡水。在途中，碰到了共产党领导的游击队的巡逻队。船主回来后把这件事情告诉何香凝并和她商量说：

“游击队知道您的名字，告诉他们您在这条船上，请他们帮助如何？”

何香凝同意了：“好，就这样做吧！”

游击队听到船上有廖仲恺夫人，立刻就向上级报告。他们除写信表示敬意外，还送来了煮好的鸡和牛奶，写明“请交给夫人”。此外，还给船上其他的人送来了几百斤番薯。这时，困难解决了，海上风也起了，船便驶向东江的海丰。何香凝当时感慨之下，写了一首诗：

水尽粮空渡海丰，
敢将勇气抗时穷。
时穷见节吾侪责，
即死还留后世风。[58]

何香凝在东江登陆后，在韶关稍事逗留便前往桂林。在赴桂林的途中，赋诗言志：

万里飘零意志坚，
怕为俘虏辱当年。
河山不复头宁断，
逆水舟行勇向前。[59]

1942年8月，何香凝到了桂林，先居芙蓉路，后搬至东郊观音山麓居住，在山上开辟小农场，以种菜、养鸡、卖画为生。在桂林期间，何香凝一面参加当地的抗日救亡运动，一面和李济深一起，团结国民党中的进步人士，酝酿筹建国民党民主派组织。在一次进步人士集会后，何香凝挥笔留言："坚持实行三大政策，每饭不忘。"[60]

何香凝离开香港后，决定先赴桂林一行，后乘飞机来重庆。[61]到了桂林，她给在重庆的女儿梦醒写信，说准备赴重庆。她拿到机票正待要搭机时，有人对她说："重庆现在正被轰炸，很是危险。"不让她上飞机。

其实，这不过是蒋介石要的手段而已。当时廖承志正在国民党的狱中，蒋介石很怕何香凝到了重庆去找他理论，不好对付，所以想方设法阻挠她去重庆。但同时却又派人给她送去一张一百万元的支票和一封请她去重庆的信。何香凝识破了蒋介石的两面派手法，她在来件背后写了两句诗"闲来写画营生活，不用人间造孽钱"，原封不动交来人退回。[62]何香凝曾作一首诗，抒发自己的心情：

漂泊天涯隐桂林，
国愁家恨两相侵。
难行蜀道知何故？
事出无因却有因。[63]

1944年8月下旬，桂林快沦陷时，何香凝用卖画所得的钱买了一条旧船，离开那里，顺漓江来到阳朔。随后，迁居平乐、昭平。12月，又移居八步。

何香凝虽多处漂泊，生活艰苦，但她坚持抗日立场，号召各界要团结抗战，争取民族的解放和社会的进步。[64]《日祸移居广西舟中》一诗，表达了何香凝的志愿：

战云弥漫遍神州，
国破家亡恨怎休？
但得军民同御敌，
烂船飘泊也风流。[65]

反对独裁卖国

1945年8月8日，苏联对日本宣战，百万红军向日军发动进攻。次日，毛泽东发表《对日寇的最后一战》，指出："由于苏联这一行动，对日战争的时间将大大缩短。对日战争已处在最后阶段，最后地战胜日本侵略者及其一切走狗的时间已经到来了。在这种情况下，中国人民的一切抗日力量应举行全国规模的反攻，密切而有效地配合苏联及其他同盟国作战。八路军、新四军及其他人民军队，应在一切可能条件下，对于一切不愿投降的侵略者及其走狗实行广泛的进攻，歼灭这些敌人的力量，夺取其武器和资财，猛烈地扩大解放区，缩小沦陷区。"[66]日本首相发出哀鸣："苏联今晨参战，使我们最终处于绝境，已无可能继续作战。"14日，日本政府宣布无条件投降。9月2日，正式签署了无条件投降书。至此，中国人民经过十四年之久的抗日战争胜利结束。全国人民欢欣鼓舞，期望国内和平，期望中国能从此成为一个独立、民主、富强的国家。

8月19日，何香凝发表《廖仲恺殉难廿周年的感想》一文，号召全国同胞"学习廖先生的革命精神"，实行孙总理的三大政策，"为中国的民主、团结、进步而奋斗"[67]。

但是，中国的天空却仍然密布着乌云。美帝国主义企图代替日本在华的地位，变中国为美国的殖民地。蒋介石依靠美帝国主义的帮助，力图恢复专制独霸统治。"独裁、内战和卖国三位一体"，这是蒋介石方针的基本点。"内战危险是十分严重的"[68]。

由于中国共产党和中国广大人民坚定地反对蒋介石的内战阴谋，由于国际舆论反对中国内战，也由于蒋介石感到他进行全面内战的准备工作还没有做好，蒋介石一边加紧从海、陆、空运送军队到内战前线去，一边玩弄和平阴谋，在1945年8月14日、20日、23日接连打了三个电报，邀请毛泽东到重庆谈判。他的打算是：如果毛泽东不去，可以借此宣传共产党不要和平，为发动内战取得口实；如果毛泽东去，就要共产党交出军队和政权，谈判不成，也争取了时间来准备内战。

为了反映全国人民要求和平的愿望，为了揭露蒋介石的内战阴谋，为了争取教育中间势力，中共中央于8月25日发表《对目前时局的宣言》，提出和平、民主、团结三大口号，并决定派毛泽东、周恩来、王若飞三位同志去重庆“和蒋介石商量团结建国大计”[69]。

何香凝得知中共代表团于8月28日从延安飞抵重庆的消息，十分高兴。9月5日，她致电蒋介石、毛泽东：“顷闻毛先生到渝商议和平建国民主合作，不胜欣慰！务恳依照总理北上宣言及临终遗训，即行召集各党派代表、各界贤达共商国是，并明令许可人民集会、结社、言论、出版自由，释放一切爱国政治犯，以正中外视听，安慰总理在天之灵，仲恺泉下有知，亦当庆幸不置也。”[70]

经过四十三天的谈判，10月10日国共双方代表签署了会谈纪要（即《双十协定》），蒋介石被迫表示同意和平建国的基本方针，承认各党派的平等合法地位，召开政治协商会议。

但是，蒋介石根本没有打算遵守《双十协定》。在中共代表团到达重庆的第二天，他下令印了《剿匪手本》，不久又密令送发。《双十协定》公布后第二天，10月13日，他就下了“剿匪密令”，命令他的将领遵照《剿匪手本》，“督励所属，努力进剿，迅速达成任务”。何香凝对此感到非常痛心，她致函宋庆龄、孙科、宋子文，希望他们“向蒋先生苦言力争停止内战，一切问题以政治协商求得合理解决”[71]。

美帝国主义者看到蒋介石的军事进攻和政治欺骗都遭到了严重失败，便亲自出马，表演一出“调停”中国内战的滑稽戏。在他们的授意下，蒋介石同意召开《双十协定》中所规定的政治协商会议。1945年12月16日，周恩来率领中国共产党代表团到达重庆，准备出席政治协商会议。27日，中共代表团以无条件停止内战办法书面提交国民党代表。1946年1月10日，国共两党代表正式达成停战协定，双方颁发于13日午夜生效的停战令。蒋介石在下达停战令的同时，还密令他的军队迅速“抢占战略要点”。

停战协定签字那天，政治协商会议在重庆开幕，31 日闭幕。会议通过了和平建国纲领等五项协议。这些协议实际上否定了国民党的一党专政、独裁制度和内战政策，对人民是有利的。

2 月 5 日，何香凝在香港《华商报》上发表文章，指出“今后最要紧的是执行决议，希望全国人民和海外各界人士都起来监督政府执行政协的决议，以加速民主政治的实现”[72]。

蒋介石国民党对于政治协商会议毫无诚意。2 月 10 日，重庆各界人民在较场口举行庆祝政协成功大会。国民党特务破坏会场，打伤了郭沫若、李公朴等民主人士六十多人。接着，国民党又在全国各地制造了一系列的类似事件，蓄意破坏政协决议。

消息传来，何香凝十分愤慨，致电慰问郭沫若、李公朴诸先生。[73]

3 月 1 日至 17 日，国民党召开六届二中全会，改变政协关于修改宪法草案的民主原则，从根本上推翻政协决议。4 月 8 日，中共政协代表王若飞、秦邦宪因国民党推翻政协决议，冒恶劣天气回延安向党中央报告和请示，飞机在山西兴县黑茶山失事。叶挺、邓发等同机罹难。

噩耗传来，何香凝与彭泽民等致电周恩来，对死难者表示沉痛哀悼，并发表《挽王若飞等“四八”烈士联》：

哭老友战友，哀有为国士先我去。

勉青年壮年，盼后起英豪相继来。[74]

要打内战，是蒋介石既定的方针。从 1946 年 1 月 13 日停战令生效之日起，不到半年时间内，国民党军队向解放区进攻共达四千三百六十五次，占领城市四十座，村镇二千五百七十七个。

“八载逃亡胜利回，内战传闻增愤激。”[75]何香凝在港九学生纪念“五四”大会上号召“大家应该起来监督政府，停止内战，替饿死的同胞向政府算账！”[76]

6 月 26 日，蒋介石悍然撕毁停战协定和政协决议，大举围攻中原解放区，向解放区发动了全面进攻。同时，对国民党统治区的爱国民主运动进行了血腥镇压，血案在全国接二连三发生。7 月 11 日、15 日，国民党特务在昆明刺杀中国民主同盟中央委员李公朴和闻一多。

对于民主战士竟遭毒手，何香凝悲愤至极。她“誓与民主逆流特务暴力奋斗到底，以竟公朴、一多二先生之遗志”[77]。

对于美帝国主义帮助蒋介石打内战，何香凝严正揭发和指斥。1946 年 7 月 26 日，她与李章达等联名致电美国参众两院及美国人民：“七月二十三日孙逸仙夫人在上海公开谈话，对于中国右派策动内战，加深中国人民灾祸，危及世界和平，和美军驻华及美国军火援助中国助长内战之情况，严正揭发与指斥，并提出挽救此种危机之正确主张，认为必须结束独裁，组织全国各党派一致参加之联合政府。这正是代表全中国人民的意见和要求，我们除了加紧团结中国人民，拥护孙逸仙夫人主张，制止内战，实现和平民主的联合政府之外，并向你们呼吁：请你们本着美国人民优良传统的独立和民主精神，督促你们的政府，立即实行撤退驻华美军，停止对华军事援助，这就是你们最大的友谊和援助，足以加速完成中国和平民主统一之局。”[78] 28 日，她与彭泽民等 44 人联名致电全国同胞：“内战益烈，全国惶惶。”“今日之急，莫急于内求和平，外伸正义。”“望全国同胞，一致督促政府，本中山先生之遗教，遵政治协商之决议，立化干戈，与民休息，国家幸甚。”[79]

8 月 20 日，何香凝发表《为纪念廖仲恺先烈告黄埔军官同学书》。文中说：“现时所进行的大规模内战，与和平民主建国目的相反，与三民主义相反，与全国人民意志和利益相反。人民已经深恶痛绝这种内战，嗔恨唾骂主张内战的分子。最可痛的是这场内战屠杀工具，乃是美国制造的飞机和大炮，蓄意内战之徒，欣然接受了美国送来这种名为援助的武器，悍然放胆进行残杀。须知人民绝对不能宽恕这一罪行的。”我国今日必须从速实现民主和平。“这是孙总理临终三呼‘和平、奋斗、救中国’的至高无上的伟大精神，也是廖先烈创办黄埔军校的精神，愿我们黄埔军校同学勉励继续则幸甚。”[80]

有憎必有爱。对于以自卫战争反击蒋介石的中国共产党人，何香凝非常敬佩。1946 年 12 月 1 日是朱德总司令 60 寿辰。[81] 何香凝与彭泽民等六十多人给朱德发去贺电："延安。朱总司令玉阶先生勋鉴：欣逢六秩荣寿，普海同钦，同人等躬逢盛会，遥申庆祝之诚，谨电驰贺，并祝民主胜利。"[82] 她还画梅花一幅、题诗一首，敬贺朱德六十大寿：

将军花甲寿，敬贺一枝梅。
凌霜兼耐雪，铁骨占花魁。
春到和平日，新生万物回。[83]

1946 年 10 月 11 日，国民党军攻占张家口，达到它向解放区全面进攻的顶点。蒋介石为表面的胜利冲昏头脑，悍然下令召开"国民大会"。伪国大于 11 月 15 日至 12 月 25 日举行，通过了一部伪"宪法"。中国共产党和各民主党派、各人民团体，均严正声明不承认伪国大、伪宪法，使蒋介石国民党在政治上陷于孤立。1947 年元旦，何香凝与彭泽民等九人联名致电宋庆龄、毛泽东、张澜、李济深、马叙伦、陈嘉庚和全国同胞，揭露伪宪法的实质："此次国民大会，其召集既出非法，而代表中国第二大党之中国共产党与第三方面之民主同盟，又未参加，其所通过之宪法，根本已失合法之根据，况其内容非驴非马，既非'政协宪章'，距民主原则远甚，尤以所谓'行宪办法'十条，乃预为中国之内战独裁作张本。推执政者之用心，不过以此次宪法之颁布，粉饰其一党专政之面目，假行宪美名，淆混国际之视听，以图骗取美国反动派更巨额之借款耳。""同人等对于国民党当局此次所颁布之宪法誓不承认，并将号召海外侨胞群起而反对之"[84]。

1947 年 4 月，何香凝又与李济深等十六人联名发表声明，揭露国民党"改组政府"的"用意"，表示他们的态度："目前改组之政府，本质上仍为国民党一党专政之政府，民、青两党之参加，不过为一党政府之装饰，今后政治上将继续独裁，军事上将继续内战，经济上将继续发钞票与借外债，一切都不会有丝毫的变更。我们对此伪装之'政府改组'，不但不寄托任何希望，且将号召国人共起而反对之！"[85]

人民解放军采取"集中优势兵力、各个歼灭敌人"的作战方法，粉碎蒋介石的军事进攻。从1946年7月至1947年2月，人民解放军歼敌七十一万人，敌虽侵占了一百零五座城市，但使其用于守备的兵力大增，用于进攻的机动兵力锐减，敌被迫将对解放区的“全面进攻”改变为向陕北、山东两翼的“重点进攻”。1947年7月，人民解放军发动了全国性的战略反攻。

国民党政府不仅在军事上遭到惨败，而且在政治上、经济上出现了深刻的危机。在国民党统治区，工厂倒闭，土地荒芜，通货膨胀，物价像断了线的风筝直上云霄。广大人民群众掀起了以“反饥饿、反内战、反迫害”为口号的群众运动，形成了人民大革命的第二条战线。这样，蒋介石国民党处于全民包围之中。

何香凝坚决支援广大人民群众反饥饿、反内战、反迫害的斗争。

1947年5月11日，她与李济深等二十二人联名致电上海各界及全国同胞：“近日米荒严重，人民面临死亡威胁，上海工人协会向政府提出五项要求，实即全国人民之要求，非立即解冻生活指数不足以救饥饿，非立即停止内战不足以挽危局。如政府空言搪塞，或竟一意孤行以武力镇压，则是政府决心与人民为敌，事态严重，望全国同胞奋起，一致声援。”[86]

6月17日，何香凝与李济深在致海外同胞同志书中，列举国民党政府的八大罪状，指出：“今日内战之责任，应由国民党独裁派负之。”希望海外同胞同志“本先总理遗志，继续过去援助革命运动之光荣传统，为祖国之独立而贡献其一切”[87]。

1948年2月16日，何香凝发表《声援上海抗暴运动宣言》：“在卖国独裁的反动政府统治下的中国人民早已被迫得饥寒交迫，无以为生，而妇女的生活尤其悲惨。”“上海舞女、学生、工人在三次惨案中所流的血指明了反动统治者的末路，引导我们走向更坚决的斗争。”“我们坚信：你们的血决不是白流的，以你们的血为起点，更壮大更坚强的人民队伍将继续勇猛前进，以达到彻底摧毁卖国独裁政府的胜利！”[88]

眼看“伪善的国民党越走越投向无耻的路上”[89]，何香凝与李济深、彭泽民、柳亚子、李章达等发起在香港召开中国国民党民主派联合代表大会，

"建立正式中央指导机关，为革命的三民主义之实现而奋斗"[90]。1947 年 11 月 12 日，中国国民党民主派联合代表大会开幕，何香凝任主席团主席。她在开幕式上发表演说，指出："现在复兴本党的时候到了。我们要真正的三民主义，我们要实行三大政策。"[91]

1948 年元旦，中国国民党革命委员会在香港成立，何香凝被推选为中央常务委员。

5 月 1 日，中共中央发布了《五一劳动节口号》，号召"打到南京去，活捉伪总统蒋介石"，建议"各民主党派、各人民团体、各社会贤达迅速召开政治协商会议，讨论并实现召集人民代表大会，成立民主联合政府"。5 日，何香凝与李济深等十二人联名致电毛泽东、全国同胞，表示同意中共中央的主张，"共同策进，完成大业"[92]。

1948 年 9 月至 1949 年 1 月，人民解放军发起了辽沈战役、淮海战役、平津战役，歼敌一百五十四万余人。经过三大战役，国民党赖以发动反革命内战的主要军事力量被消灭殆尽，全国已处于革命胜利的前夜。

1949 年 4 月 21 日，中国人民革命军事委员会主席毛泽东和中国人民解放军总司令朱德，向全军发布了进军的命令："奋勇前进，坚决、彻底、干净、全部地歼灭中国境内一切敢于抵抗的国民党反动派，解放全国人民，保卫中国领土主权的独立和完整。"[93]次日，何香凝通电拥护毛泽东向全国进军的命令，号召"全国人民都一齐起来，帮助毛主席这个命令的实现"[94]。

应中共中央的邀请，何香凝于 1949 年 4 月离开香港到达北平，在北平车站她受到周恩来、朱德、邓颖超等同志和其他各界人士的热烈欢迎。6 月，她在北平参加了中国人民政治协商会议的筹备工作。9 月，参加了中国人民政治协商会议第一届会议，当选为中央人民政府委员。10 月 1 日，参加中华人民共和国开国大典。

何香凝为中国民主革命的胜利而奋斗了近半个世纪，劳苦功高，受到了中国人民的赞颂和崇敬。

注释：

［1］《八月二十日廖仲恺身殉革命记》（1937 年 8 月 16 日），《双清文集》下卷，人民出版社 1985 年版，第 238 页。

［2］《廖仲恺被刺后的谈话》（1925 年 8 月 20 日），《双清文集》下卷，人民出版社 1985 年版，第 10 页。

［3］《双清文集》下卷，人民出版社 1985 年版，第 15 页。

［4］《双清文集》下卷，人民出版社 1985 年版，第 16 页。

［5］《双清文集》下卷，人民出版社 1985 年版，第 25 ~ 26 页。

［6］［10］《双清文集》下卷，人民出版社 1985 年版，第 29 页。

［7］《妇女联欢大会纪盛》，《工人之路特号》第 143 号，1925 年 11 月 16 日；《广东省党部妇女部一九二六年三月份工作概况》，《广东妇女运动史料（1924—1927 年）》，第 134 页。

［8］《广东妇女运动史料（1924—1927 年）》，第 278 页。

［9］《双清文集》下卷，人民出版社 1985 年版，第 12 页。

［11］《双清文集》下卷，人民出版社 1985 年版，第 45 页。

［12］《自传初稿》（1937 年上半年），《双清文集》下卷，人民出版社 1985 年版，第 199 页。

［13］《双清文集》下卷，人民出版社 1985 年版，第 11 页。

［14］《双清文集》下卷，人民出版社 1985 年版，第 42 页。

［15］《双清文集》下卷，人民出版社 1985 年版，第 21 页。

［16］《自传初稿》（1937 年上半年），《双清文集》下卷，人民出版社 1985 年版，第 199 ~ 200 页。参阅《中央妇女部一九二四年三月至一九二五年十二月工作报告》《中央妇女部一九二六年一月至五月工作报告》《中国国民党中央妇女部一九二六年七八月份工作报告》《广东省党部妇女部一九二五年十一月份工作报告》《广东省党部妇女部一九二五年十二月份工作报告》《广东省党部妇女部一九二六年一月份工作报告》《广东省党部妇女部一九二六年三月份工作概况》《广东省党部妇女部一九二六年四五月份工作报告》《广东省党部妇女部一九二六年六月份工作报告》《广东省党部妇女部一九二六年七月份工作报告》，《广东妇女运动史料（1924—1927 年）》，第 110 ~ 113、118 ~ 122、126 ~ 148 页。

［17］《妇女运动报告》（1926 年 1 月 8 日），《双清文集》下卷，人民出版社 1985 年版，第 31 页。

[18]《国民革命是妇女唯一的生路》(1926 年 2 月 24 日),《双清文集》下卷,人民出版社 1985 年版,第 35 ~ 37 页。

[19]《自传初稿》(1937 年上半年),《双清文集》下卷,人民出版社 1985 年版,第 203 页。

[20]《双清文集》下卷,人民出版社 1985 年版,第 39 页。

[21]《双清文集》下卷,人民出版社 1985 年版,第 64 页。

[22]《双清文集》下卷,人民出版社 1985 年版,第 72 ~ 73 页。

[23] 刘天素:《良师、慈母》,《回忆与怀念》,北京出版社 1982 年版,第 180 ~ 181 页。

[24]《努力提高觉悟,成为一代新人》(1963 年 3 月 6 日),《双清文集》下卷,人民出版社 1985 年版,第 979 页。

[25]《双清文集》下卷,人民出版社 1985 年版,第 106、206 ~ 207 页。

[26]《题画》(1929 年),《双清文集》下卷,人民出版社 1985 年版,第 107 页。

[27] 何香凝"为纪念仲恺一生爱护农工,扶助农工的意志","树立解放劳苦群众运动之基础","创办仲恺农工学校于广州"。(《双清文集》下卷,人民出版社 1985 年版,第 120、203 页)

[28]《双清文集》下卷,人民出版社 1985 年版,第 207 页。

[29]《双清文集》下卷,人民出版社 1985 年版,第 108 页。

[30]《致上海友人函》(1931 年 11 月 19 日),《双清文集》下卷,人民出版社 1985 年版,第 113 页。

[31] 廖梦醒:《我的母亲何香凝》,人民出版社 1984 年版,第 49 页。

[32]《在上海与记者的谈话》(1931 年 11 月 29 日),《双清文集》下卷,人民出版社 1985 年版,第 114 页。

[33]《人人都有救国的责任》(1931 年 12 月 1 日),《双清文集》下卷,人民出版社 1985 年版,第 115 页。

[34]《双清文集》下卷,人民出版社 1985 年版,第 116 ~ 119 页。

[35] 廖梦醒:《我的母亲何香凝》,人民出版社 1984 年版,第 50 页。

[36]《救济国难书画展览会宣言》(1931 年 12 月)、《自传初稿》(1937 年上半年),《双清文集》下卷,人民出版社 1985 年版,第 120、208 页。

[37]《自传初稿》(1937 年上半年),《双清文集》下卷,人民出版社 1985 年版,第

208～209 页；陆晶清：《在何香凝先生身边》，《回忆与怀念》，北京出版社 1982 年版，第 208～213 页。

[38] 廖梦醒：《我的母亲何香凝》，人民出版社 1984 年版，第 52 页。

[39]《双清文集》下卷，人民出版社 1985 年版，第 209 页；《回忆与怀念》，北京出版社 1982 年版，第 107 页。

[40]《回忆与怀念》，北京出版社 1982 年版，第 213 页。

[41]《致蔡元培函》（1932 年 3 月 2 日），《双清文集》下卷，人民出版社 1985 年版，第 125 页。

[42]《赠敬爱的伤兵》（1932 年），《双清文集》下卷，人民出版社 1985 年版，第 132 页。

[43]《勇哉好男儿》（1933 年 4 月 10 日），《双清文集》下卷，人民出版社 1985 年版，第 143 页。

[44]《双清文集》下卷，人民出版社 1985 年版，第 144～145 页。

[45]《邓小平同志致悼词》（1981 年 6 月 3 日），《宋庆龄纪念集》，人民出版社 1982 年版，第 27 页；廖承志：《我的母亲和她的画》，《回忆与怀念》，北京出版社 1982 年版，第 134 页。

[46]《双清文集》下卷，人民出版社 1985 年版，第 176～177 页。

[47]《与宋庆龄等呈江苏高等法院文》（1937 年 6 月 25 日）、《救国入狱运动宣言》（1937 年 6 月）、《救国入狱运动规约》（1937 年 6 月）、《与宋庆龄等关于救国入狱运动对上海新闻界发表的书面谈话》（1937 年 6 月）、《致宋子文孙科函》（1937 年 7 月 4 日）、《致林森等电》（1937 年 7 月 7 日），《双清文集》下卷，人民出版社 1985 年版，第 181～191、224～228 页。

[48]《毛泽东书信选集》，人民出版社 1983 年版，第 106 页。

[49]《毛泽东选集》第 2 卷，人民出版社 1952 年版，第 329～330 页。

[50]《赠前线将士》（1937 年 9 月 25），《双清文集》下卷，人民出版社 1985 年版，第 244 页。

[51]《慰劳奋勇杀敌之健儿》（1937 年 9 月 26 日），《双清文集》下卷，人民出版社 1985 年版，第 246 页。

[52] 胡兰畦：《回忆何香凝先生》，《回忆与怀念》，北京出版社 1982 年版，第 198～199 页。

[53]《致廖承志电》(1937 年 9 月 26 日),《双清文集》下卷,人民出版社 1985 年版,第 245 页。

[54]《回复十三年精神》(1938 年 1 月 24 日),《双清文集》下卷,人民出版社 1985 年版,第 255 页。

[55]《宋庆龄同志伟大光荣的一生》,《宋庆龄纪念集》,人民出版社 1982 年版,第 45 页。

[56]《双清文集》下卷,人民出版社 1985 年版,第 313 页。

[57]《双清文集》下卷,人民出版社 1985 年版,第 355 页。

[58] 廖梦醒:《我的母亲何香凝》,人民出版社 1984 年版,第 62~63 页;《双清文集》下卷,人民出版社 1985 年版,第 393 页。

[59]《香港沦陷后赴桂林有感》,《双清文集》下卷,人民出版社 1985 年版,第 396 页。

[60] 李任仁:《香凝老人在桂二三事》,《回忆与怀念》,北京出版社 1982 年版,第 170 页。

[61]《双清文集》下卷,人民出版社 1985 年版,第 387~389 页。

[62] 廖梦醒:《我的母亲何香凝》,人民出版社 1984 年版,第 67~68 页;李任仁:《香凝老人在桂二三事》,《回忆与怀念》,北京出版社 1982 年版,第 169 页。

[63]《感怀》(1943 年 10 月 9 日),《双清文集》下卷,人民出版社 1985 年版,第 395 页。

[64]《双清文集》下卷,人民出版社 1985 年版,第 399、405、406 页。

[65]《双清文集》下卷,人民出版社 1985 年版,第 397 页。

[66]《毛泽东选集》第 3 卷,人民出版社 1953 年版,第 1 066 页。

[67]《双清文集》下卷,人民出版社 1985 年版,第 409~411 页。

[68]《抗日战争胜利后的时局和我们的方针》(1945 年 8 月 13 日),《毛泽东选集》第 4 卷,人民出版社 1960 年版,第 1 125、1 132 页。

[69]《中共中央关于同国民党进行和平谈判的通知》(1945 年 8 月 26 日),《毛泽东选集》第 4 卷,人民出版社 1960 年版,第 1 152 页。

[70]《双清文集》下卷,人民出版社 1985 年版,第 412 页。

[71]《双清文集》下卷,人民出版社 1985 年版,第 414 页。

[72]《双清文集》下卷,人民出版社 1985 年版,第 416 页。

［73］《双清文集》下卷，人民出版社 1985 年版，第 417 页。

［74］《双清文集》下卷，人民出版社 1985 年版，第 427 ~ 428 页。

［75］《双清文集》下卷，人民出版社 1985 年版，第 431 页。

［76］《纪念“五四”，救国救民》（1946 年 5 月 4 日），《双清文集》下卷，人民出版社 1985 年版，第 429 页。

［77］《致张曼筠电》（1946 年 7 月 14 日）、《致闻一多家属电》（1946 年 7 月 17 日），《双清文集》下卷，人民出版社 1985 年版，第 440 ~ 441 页。

［78］《双清文集》下卷，人民出版社 1985 年版，第 444 页。

［79］《双清文集》下卷，人民出版社 1985 年版，第 445 页。

［80］《双清文集》下卷，人民出版社 1985 年版，第 448 ~ 449 页。

［81］时人以为朱德出生于 1886 年 12 月 1 日。（《朱德将军年谱（1886—1946）》，1946 年 11 月 27 日《解放日报》）所以何香凝于 1946 年 11 月 30 日给朱德发去贺电。

［82］《双清文集》下卷，人民出版社 1985 年版，第 451 页。

［83］《双清文集》下卷，人民出版社 1985 年版，第 452 页。

［84］《双清文集》下卷，人民出版社 1985 年版，第 453 页。

［85］《双清文集》下卷，人民出版社 1985 年版，第 470 ~ 472 页。民、青两党，即民社党、青年党。这是两个小党派。

［86］《双清文集》下卷，人民出版社 1985 年版，第 474 页。

［87］《双清文集》下卷，人民出版社 1985 年版，第 478 ~ 482 页。

［88］《双清文集》下卷，人民出版社 1985 年版，第 494 ~ 495 页。

［89］《在欢迎李杜欢送朱学范会上的讲话》（1947 年 1 月 5 日），《双清文集》下卷，人民出版社 1985 年版，第 457 页。

［90］《与彭泽民等致宋庆龄书》（1947 年秋），《双清文集》下卷，人民出版社 1985 年版，第 487 页。

［91］《双清文集》下卷，人民出版社 1985 年版，第 489 页。

［92］《双清文集》下卷，人民出版社 1985 年版，第 496 ~ 497 页。

［93］《毛泽东选集》第 4 卷，人民出版社 1960 年版，第 1 451 ~ 1 453 页。

［94］《双清文集》下卷，人民出版社 1985 年版，第 509 页。

第十三章 为建设新中国而奋斗

“华侨慈母”

中华人民共和国成立后，年逾古稀的何香凝学习和发扬孙中山、廖仲恺不断求进步、永远前进的精神，为建设新中国而奋斗。

新中国建立伊始，何香凝担任中央人民政府华侨事务委员会主任。何香凝认为，“国内的侨务工作，对于促进国外华侨的爱国团结，是息息相关的。国内侨务工作的每一项措施，都会直接地影响到国外侨务工作”[1]。因此，她对侨务工作操心劳神。“侨委每星期照例要开一次委务会议，讨论委里重大的问题，她几乎每次都出席主持。她经常倾听华侨和归侨代表人物的意见，还往往殷殷指示干部做好工作。”[2]要求“华侨事务机关必须积极为华侨、归侨和国内侨眷服务，克服事务主义和对华侨的切身利益漠不关心的官僚主义”[3]。

1949 年 9 月 29 日，中国人民政治协商会议第一届全体会议通过的《中国人民政治协商会议共同纲领》规定：“中华人民共和国中央人民政府应尽力保护国外华侨的正当权益。”何香凝坚决执行这一规定。

何香凝在主持国家侨委十年中，利用新年元旦、春节、三八节、国庆节，向国外华侨发出广播词、献词，宣传新中国的侨务政策，指出国外华侨要保护自己的正当权益，主要必须依靠华侨自身的团结，建立广泛的爱国民主统一战线。她在1950年元旦对海外华侨的广播词中指出："广大的民主统一战线，应该包括各阶层、社团和各界人士；只要是爱好和平民主的爱国分子，都能参加这爱国民主统一战线。甚至在过去或多或少的盲从国民党反动派的侨胞，只要他们愿意跑进爱国民主阵营，我们也应该一律欢迎。"[4]在1956年国庆对海外侨胞的广播词中又指出："国外华侨应当继续加强和扩大团结。海外侨胞应当在爱护祖国、保护自己正当权益的基础上，不分籍贯、职业、阶级和信仰，争取团结全体华侨。华侨当中，先爱国的人固然受到人民的尊敬，后爱国的人，同样会得到人民的欢迎。我们希望爱国侨胞本着爱国一家、爱国不分先后、相见以诚的精神，向那些目前对祖国还不够了解的少数华侨，帮助他们明辨是非，省察大势，站到爱国的立场上来。对那些由于处境困难，目前不好公开表示爱国的人，也应诚恳团结、耐心等待，而不应加以打击与鄙视。我们也希望所有华侨社团、学校、报馆和各方面的华侨领袖，消除隔阂、增进合作，为华侨爱国事业共同发挥力量。"[5]何香凝谆谆诱导海外侨胞应该珍惜、爱护和发扬与侨居国人民建立起来的友好合作关系："华侨旅居国外，特别是旅居东南亚各国的，已有悠久的历史，已和所在国人民结成深厚的友谊，有的华侨还同当地人民有着血缘关系，和当地人民结成了亲戚关系，侨胞应该珍贵这种亲友关系，并巩固和发展这种关系。各地侨胞要严格遵守和平共处五项原则。华侨不应该参加所在国的政治活动，应该按侨居国的法律办事。华侨要在侨居国做守法的、模范的侨民。国无论大小，都各有长处和短处，侨居国人民有许多长处，是值得我们学习的。因此华侨要学习所在国的文字，以便直接和侨居国人民交流感情，学习侨居国人民的一切优点和长处。在侨居国政府许可下，华侨可以将游资投到工业和手工业方面去，这样做不仅符合华侨长远的利益，而且对东南亚各国发展民族经济也能有所贡献的。"[6]

同时，何香凝"希望国外侨胞遵循我国的和平外交政策，自觉地成为祖国和平友好的使者，更加发扬光大与侨居国人民的传统友谊，促进与侨居国人民的文化合作与经济合作”[7]，“起着促进祖国人民与当地人民和平友好和相互理解的桥梁作用”[8]。

当一些国家发生迫害华侨的事件时，何香凝挺身而出，为保护华侨的正当权益而斗争。

1950 年 9 月 19 日，何香凝撰写《斥南非联邦政府实行“种族分区法案”》一文，坚决支持南非联邦人民和华侨反对南非联邦政府实行反动的种族歧视的斗争：“我旅居南非联邦的华侨，数在六千人以上，他们多年来勤俭自持，一向与当地人民杂居，和好共处，从事正当营业。如按‘种族分区法案’规定，必使侨胞商不安于市，工不安于业，使他们的正当权益横受侵犯与损害。我中央人民政府，对南非侨胞们的处境，甚为关切。希望南非侨胞们团结一致，联合当地各族人民，为维护自己的正当权益而奋斗。”[9]

1950 年 9 月 30 日，何香凝发表谈话，抗议马来亚英国当局封闭华侨爱国报纸：“马来亚英国殖民政府这次封闭《南侨日报》和《现代日报》……是对中国人民极不友好的表现。我正告英国政府：马来亚英国殖民当局迫害华侨的种种罪行，是中国人民所不能容忍的，马来亚英国殖民当局对待华侨的一切罪行，英国政府都应该负全部责任。马来亚英国殖民政府应该立即取消对《南侨日报》和《现代日报》的封闭命令，并无条件地释放该两报一切被非法逮捕的人员。同时我号召马来亚华侨团结一致，继续为争取他们的正当权益而奋斗。”[10]

1957 年 6 月 4 日，何香凝致电南越侨胞，对被南越政府迫害的侨胞表示了无限的热切关怀：“得悉南越政府加紧迫害华侨，禁止侨胞经营十一种行业，其中七种已迫令停止，致许多侨胞遭受失业，求生无门。我谨代表政府向南越侨胞寄予深切的关怀，并希侨胞们能够加强团结，发挥同舟共济的精神，共同为维护自己的正当权益和解决侨胞本身的困难而努力。”[11]

何香凝反复向国外华侨宣传：祖国的日益强盛与繁荣，“是国外侨胞的最有力的后盾，最大的依靠和保证”[12]，必然直接或间接地促进海外侨胞的爱国团结。[13]因此，“国外华侨团结起来，爱护祖国，保护自己的正当权益"，"是华侨在国外做事的指针"。[14]

何香凝热情地向国外华侨介绍祖国建设的伟大成就，"热烈诚恳地欢迎海外华侨，本着革命的传统，加倍地帮助祖国，参加建设新中国的伟大光荣事业"[15]。

对国内的侨务工作，何香凝也十分重视。她认为，各有关部门必须加强对侨务工作的领导，"使国家的侨务政策真正能为广大干部和群众所掌握，这对于团结广大华侨和侨眷积极参加国家的社会主义建设事业是十分必要的"[16]。在她的提请下，有关部门发布了一系列的命令、条例、指示。如1951年8月21日政务院发布《土地改革中对华侨土地财产的处理办法》，1955年2月13日国务院发布《关于贯彻保护侨汇政策的命令》，1956年6月7日中共中央转发统战部《关于国内侨务工作的方针任务及若干问题的意见》，1956年8月18日国务院转发中侨委、内务部《关于选举中改变华侨户地主成分的意见》，1956年9月21日中共中央组织部拟订了《关于华侨学生入党入团问题的意见》，1957年3月6日国务院转发侨委《关于加强对归国华侨职工、干部的团结教育工作和适当照顾其生活的请示报告》，等等。[17]

在何香凝领导下，国家侨委按照"全心全意地为侨胞侨眷们服务"的方针[18]，切实贯彻执行国家的侨务政策。

在土地改革方面，根据《土地改革中对华侨土地财产的处理办法》，对华侨的土地房屋及其他财产做了适当的照顾："首先确定华侨的所有房屋，基本上不动，归其原主私有，不在分配之列；其次，确定华侨的小土地所有者，不能列为地主，其土地财产，亦不在分配之列；甚至华侨眷属的小土地所有者，如果缺乏劳动力而不得不出租给别人耕种时，也不能看为封建剥削，不能列为地主，其土地亦不在分配之列。此外还确定一条……华侨的土地财产是否在土地改革中予以分配，分别在于本人是否确是从事封建剥削的地主，而不在于海外寄款收入的多少。"[19]在侨乡土地改革开始的时候，各级侨务机关都曾先后派出干部下乡，协助土地改革工作，大力地动员归侨和侨眷积极参加土地改革运动。人民政府首先满足了占侨眷总人口90%以上的侨眷劳动人民的要求，使他们获得了土地、房屋和耕具，在政治上和经济上彻底摧毁了封建势力，使他们获得翻身。

翻了身的归侨、侨眷，都欢天喜地地参加了爱国增产竞赛。土地改革后，各地侨乡，都面目一新。[20]

在接待和安置难侨方面，新中国成立后头三年，广州、汕头、海南岛等地的华侨服务站，接待了被迫害回国的难侨五万多人。[21]至1956年上半年，归国华侨有二十万人以上。[22]其中，绝大部分是难侨。“难侨一踏入祖国国境，就受到了热烈的欢迎和接待，由政府帮助参加生产与学习，比较贫苦的得到救济，有病的送进医院免费治疗。”[23]

在侨汇方面，1950年3月以前，人民政府“曾经举办原币汇款，发行原币存单，有效地保障了侨汇的币值，使侨眷的利益不受损失，曾得到侨眷的欢迎。到3月以后，由于祖国的财政经济已经统一，物价已经趋于稳定，全国财政经济开始好转，侨汇跟着稳定。为了保障侨眷的利益，原币和本币同时使用，侨眷们都表示满意。此外，人民政府又采取各种措施，简化了侨汇手续，加强侨区的物资供应，举办侨眷的福利贷款，增设兑付侨汇机构；又规定侨汇的手续费全部由人民政府来承担，一律不得在汇款内扣取。这样，一方面减轻了侨胞的负担，另一方面也保障了侨批局的合法利润”[24]。1955年发布的《关于贯彻保护侨汇政策的命令》明确规定，国家保护侨汇不仅是当前的政策，而且是长远的政策，任何人不得侵犯侨汇与干涉侨眷使用侨汇的自由。违法者应分别情况，依法论处。“根据这一命令，各主要侨眷聚居地区的行政机关，都已先后采取了贯彻侨汇政策的具体措施，因而进一步密切了华侨与祖国的联系，全国侨汇亦逐渐上升。”[25]

在组织归侨、侨眷参加生产方面，全国归侨、侨眷除了一部分在城市居住之外，其余绝大部分人都散居在农村。人民政府根据他们的具体情况和专长来安排其所自愿的劳动。“除了引导归侨、侨眷积极生产粮食和各种经济作物，特别是热带、亚热带经济作物外，还要引导他们在地方党政的领导下，兴办中小型的工业、手工业、加工制造各种经济作物的产品，为农业服务，也为工业服务，为城乡人民服务，也为出口服务”[26]。

在华侨回国投资方面，华侨工商业家回国投资，得到了国家经济机关和侨务机构的热诚的辅导和给予各种便利。1951 年 10 月，华侨回国投资近三百亿元。1956 年广东、福建华侨投资公司吸收的股金各占两省地方工业投资的十分之一；至 1956 年，两省华侨投资创建的工厂和企业就有 44 个。[27]

在华侨学生就学方面，“国家除了积极鼓励华侨在侨居地集资办学，就地解决子女教育问题外，对辅导华侨子女回国升学也是非常重视的。政府先后在北京、广州、福建集美三地创办了三所归国华侨学生中等补习学校，规定了一些优待华侨学生入学办法”。至 1957 年 7 月，“帮助将近四万多归国华侨学生进入国内各级学校学习，其中已有约百分之二十进入了高等学校，还有将近二千名归国华侨学生先后从高等学校毕业，参加了祖国社会主义建设事业”[28]。

直到晚年，何香凝对侨务政策的贯彻落实仍然很关注。“侨委的同事去看她的时候，她往往问起这方面的情况。每听到侨务政策得到贯彻，她总现出笑容；有时听到侨务工作存在着这样那样的问题，她总非常关切”[29]。

侨胞看到何香凝一心一意为华侨、归侨和侨眷谋幸福，亲昵地尊称她为“华侨慈母”。

遥念台湾

“青山能助亦能界”，二十余年忆此诗。
岁寒松柏河山柱，零落台湾知未知？

锦绣河山无限好，碧云寺畔乐同游。
驱除美寇同仇忾，何事哀伤叹白头？

遥望台湾感慨忱，追怀往事念同游。
数十年来如一日，国运繁荣渡白头。[30]

这是何香凝 1958 年作的遥寄台湾旧友的诗，表达了她对台湾同胞的关怀，欢迎旧友早日回归祖国，共度晚年。

中华人民共和国诞生以来，特别是在“一元复始，万象回春”，家家户户欢庆团圆的佳节里，何香凝不由得深深地怀念着台湾的同胞和同过甘苦、共过患难的老朋友，希望老朋友们“记得孙总理的遗嘱”，“重新振作起来，使台湾复归祖国的怀抱，为使中国全部领土完完全全统一起来而作一致的努力”。[31]

“祖国大陆与台湾，只有一海峡之隔，台湾是中国领土的一部分，这是谁也不能否认的。”[32]“任何‘两个中国’的想法和做法都是中国人民所坚决反对的。”[33]何香凝反复指出：“中国人自己的事，应该由中国人自己解决。一时难于解决，可以从长商议。”[34]

何香凝“相信台湾的国民党军政人员，绝大多数是爱国的”。“希望在台湾和在国外各地的国民党军政人员，权衡轻重、善为抉择，早日站到祖国人民的队伍中来，为实现和平解放台湾献出力量。”[35]她语重心长地说：“‘天下为公，唯有德者居之’，‘家天下’的时代是永远不会有的了。作为一个国民党员，应该是热烈的爱国者，一己的利益可以牺牲，而国家民族的利益决不能丝毫受损，不然就将成为中华民族的罪人。”[36]

何香凝忠告台湾当局：“台湾当局的惟一出路，就只有摆脱美帝国主义，重新回到祖国的怀抱。”[37]她对通过和平谈判早日实现第三次国共合作、完成祖国统一大业寄予希望：“我们都是中国人，和为贵。人孰无过，过而改之，可重新团结。自孙中山先生和廖仲恺逝世以后，两党两经分离，两经合作，又转眼三十多年。为今之计，化敌为友，言归于好，为子孙万代幸福着想，重新合作，此其时矣！祖国正在进行伟大的社会主义建设事业，和谈的大门正向着你们大开。作为一个孙中山先生的三民主义奉行者，首先应该是一个热烈的爱国者。……我们不可为仇者快，为亲者痛。当机立断，请你们不必疑虑了。”[38]

幸福的晚年

1954 年 12 月，何香凝当选为中国人民政治协商会议全国委员会副主席。

1959年4月，当选为全国人民代表大会常务委员会副委员长。从此，她从事了大量的活动，广泛联络世界各国进步人士和友好国家的政府官员，为世界和平和反帝事业做出贡献，成了我国德高望重的领导人之一。

作为民主革命时代的中国妇女运动领袖，何香凝在中华人民共和国成立以后，仍然十分关心新中国的妇女工作，经常参加妇女的集会和各种活动，号召妇女们要“加倍努力，为建设新中国而奋斗”[39]，“成为一代新人”[40]。1953年4月，她被推选为中华全国民主妇女联合会名誉主席，受到了全国妇女的敬重。

何香凝不仅是一位革命家，而且还是一位杰出的美术家。她的美术作品充满斗争激情，洋溢着浩然正气。她的艺术创作与革命活动紧密相连，在国内外享有盛誉。1960年8月，她被推选为中国美术家协会主席。

1956年2月，何香凝当选为中国国民党革命委员会中央副主席，1960年9月当选为民革中央主席。作为民革的领袖和民主党派的卓越领导人，她努力团结爱国民主人士，扩大爱国统一战线，调动一切可以调动的积极因素，为社会主义建设事业服务。

何香凝通过国共两党的对比，感觉到中国共产党有“两件法宝”，即“大公无私的精神”和“批评与自我批评的武器”，因而“能获得全中国人民的拥护”[41]，成为“中国各民主党派，各民主阶级，其他爱国人士所围绕着的核心”，成为全中国人民的领导者[42]；通过新、旧中国的对比，看到新中国的前途无限美好。因此，她“忠诚接受中国共产党的领导，把心交给党，坚决走社会主义道路”[43]。

她在民革四届二中全会上说：“我一定遵循毛主席不断革命的指示，同全党同志一道，尽我所能贡献于社会主义事业。”“孙中山先生为之奋斗一生的理想，不仅完全成为现实，而且大大超过了。千条万条，共产党的领导第一条。我们民革同志一定要听毛主席的话，跟着共产党走，走社会主义的道路。”[44]

她在孙中山先生诞辰100周年纪念大会上说：“我九十岁了，我能目睹并亲自参加孙中山先生领导下的中国人民推翻清朝政府和国共合作举行北伐的两次大革命，又能目睹并亲自参加毛主席领导下的中国人民完成中国民主革命，彻底进行社会主义革命，为将来的共产主义打下基础，我是如何地幸福啊！”[45]

邓颖超称赞何香凝是中国共产党的党外亲密战友：“何香凝先生是共产党人的老战友，是同中国共产党真诚合作的典范。无论是在我们党遭遇困难挫折的时候，还是顺利发展的时候，她总是始终如一地相信我们党，支持我们党所领导的革命事业。她跟随历史前进的脚步，毕生为实现孙中山先生的革命三民主义，进而为社会主义奋斗不息。她这种不断革命的精神是非常可贵的。毛泽东、周恩来、刘少奇、朱德等同志，一直把她当作可以信赖、可以共商国家大事的亲密的朋友。”[46]

何香凝的晚年是愉快幸福的。中国共产党“给她以无限关怀。每年寒冬南去，盛夏避暑，生活是丰足快乐的”[47]。党和国家领导人不时到她住处来看望她。

彭德怀给何香凝送来了一包枸杞子，并附来一封亲笔信。何香凝打开了这包枸杞子，看到那样鲜红可爱，非常感动地说：“这些出生入死的英雄们，现在国家事务那么忙，还这样照顾着我，我除了作好国家交给我的本职工作外，我必定要每人赠送一张画，这也是我的一点心意。”

陈凤兮在《忆何香凝老人》中叙述何香凝在工作之余不断作画的情况：“一九五〇年上半年，我看她画很多幅牡丹。她常在一天之间便把好几张纸上的鲜艳牡丹与花蕾都画好了，第二天再逐张画枝叶。她画得快，我在旁收拾都有点忙不过来。有时我看她上午九时开始作画，一画就画到中午十二时；三小时不休息是够累的。我偶或劝她休息一下，可是何先生没有一次肯停笔，她常答复我：‘这不会累着我的，我生平作画，现在是最愉快的时刻啊！’”[48]

党和国家领导人则为何香凝的画题字题诗。董必武题《墨梅》：“花寒不落墨常新，劲挺疏枝最有神。端的双清楼上作，化身如愿暗香真。”[49]陈毅题《高松图》："高松立海隅，梅菊为之护。幽兰亦间出，清泉石中漱。绿竹更悠然，岁寒挺如故。画树重高洁，画花喜独步。大师撮其神，一纸皆留住。绘画如其人，方向毫不误，画高寿亦高，但祝两繁富。"[50]

1972 年 9 月 1 日，何香凝在北京逝世，享年九十四岁。5 日，北京各界隆重举行追悼何香凝副委员长大会。朱德主持追悼大会，宋庆龄致悼词。宋庆龄在悼词中肯定"何香凝女士的一生是革命的一生，战斗的一生"。赞扬"何香凝女士是孙中山先生的革命战友，是廖仲恺先生的革命伴侣，是中国共产党的亲密朋友，是国民党革命派杰出的代表"[51]。次日，依照何香凝的遗嘱，遗体安葬在南京紫金山中山陵侧，与廖仲恺合墓，实现她和廖仲恺"生则同衾，死则同穴"的夙愿。

1982 年 8 月 29 日，邓颖超在缅怀廖仲恺先生、纪念何香凝先生逝世十周年大会上讲话，高度评价廖仲恺夫妇的丰功伟绩，号召大家向他们学习："廖仲恺、何香凝先生，是中国民主革命的先驱，中国国民党左派的光辉旗帜，伟大的爱国主义者，杰出的政治活动家，一贯支持我们党的党外亲密战友。""廖仲恺、何香凝先生一生为中国革命事业鞠躬尽瘁，建立了光辉的业绩。他们坚持原则，威武不屈，贫贱不移，廉洁奉公，不断进步，勇于牺牲的革命精神和高尚品德，永远值得我们尊敬和学习。"[52]

廖仲恺、何香凝的爱国思想、革命精神，将激励中华儿女为完成祖国的统一大业，为人类多做贡献而奋斗。

注释：

[1]《在第一届全国人民代表大会第一次会议的发言》（1954 年 9 月 26 日），《双清文集》下卷，人民出版社 1985 年版，第 710 页。

[2] 洪丝丝：《华侨慈祥的贴心人》，《回忆与怀念》，北京出版社 1982 年版，第 160 页。

[3]《在第一届全国人民代表大会第一次会议的发言》（1954 年 9 月 26 日），《双清文集》下卷，人民出版社 1985 年版，第 709 页。

[4]《双清文集》下卷，人民出版社 1985 年版，第 522 页。

[5] [7]《一九五六年国庆对国外侨胞的广播词》(1956年9月30日),《双清文集》下卷,人民出版社1985年版,第763页。

[6]《双清文集》下卷,人民出版社1985年版,第569~570、600~601、741、786~787页。

[8]《一九五五年新年对国外侨胞献词》(1955年1月3日),《双清文集》下卷,人民出版社1985年版,第714页。

[9]《双清文集》下卷,人民出版社1985年版,第544页。

[10]《双清文集》下卷,人民出版社1985年版,第545~546页。

[11]《双清文集》下卷,人民出版社1985年版,第793页。

[12]《一九五一年国庆对华侨的广播词》(1951年10月1日),《双清文集》下卷,人民出版社1985年版,第599页。

[13]《一九五三年国庆对华侨的广播词》(1953年9月29日),《双清文集》下卷,人民出版社1985年版,第652页。

[14]《中侨委第二次侨务扩大会议开幕词》(1953年11月),《双清文集》下卷,人民出版社1985年版,第668页。

[15]《一九五〇年新年对华侨的广播词》(1950年1月1日),《双清文集》下卷,人民出版社1985年版,第524页。

[16]《在第一届人民代表大会第二次会议的发言》(1955年7月22日),《双清文集》下卷,人民出版社1985年版,第730~731页。

[17] 洪丝丝:《华侨慈祥的贴心人》,《回忆与怀念》,北京出版社1982年版,第162~163页。

[18]《双清文集》下卷,人民出版社1985年版,第548、562页。

[19]《新中国与华侨》(1952年2月14日),《双清文集》下卷,人民出版社1985年版,第612页。

[20]《一九五二年国庆对华侨的广播词》(1952年10月1日),《双清文集》下卷,人民出版社1985年版,第631~632页。

[21] [23]《双清文集》下卷,人民出版社1985年版,第631页。

[22]《进一步贯彻执行侨务政策,开展侨务工作》(1956年6月23日),《双清文集》下卷,人民出版社1985年版,第757页。

[24]《双清文集》下卷,人民出版社1985年版,第562页。

［25］《在第一届人民代表大会第二次会议的发言》（1955 年 7 月 22 日），《双清文集》下卷，人民出版社 1985 年版，第 728 页。

［26］《双清文集》下卷，人民出版社 1985 年版，第 592、602、613、674、754 ~ 756、818 ~ 819、821 ~ 824、827 ~ 829 页。

［27］《双清文集》下卷，人民出版社 1985 年版，第 592、602 ~ 603、632、806 ~ 807 页。

［28］《对侨务工作中几个问题的看法》（1957 年 7 月 11 日），《双清文集》下卷，人民出版社 1985 年版，第 806 页。

［29］洪丝丝：《华侨慈祥的贴心人》，《回忆与怀念》，北京出版社 1982 年版，第 163 页。

［30］《遥念台湾》（1958 年 11 月），《双清文集》下卷，人民出版社 1985 年版，第 843 页。"青山能助亦能界"，是在台湾的一个已故"同盟会"会员于右任所作诗的一句。

［31］［32］《一九五六年春节向台湾国民党军政人员致词》（1956 年 2 月 15 日），《双清文集》下卷，人民出版社 1985 年版，第 742 页。

［33］《一九五五年国庆对华侨的广播词》（1955 年 9 月 30 日），《双清文集》下卷，人民出版社 1985 年版，第 741 页。

［34］《孙中山先生的三民主义万岁》（1958 年 11 月 11 日），《双清文集》下卷，人民出版社 1985 年版，第 838 页。

［35］《一九五六年国庆对国外侨胞的广播词》（1956 年 9 月 30 日），《双清文集》下卷，人民出版社 1985 年版，第 763 ~ 764 页。

［36］《双清文集》下卷，人民出版社 1985 年版，第 744 页。

［37］《纪念孙中山先生诞辰，为完成祖国统一而努力》（1958 年 11 月 12 日），《双清文集》下卷，人民出版社 1985 年版，第 841 页。

［38］《孙中山先生的三民主义万岁》（1958 年 11 月 11 日），《双清文集》下卷，人民出版社 1985 年版，第 838 ~ 839 页。

［39］《一九五〇年"三八"节对侨胞姐妹的广播词》（1950 年 3 月 8 日），《双清文集》下卷，人民出版社 1985 年版，第 531 页。

［40］《努力提高觉悟，成为一代新人》（1963 年 3 月 6 日），《双清文集》下卷，人民出版社 1985 年版，第 979 页。

［41］《出席人民政治协商会议全国委员会第二次会议的感想》（1950 年 7 月 15 日），

《双清文集》下卷，人民出版社 1985 年版，第 542 页。

[42]《在政协全国委员会纪念廖仲恺先生逝世三十周年大会的讲话》(1955 年 8 月 20 日)，《双清文集》下卷，人民出版社 1985 年版，第 737 页。

[43]《把心交给共产党，做个坚定的左派》(1958 年 3 月 3 日)，《双清文集》下卷，人民出版社 1985 年版，第 825 页。

[44]《加强改造，跟上形势》(1960 年 8 月 15 日)，《双清文集》下卷，人民出版社 1985 年版，第 892 页。

[45]《双清文集》下卷，人民出版社 1985 年版，第 1 006 页。

[46] [52] 邓颖超：《在缅怀廖仲恺先生、纪念何香凝先生逝世十周年大会上的讲话》(1982 年 8 月 29 日)，1982 年 8 月 30 日《人民日报》。

[47] 廖梦醒：《我的母亲何香凝》，《回忆与怀念》，北京出版社 1982 年版，第 119 页。

[48]《回忆与怀念》，北京出版社 1982 年版，第 230 ~ 231 页。

[49]《题双清楼主画》(1960 年 5 月)，《董必武诗选》，人民文学出版社 1977 年版，第 118 页。

[50]《回忆与怀念》，北京出版社 1982 年版，第 231 ~ 232 页。

[51]《首都隆重举行追悼何香凝副委员长大会》，1972 年 9 月 7 日《人民日报》。

后　记

本书是根据著者手头掌握的资料写成的。在撰写本书的过程中，著者吸取学术界的研究成果，谨向学界诸君致谢意。

撰写本书的主要目的，是宣传孙中山、廖仲恺、何香凝的爱国思想、革命精神和高尚品德，激励中华儿女为完成祖国的统一大业，实现“中国梦”，为人类多做贡献。所以著者力求写得生动些，提高可读性。凡是说明性、考证性、讨论性的文字，都放在注释里，供专家、学者参考。

广东高等教育出版社的王亚芳副总编、黄冬萍编辑对本书的出版提出了修改意见，在此致谢。同时，期望读者对本书也提出宝贵的意见，以便于以后进一步完善。

著　者
2015 年 11 月 12 日于广州